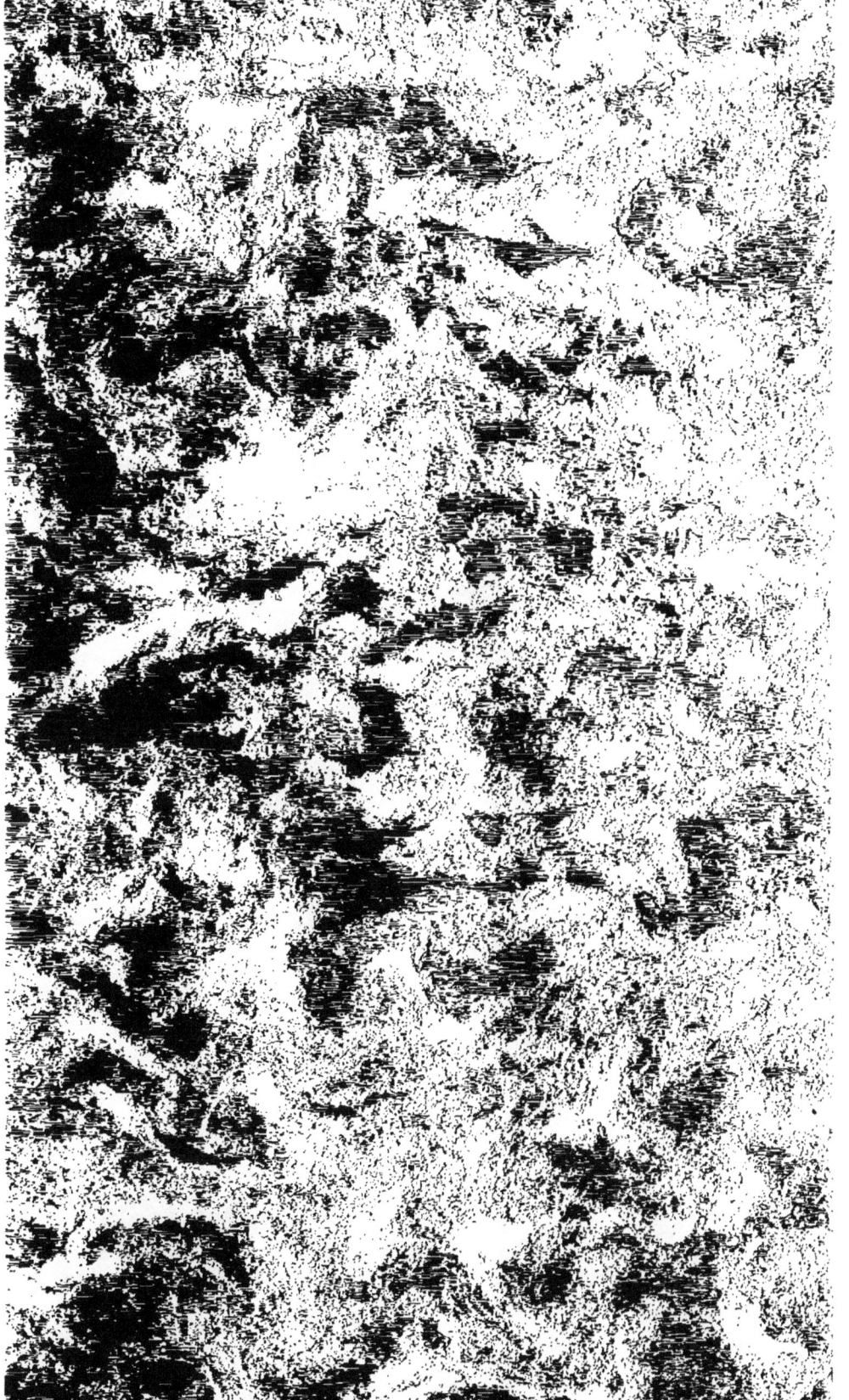

F.RESSE 1977

# GRÈCE & TURQUIE

## NOTES DE VOYAGE

PAR

ALFRED GILLIÉRON

L'Epire. — Janina. — Ithaque. — Delphes. — Le Parnasse. — Athènes. — Grecs et Turcs.

AVEC ILLUSTRATIONS

PARIS
LIBRAIRIE SANDOZ ET FISCHBACHER

NEUCHATEL     GENÈVE
LIBRAIRIE GÉNÉRALE J. SANDOZ   LIBRAIRIE DESROGIS

1877

# GRÈCE ET TURQUIE

NEUCHATEL. — IMPRIMERIE DE JAMES ATTINGER.

# GRÈCE & TURQUIE

## NOTES DE VOYAGE

PAR

ALFRED GILLIÉRON

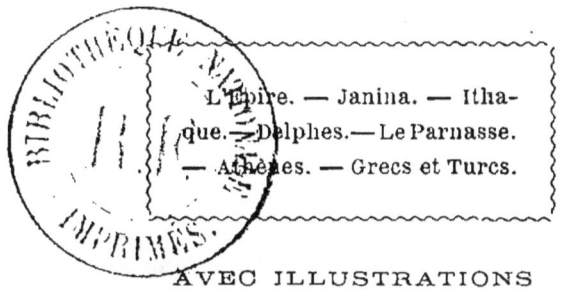

L'Épire. — Janina. — Ithaque. — Delphes. — Le Parnasse. — Athènes. — Grecs et Turcs.

AVEC ILLUSTRATIONS

PARIS

LIBRAIRIE SANDOZ ET FISCHBACHER

| NEUCHATEL | GENÈVE |
|---|---|
| LIBRAIRIE GÉNÉRALE J. SANDOZ | LIBRAIRIE DESROGIS |

1877

# PRÉFACE

*Et dans l'informe bloc des sombres multitudes,
La pensée, en rêvant, sculpte des nations.*
V. Hugo.

Après quarante-cinq années d'un développement lent, mais sûr, interrompu seulement par ces agitations intérieures qui sont le lot de la Grèce moderne aussi bien que de la Grèce antique, le royaume hellénique semble se préparer à tenter la fortune des combats et à reprendre vigoureusement le glorieux programme de l'*unité nationale*, ébauché en 1821 par l'épée des Mavromichalis, des Colocotronis, des Karaiskakis et les brûlots vengeurs de Canaris. La lutte des Slaves et des Turcs va se compliquer à bref délai d'une lutte tout aussi ardente des Grecs contre les Turcs. Quelle que soit l'issue de la guerre qui ensanglante dès maintenant la péninsule du Balkan, il serait chimérique d'espérer qu'elle tranche définitivement la *question d'Orient*, ou plutôt les mille problèmes politiques et sociaux qui se cachent sous ce terme de convention. Quand même les Turcs seraient expulsés du continent européen, des îles de l'Archipel et peut-être de l'Asie antérieure, quand même l'obstacle qui arrête l'essor de la civilisation serait définitivement brisé, il resterait encore à accomplir la partie la plus laborieuse de la tâche, je veux dire la reconstitution matérielle, morale et intellectuelle des nationalités roumaine, serbe, bulgare, grecque, albanaise et arménienne, qui font de la presqu'île hellénique une véritable Babel et préparent tant de mécomptes aux diplomates présents et à venir. La solution politique, c'est-à-dire l'affaiblissement graduel ou la suppression de la suprématie turque, peut être obtenue à coups de canon, elle viendra à son heure, plutôt trop tôt que trop tard; mais, pour avoir toute sa signification, elle devra être suivie d'un lent travail de reconstruction et d'une lente évolution qui rendront peu à peu aux peuples de l'Orient émancipé l'activité matérielle et les qualités morales des peuples vraiment libres. Tout fait donc prévoir que longtemps encore l'axe du monde politique restera penché vers l'Orient, et que notre génération et celle qui nous suivra verront se passer bien des années avant que les déserts turcs, où le corps, l'esprit et l'âme se meurent d'inanition, soient redevenus des pays libres, riches et forts. En un mot, la question d'Orient n'est pas une question purement politique, comme l'étaient jadis la question italienne et la question allemande : c'est une question qui intéresse avant tout la civilisation et l'avenir de l'Europe ; à ce titre, elle relève plus directement que toute autre de l'opinion publique, qui a elle-même le devoir de s'éclairer et de se former sur tous les points en discussion des vues nettes et libres de parti-pris. Toutes ces raisons nous encouragent à présenter au public nos notes de voyage sur la Grèce et la Turquie ; il y trouvera, croyons-nous, des renseignements utiles sur la situation des Grecs soumis à la Turquie et sur les progrès accomplis par la Grèce indépendante ; peut-être aussi la fidélité scrupuleuse des descriptions et des récits compensera-t-elle ce qui pourrait manquer du côté de l'art à nos tableaux.

Quiconque voyage dans les pays qui furent jadis la Grèce, est nécessairement sous le charme des souvenirs antiques; parti deux fois pour ces contrées avec un de mes frères pour compagnon de voyage, dans le but exclusif d'étudier sur place le passé, j'ai nécessairement accordé dans mes études et dans mes descriptions la place d'honneur à la poésie des souvenirs. Qu'on ne s'y trompe point pourtant : cette poésie est bien souvent la poésie de la désolation ; la civilisation hellénique, une fois disparue, il n'y a eu d'autre œuvre accomplie sur cette terre que celle de la mort et de la destruction.

La Thessalie n'a pas gardé une seule colonne debout ; l'Epire n'a que de vieilles forteresses sans nom et sans histoire, la Grèce proprement dite n'a conservé, de ces milliers de sanctuaires qui la peuplaient encore au temps de l'empereur Adrien, que les débris mutilés de l'Acropole, de Sunium, de Corinthe, d'Egine et de Phigalie. Mais qu'importe ! si la pierre et le bronze ont péri, l'immortelle nature, elle, n'a point trop souffert des injures du temps; les siècles n'ont point renversé ces montagnes de fière tournure sur lesquelles se promène encore silencieusement le soleil de la Grèce, ils n'ont point flétri la beauté immaculée et le sourire éternel de cette mer féconde qui a engendré les immortels Amours et les premiers héros de la poésie; enfin ils n'ont point désappris leurs murmures à ces sources où les nymphes ondoyaient au soleil, et, aujourd'hui, comme il y a vingt siècles, le pâtre entend retentir, la nuit, sur l'acropole solitaire, la voix libre et fière de ceux qui furent ses ancêtres. Pour qui sait voir et entendre, la Grèce antique n'est pas morte, et sous chacun de ses pas le voyageur voit refleurir, avec leurs fraîches couleurs et leur suave parfum, ces mythes, ces légendes, ces grands paysages et ces grands faits qu'il ne connaissait que pour les avoir vus desséchés et sans vie dans le grand herbier de l'histoire.

Heureusement la Grèce n'est pas seulement une nécropole où les morts pensifs reprennent pour un instant l'attitude des vivants aux lueurs enchantées de la poésie et de la science. Tandis que les temples en ruines, les montagnes fauves et blêmes semblent porter sur leur front attristé l'arrêt suprême du destin : *Tout est fini,* dans les bourgades, dans les villages et dans les villes on entend au contraire retentir une clameur toujours plus claire et toujours plus distincte, et cette clameur nous dit : *Tout recommence.* La Grèce assez longtemps a pleuré le myriologue des veuves ; son glorieux époux, le génie de la liberté, va lui être enfin rendu ; si les dieux antiques sont impuissants, elle implorera les divinités nouvelles, et si les Parques ont épuisé la trame de ses jours, Dieu lui-même lui filera un nouveau destin.

Nous avons essayé de prêter l'oreille aux deux voix et de recueillir, à côté des complaintes que l'âme mélancolique de notre siècle aime à redire sur les morts illustres, quelques effusions de cette âme ardente, à peine formée, qui palpite dans le sein des multitudes confuses. Dans les longues heures de chevauchées solitaires, nous aimions à oublier notre prosaïque Occident, où tout se flétrit, où tout vieillit, pour redevenir un fils de l'Orient, sentir monter à notre cœur tout ce flux audacieux de sentiments généreux, de lointaines aspirations, de vastes pensées qui font battre l'âme rajeunie de tant de peuples nouveaux. Peut-être le lecteur nous reprochera-t-il d'avoir trop écouté les sourdes clameurs des prochaines révolutions et de nous être ainsi exposé à montrer trop de complaisance pour les revendications des peuples de l'Orient et trop peu de respect pour les droits historiques et pour les convenances de la diplomatie ; on nous traitera sans doute d'idéologue et on nous accusera de faire de la politique de sentiment. Nous ne croyons pas devoir nous préoccuper, outre mesure, de ce reproche, puisque les révolutions politiques de notre siècle ont presque constamment donné raison aux prétendus rêveurs, et nous nous contenterons de donner au lecteur quelques courtes explications sur notre façon de juger la *question grecque*.

Sans aller aussi loin que l'honorable M. Gladstone, qui ne veut voir dans les Turcs qu'un spécimen anti-humain de l'humanité, nous sommes néanmoins fermement convaincu que l'islamisme, très suffisant pour les besoins religieux d'une demi-civilisation et d'une société patriarcale, ne saurait s'accommoder de la vie moderne ni par conséquent garder longtemps la suprématie sur cet Orient chrétien que l'Occident attire chaque jour davantage dans le cycle de sa civilisation ; mais si l'Orient ne doit pas rester turc, il ne doit pas non plus devenir russe : pour nous, les véritables héritiers des Turcs sont les anciens possesseurs du sol, les Slaves au nord, les Gréco-Albanais au sud. Etablie en masses compactes dans l'Epire, où elle s'assimile sans peine les Albanais ou Chkipétars chrétiens, dans la Thessalie, sur l'île de Crète et dans tout l'Archipel, la race grecque a jeté, en outre, des colons nombreux sur les côtes de la Macédoine et de la Thrace, de l'Asie-Mineure, de la Mer de Marmara et de la Mer Noire; c'est à elle qu'appartient, sans contestation possible, le bassin de la Mer Egée ou de l'Archipel, qu'elle remplit depuis plus de trois mille ans du bruit de son activité, de ses chants et de sa gloire. Restée fidèle à sa foi et à sa langue, en dépit des Goths, des Bulgares, des Francs, des Albanais et des Turcs, elle a montré une vitalité et une ténacité dans l'espérance, qui sont peut-être uniques dans l'histoire, et elle peut à bon droit espérer une seconde vie. Maîtresse des mers et du commerce de l'Orient, comme au temps de Cimon et de Périclès, la race grecque a su garder jusqu'à nos jours la plupart des qualités qui firent jadis sa fortune. Encore aujourd'hui le Grec l'emporte sur tous les Orientaux par la finesse et la subtilité de l'intelligence, par le goût des entreprises commerciales et le génie industrieux avec lequel il se joue de toutes les difficultés; il a de plus le vif sentiment de l'égalité et le goût de ces associations où chacun apporte sa part de travail ou d'argent; il n'a que de la répulsion pour les plaisirs grossiers et l'intempérance, qui font tant de ravages chez les peuples du nord; enfin il s'honore par la pratique des vertus domestiques et se distingue presque toujours par un patriotisme ardent qui court au-devant de tous les sacrifices et corrige souvent ce qu'il y a d'égoïsme et d'instinct par trop individualiste dans le caractère national. Il nous semble qu'un peuple qui a gardé dans le malheur une confiance si inébranlable dans ses destinées et qui se montre encore aujourd'hui doué d'aptitudes si diverses, mérite de vivre et ne saurait périr à l'heure où l'Orient s'ouvre à la vie; telle est la conviction qui anime ces études, même dans les pages où nous avons dû, pour rester fidèle à l'esprit d'impartialité, qui est notre règle absolue, parler sans ménagement des gouvernants actuels de la Grèce et de tout ce qui retarde l'affranchissement des Hellènes de l'Epire, de la Thessalie et de l'Archipel.

Il nous reste encore quelques mots à dire sur les lacunes volontaires que l'on pourra constater dans les pages que nous consacrons à la Grèce. Si nous n'avions pas tenu à rester fidèle à notre qualité d'auteur itinérant, et si nous n'avions pas eu pour unique ambition de peindre rapidement la Grèce telle que la voit, et, si possible, telle que la sent le voyageur qui la parcourt au pas de son cheval, nous aurions aimé nous étendre davantage sur l'histoire des Grecs modernes, parce qu'elle aurait pu servir à justifier, plus que nous ne l'avons fait, nos espérances. Notre génération est décidément dure aux faibles, elle se pique de plus d'être positive et regarderait presque comme une honte tout accès d'enthousiasme. Aussi n'est-il plus guère de mise aujourd'hui d'être ami des Grecs; notre génération a depuis longtemps oublié que tous ses pères étaient philhellènes; elle n'a plus que de l'indifférence pour le sort des Grecs esclaves et elle professe un mépris de grand seigneur pour le microscopique royaume que l'opinion publique de l'Europe a jadis créé. Nous croyons avoir montré, dans le cours de nos récits, que si le royaume grec n'est point encore ce qu'il devrait être, il n'en a pas moins fait de grands progrès; quant à la vitalité de la race elle-même, elle nous semble surabondamment prouvée par tout ce que nous disons de son activité commerciale et intellectuelle, et surtout par ce que nous aurions pu dire de son histoire, si nous avions eu un autre plan et plus d'espace. A la fin du siècle passé, la race grecque passait pour morte, mais elle vivait toujours, subissant avec une héroïque résignation sa passion vingt fois séculaire et perdant à chaque pas de son chemin de douleur quelques gouttes de son sang le plus généreux ; noble captive, elle eût pu alléger son sort en reniant sa race et sa foi; mais le parjure lui eût plus pesé que la couronne d'épines. Enfin, fortifiée par les lointains ressouvenirs du temps où elle était libre, enflammée par les chants qu'elle se redisait depuis longtemps tout bas, elle brise ses chaînes et fait pâlir celui qui l'insultait; au mois d'avril 1821, elle sort de la nuit de l'oubli, comme Pallas jaillit des nuages noirs, une épée dans une main, une lyre dans l'autre. Alors se déroule une épopée grandiose, qui a la Grèce entière pour théâtre et le peuple tout entier pour héros ; cette épopée, écrite en traits flamboyants sur les rochers et les mers de la Grèce par les épées des Klephtes et les brûlots des croiseurs, a trouvé son Homère, Homère plus naïf encore et plus fidèle que ne le fut le chantre d'Achille; cet Homère, c'est la muse populaire qui, après avoir pendant longtemps nourri dans l'âme de la nation le culte silencieux de la patrie absente, a enfin, au jour de la victoire, fidèlement posé sur la tête des héros la couronne des vainqueurs. On le voit, aux preuves directes et positives que nous avons recueillies sur notre chemin, il serait facile d'ajouter des preuves morales tout aussi frappantes, que nous trouverions dans les hauts faits des héros des guerres d'indépendance et dans la mâle simplicité des chants qui les illustrent. Niebuhr avait raison de prophétiser au peuple grec un grand avenir, sur la simple lecture de ses chants nationaux : un peuple ne saurait avoir tant d'ardeur patriotique et tant de sensibilité poétique, une âme si profonde et une lyre si sonore, s'il n'était point réservé dores et déjà à de grandes destinées.

L'AUTEUR.

Neuchâtel, le 15 août 1877.

# I

## Raguse, Cattaro, Antivari.

J'arrive de bon matin à Trieste, le 3 juillet 1876, moulu par quarante-huit heures de chemin de fer et complétement épuisé par la chaleur et l'insomnie. Deux heures me suffisent à grand'peine pour rejoindre mon compagnon de voyage, prendre mon billet et faire visiter mon passe-port au consulat turc. A dix heures, la *Naïade* levait l'ancre et nous emportait au travers du beau golfe de Trieste. L'air de la mer opère vraiment des merveilles : au bout d'une heure j'étais remis et j'aspirais avec une volupté tranquille la brise de l'Adriatique.

J'ai beau avoir pris la volée et dit adieu pour longtemps aux salles de cours, les souvenirs classiques me poursuivent. En face de cette mer si pure et si belle, j'ai peine à comprendre ces vers où le poète Horace chante le vrai sage, impassible devant les fureurs de l'Adriatique et du vent d'Afrique qui soulève et rasseoit à son gré les flots; l'amour des contrastes me fait retrouver ces monts Acrocérauniens du poète, tristement fameux par tant de naufrages, et ces époux retenus par les tempêtes sur les rivages illyriques pendant tout l'hiver. Aujourd'hui la vapeur a dompté l'Adriatique aussi bien que l'Océan ; les Acrocérauniens ont perdu leur sinistre renommée et Amphitrite est, comme nous, soumise à la loi inexorable des horaires.

Mais c'est en vain, semble-t-il, que les flots de cette mer ont été enchaînés par les hommes ; l'Adriatique reste orageuse ; le jeu désordonné des éléments y a été remplacé par le jeu non moins terrible des énergies nationales, liguées les unes contre les autres et luttant pour l'existence et pour la suprématie. Le sceptre romain, qui domptait plus facilement les peuples que les flots et qui pesait avec une égale autorité sur l'Istrie, la Liburnie et l'Illyrie, semble un instant avoir passé dans les griffes du lion de saint Marc. Mais Venise, comme une nouvelle Carthage, se contente d'exploiter ces rivages et refuse d'y laisser croître des peuples. Au XV$^e$ siècle, les Turcs viennent s'asseoir en vainqueurs au milieu des Slaves, des Albanais et des comptoirs de Venise, tandis qu'au commencement de notre siècle les Habsbourg étendaient la puissante envergure de leur aigle sur les rivages du nord. Aujourd'hui, plus que jamais, l'équilibre historique est rompu ; les aspirations nationales, brisées d'abord par la lutte, puis ensommeillées par de dures oppressions, secouent en se réveillant les assises des vieux empires ; ce qui était la faiblesse hier, devient aujourd'hui peut-être la force, et la Némésis de l'histoire semble vouloir reprendre son jeu sinistre qui fait et défait les empires.

A partir de Trieste et de son sévère encadrement

de montagnes, la côte se déploie vers le sud en larges rubans verts, légèrement ondulés et d'un dessin gracieux ; c'est l'Istrie, semée de jolies villes à physionomie italienne. Voici, au bout du triangle istrique et au fond d'un golfe bien dissimulé, la rade de Pola avec son amphithéâtre romain, rival dédaigneux des grandes casernes qui l'entourent. Sa haute façade grise, percée de grandes baies ornées de fines moulures, est d'une conservation admirable. Le Colisée est sans rival pour la fierté de sa grande silhouette rougeâtre et la poésie de ses gradins rompus et chargés de fleurs ; l'arène de Vérone a pour elle la beauté de sa cavée intacte, celles de Capoue et de Pouzzoles l'heureuse conservation de leur structure interne ; l'amphithéâtre de Pola l'emporte sur tous pour la légèreté et la hardiesse avec laquelle se découpe dans le ciel bleu son vaisseau immense. A côté de ce monument funèbre, où revivent les pompes sanglantes de l'ancienne Rome, l'industrie moderne a élevé d'immenses officines de canons qui peuvent consoler la Mort de la perte des amphithéâtres romains.

Au sortir du quartier où l'amphithéâtre s'étonne de voir grandir autour de lui tant de sinistres arsenaux, vous n'avez qu'à suivre le rivage dans la direction du sud-ouest pour vous trouver dans l'antique Pola, dont la grande place ménage au voyageur une autre surprise presque aussi rare ; on y voit deux temples romains, dont l'un, presque intact, a un portique qui est du temps et du style du grand Panthéon de Rome. Quant à l'importance de la cité, elle est restée ce qu'elle était au siècle des temples et des amphithéâtres ; dans cette ville de fonctionnaires et de soldats, l'Autrichien ou Tedesco a remplacé le légionnaire romain d'autrefois. Ici l'Italien, fils ou colon de Venise, est l'intermédiaire entre l'Autrichien et le Slave indigène. Tandis que l'Autrichien gouverne et commande avec une certaine bonhomie germanique, l'Italien peuple les villes et cherche à leur conserver la culture latine ; peut-être même, prévoyant la suprématie prochaine du Slave, rêve-t-il l'annexion à l'Italie pour un jour plus ou moins lointain. Quant à l'homme du pays, au Slave des campagnes, il est en général du parti autonome et membre des citoniskas ou clubs pour la propagation des idées et de la langue slaves ; Agram est son Athènes, et un royaume tri-unitaire slavo-croato-dalmate, au sein ou mieux encore en dehors de l'Autriche, est le passé qu'il rêve pour son avenir.

J'ai longé presque tous les rivages de la Méditerranée, de Beyrouth à Gênes ; mais je ne connais pas de plus charmante navigation que celle de Trieste à Corfou par le bateau de la ligne d'Albanie et par les journées d'été comme celle que nous voyons se lever aujourd'hui. Vous avez beau être en plein juillet ; le soleil et la brise marient si bien leurs influences contraires, que vous êtes mieux à l'abri du chaud que dans nos montagnes suisses. Et puis, quelle variété de tableaux successivement déroulés devant vos yeux, grâce à cette sage lenteur du vapeur autrichien qui salue en passant chaque bourgade et dépose dans chaque crique quelques voyageurs et quelques dépêches! Nulle part on ne perd de vue ni les hommes, ni la terre, et l'on n'est jamais saisi de ce vague ennui et de cet incurable désœuvrement qui sont inséparables des grandes traversées.

A partir de Pola, la côte se dérobe derrière plusieurs rangées d'îles tortueuses qui n'ont pas la finesse de contours ni la plastique structure des îles grecques, mais qui n'en donnent pas moins une grande variété aux paysages. Zara, l'antique colonie romaine d'Iadéra, reconnaissable de loin à ses campaniles romans coiffés de clochers pointus, est le lieu de destination d'une dizaine de fonctionnaires et d'officiers qui font route avec nous depuis Trieste. Le vapeur touche à la côte, et l'on n'a que la peine de passer sous la vieille porte qui a vu les croisés de l'Occident, pour se trouver dans une des plus pittoresques cités de l'empire autrichien. Les rues, assez propres et pavées de larges dalles, sont émaillées des costumes les plus bizarres; les carrures slaves des jeunes filles sont encadrées dans des chemises bouffantes et de courts corsets noirs qui rappellent les costumes bernois, tandis que les campagnardes des environs se distinguent par l'épaisseur de leurs tabliers bariolés et le pourpre un peu défraîchi de leurs gros bas. Les hommes, qui ont la taille robuste mais sans élégance, portent déjà des pantalons bleus serrés au-dessus de la cheville, des vestes de couleur et un fez rouge mais plat. Nous remontons à bord après avoir goûté le fameux *maraschino*, qui donne à la moderne Zara une célébrité que lui conféraient autrefois les nombreux savants nés dans ses murs. Le port présente depuis quelques minutes une animation extraordinaire ; bientôt les harmonieux accords du *Kaiser Frantz* ébranlent l'air ; deux compagnies de *honveds* hongrois, aux uniformes bleus et aux pantalons rétrécis vers le bas, défilent prestement devant le général croate *Rodich,* gouverneur de la Dalmatie. Rodich est, comme l'on sait, un fougueux ami des Slaves, et bien qu'on l'accuse maintenant d'avoir compromis l'Autriche par l'appui qu'il a donné aux insurgés, Vienne le maintient à son poste pour donner un gage de sa bonne volonté au parti slave ou autonome. Les chapeaux empanachés de plumes vertes disparaissent avec le général, la musique nous envoie ses derniers accords au moment où nous voguons déjà du côté de Sébénico avec deux compagnies de soldats et douze officiers.

Un regard complaisant discerne dans le lointain les montagnes de l'Herzégovine ; aussi les conversations prennent-elles un tour de plus en plus guerrier, à mesure que nous avançons vers le sud. A part un prudent officier autrichien plongé dans la lecture des *Folies de jeunesse,* de Belot, tout le monde cause de la guerre qui vient d'éclater comme une bombe. L'équipage, qui est dalmate, est du parti des omladines ou des jeunes Slaves ; tout ce qui tient au gouvernement louvoie, les correspondants de journaux sont partagés d'avis, suivant qu'ils s'en vont au camp turc ou au camp monténégrin ; enfin les belligérants eux-mêmes ont deux représentants au milieu de nous, un colonel serbe, qui a été, il y a peu de temps, ministre de la guerre et s'en va en mission à Cettinje, et, à côté de lui, un médecin turc de haut grade, qui revient de Trieste, où il a acheté des farines pour l'administration militaire de Scutari ; tous deux sont polyglottes et sont assez hommes du monde pour ne point s'éviter et pour causer sans embarras de sujets neutres.

De temps en temps, quand la conversation languit ou que la présence d'un des belligérants nous force à fuir les actualités, je me penche sur le parapet, je suis de l'œil les larges sillons neigeux que laisse derrière elle la poupe du navire ; je contemple avec je ne sais quelle émotion tragique cette mer infortunée et rugissante que laboure sans relâche le soc' implacable de l'hélice ; mon imagination fascinée évoque devant elle les fantômes des héros antiques, et je finis par tirer une sorte de vague jouissance des triomphes de la jeune *Naïade* qui nous emporte au travers des mers vaincues.

Sébénico, où nous touchons le soir du second jour, est en tout le portrait vivant d'une ville du XVIe siècle. Les lettres arrivées avec notre bateau s'y distribuent en plein vent au pied de la cathédrale ; les rues sont toutes pavées de grosses dalles, tortueuses, mais assez propres, du moins le dimanche ; les maisons, bâties avec un calcaire jaune, sont bordées de balcons grillés, criblées d'écussons et encore emprisonnées dans la carapace qui enserre la ville ; la plupart de ces cités dalmates semblent avoir été arrêtées tout à coup dans leur développement par la décadence de Venise, et c'est à peine si le XIXe siècle commence aujourd'hui à les toucher.

*Spalato,* notre seule station du troisième jour, est en tout l'opposé de Sébénico. Si Sébénico a le cachet d'une ville du moyen-âge, Spalato a des ruines romaines et une activité toute moderne. Les thermes de Caracalla eux-mêmes pâliraient devant ce grand palais de Dioclétien, vaste ruche humaine où s'abritent quatre mille personnes, immense conglomérat de maisons dont les fenêtres vulgaires s'étalent insolemment au milieu de la magnificence dégradée des pilastres romains. Non loin de là, les innovations modernes sont représentées par un très-grand hôtel, encore en construction, et par de grands chantiers; grâce au podestat Bajamonte, chef du parti italien, qui est pour la ville un vrai Haussmann, mais un Haussmann désintéressé, Spalato, qui a déjà son journal et son musée, aura bientôt un grand port, un hôtel-de-ville, une gare et une voie ferrée qui la reliera avec l'intérieur.

Le lendemain, mardi, nous jouissons, dès le matin, du coup d'œil de Raguse et de sa rade de Gravesa, qui est un des plus surprenants que présentent les rivages de l'Adriatique. Comme sur les côtes du Bosphore, la mer s'enfourche dans les terres et y dessine des *cornes d'or* que dominent les imposantes masses des rochers herzégoviniens; plus l'on s'avance, plus l'enchantement grandit. Les oliviers, qui tapissent partout les piédestaux des monts, font place sur les pentes aux sombres caroubiers, aux plantureux mûriers, aux vignobles gracieux et aux charmantes villas qu'ont illustrées des poètes slaves comme Gondolich. Plus haut, hélas! il n'y a plus que la guerre, le désespoir, la maladie et l'isolement : en effet, sur les croupes aérées des monts, l'œil découvre de véritables camps retranchés, où les filles et les femmes de l'Herzégovine attendent en vain la fin de l'exil et le retour d'un frère ou d'un époux. Bien que le présent, avec ses spectacles tragiques et ses angoissants problèmes, fasse nécessairement tort au passé, souvenons-nous pourtant que nous sommes ici en face d'une grande destinée historique, unique sur cette côte, où une puissante vie nationale a toujours fait défaut. Raguse (qui le croirait !) a été la rivale de Venise ; elle a armé des flottes et conquis le prestige plus rare d'une puissante culture littéraire ; enfin, elle a péri à la même heure et par les mêmes causes que Venise. Aujourd'hui, acculée qu'elle est au pied des déserts turcs, elle semble y pleurer sa grandeur passée.

D'alertes landaus conduisent le voyageur à travers un petit col de montagne de Gravesa dans la Venise slave ; la route court parmi des bois d'oliviers, au pied de rochers fleuris et au-dessus d'une mer de saphir. Avant d'entrer dans la ville, vous mettez pied à terre sous de magnifiques arbres ; vous franchissez un pont-levis et une double ligne de remparts, et vous embrassez tout à coup et d'un seul coup d'œil ce qui reste aujourd'hui de la Raguse d'autrefois. La rue principale ou stradone est longue de six cents pas, large et dallée, bordée de hautes constructions en pierres de taille jaunes. Spectacle bizarre dans une ville à demi turque ! c'est à peine si l'on rencontre çà et là quelques hommes isolés, tandis que les femmes, coiffées de grands mouchoirs, forment à tous les coins de rue des groupes pittoresques. En somme, la ville est assez animée, mais elle le serait davantage si la guerre ne s'était pas déplacée vers le sud, et si le typhus n'étendait pas sur la cité son voile funèbre. Nous sommes aux portes de la Turquie : aussi faisons-nous fondre des balles pour nos revolvers ; mais nous négligeons de prendre avec nous un engin tout aussi meurtrier et tout aussi indispensable : la poudre insecticide qui se tire d'une fleur jaune, commune dans les champs d'alentour. Au sortir de la ville, où nous n'avons pu visiter en détail ni le palais des doges, ni les églises qui y sont aussi nombreuses que dans les villes italiennes, un vieillard octogénaire nous accoste et nous demande si nous sommes Français; les Français, nous dit-il, sont restés chers à plus d'un Ragusain; pour moi qui les ai vus, ce sont mes amis; mais j'ai oublié leur langue que je ne parle plus depuis soixante ans.

La *Naïade* est sans pitié; son sifflet aigu nous rappelle, au moment où nous nous disposions à visiter la belle route de Trébigné et le camp des réfugiés herzégoviniens, ou plutôt encore les rives charmantes de l'Ombla et l'îlot rocheux de Croma. Il ne nous reste plus qu'à adresser un adieu plein de regrets aux fiords de Gravesa et à laisser errer nos regards émus sur ces tristes sommets derrière lesquels tant de Slaves combattent aujourd'hui pour le sol de leurs montagnes, en attendant que le jour vienne où ils pourront s'asseoir sur la côte et faire de Raguse leur Ancône.

L'intérêt du voyage grandit à mesure que nous pénétrons plus avant dans le champ de bataille où se débattent depuis tant de siècles les destinées de l'Orient ; déjà les sons slaves résonnent de tous côtés à nos oreilles, tandis que les longues redingotes blanches et les vestes brodées des Monténégrins font leur apparition à côté des costumes plus simples et plus pacifiques du Canalese.

Vers quatre heures du soir, nous entrons dans ces fameuses *Bouches-de-Cattaro* qui baignent à la fois les arsenaux turcs de la Sutorina, les castels autrichiens de Castel-Nuovo et de Cattaro, et les grands piédestaux des chaînes monténégrines. Nous savions que les Bocche étaient pittoresques, mais notre attente est singulièrement dépassée. Une fois les passes d'entrée franchies, les Bouches se présentent comme un dédale de fiords, ou plutôt comme un véritable lac suisse, divisé, comme celui des Waldstætten, en cinq bassins, mais avec quelque chose de plus âpre dans les sommets dénudés et quelque chose de plus doux et de plus clair dans les teintes du rivage. Ici, comme sur notre lac, la gradation du pittoresque est continue ; le dernier bassin, celui de Cattaro, est de beaucoup le plus saisissant. Immédiatement au-dessus de nos têtes se dresse la première chaîne monténégrine ; c'est une véritable Gemmi suspendue sur la mer et sillonnée par un chemin aussi audacieux que celui qui va de Louëche au Schwarenbach. Au-delà se déploient les cirques alpestres du Monténégro, qu'on a pu appeler avec raison la Suisse de l'Orient, Suisse plus montagneuse encore que la nôtre, puisqu'elle est barricadée en tous sens par des cloisons complétement fermées, et surtout plus isolée et plus inattaquable encore, puisqu'elle n'a absolument aucune issue sur la mer dont la séparent des glacis hauts de mille mètres. Les Monténégrins disent qu'au jour de la création, Dieu passa dans les cieux en tenant par la main un sac plein de montagnes et que le sac tomba par un fâcheux hasard et se vida sur la Montagne noire. Comme la Suisse, le Monténégro a été un boulevard de liberté, une aire imprenable pour les fils indomptés de la montagne. Son histoire débute comme celle de la Suisse et juste un demi-siècle plus tard, soit en 1391. Les Monténégrins ont été moins heureux que nos pères; malgré leur vaillance, ils sont encore, après cinq siècles, confinés dans leurs montagnes, et leurs guerres offensives contre leur ennemi héréditaire n'ont été, jusqu'à présent, que des tchétas ou razzias. Tandis que nos pères n'avaient à combattre qu'un suzerain lointain, faiblement appuyé par ses vassaux, les Monténégrins ont eu affaire à de puissants pachas établis à leurs portes et servis par le fanatisme musulman et albanais. Les guerriers de la Tzernagora réussiront-ils aujourd'hui à briser le cercle de fer qui les étreint et à conquérir enfin un port et des champs?

Après avoir jeté un coup d'œil rapide dans les rues tortueuses de Cattaro et sur ses palais vénitiens un peu défraîchis, nous nous attablons dans une bonne locanda pour faire un dernier repas à l'européenne avant d'entrer en Turquie. J'entame une discussion sur ces vaillants Monténégrins, que leurs adversaires appellent avec mépris des coupeurs de nez, et je romps bravement une lance en leur faveur avec le capitaine Pizziferra, correspondant de la *Gazette de Turin*. L'excellent capitaine est un ancien réfugié de Modène, un *reduce* de Novare, d'Inkermann et de Solférino ; il a suivi, l'an passé, les insurgés de l'Herzégovine, et se dirige maintenant vers le camp turc de Podgoritza ; pour lui, l'insurrection est uniquement le fait des Russes ; or, les Russes sont restés ses ennemis depuis la guerre de Crimée. J'essaie en vain de le gagner à la cause slave par tous les arguments que me fournit sa propre histoire, qui se confond avec celle de l'Italie. Je lui rappelle les souffrances et les témérités des premiers patriotes italiens, conspués par toute l'Europe, l'héroïque folie de Novare, puis, dix ans plus tard, la soi-disant démence de quelques-uns devenant le cri de guerre de la nation et le programme des souverains étrangers. Les Serbes et les Monténégrins vont peut-être au-devant d'un Novare ; mais qu'importe ! après Novare vient Solférino ! — Comme à Raguse, je retourne à bord avec d'amers regrets ; si j'avais trois jours, je courrais à Cettinje et j'y verrais un peuple se levant en masse, comme on se levait chez nous aux jours de Morgarten et de Morat ; malheureusement mon itinéraire est irrévocablement fixé, et le bateau part dès l'aube du lendemain. Sur le port, nous heurtons du pied de pauvres pèlerins monténégrins qui dorment à la belle étoile ; ils iront le lendemain dans une grotte voisine implorer l'appui de la Vierge toute-puissante contre le Croissant détesté ; pour eux, comme pour les Grecs de 1821, la guerre contre les Turcs est une guerre de religion. Longtemps encore la grue du navire poursuit dans la nuit son bruyant travail; pour nous, tandis que les étoiles scintillent dans le ciel et que la lune éclaire vaguement les escarpements perpendiculaires du golfe, nous songeons à ceux qui veillent là-haut dans la montagne, l'arme au poing, en attendant que le soleil de la victoire et de l'indépendance se lève enfin sur eux.

Le mercredi matin, à notre réveil, nous trouvons le navire dépeuplé comme par enchantement; c'est le voisinage de la Turquie qui se fait déjà sentir. Nous n'avons guère pour compagnons de voyage que quelques volontaires autrichiens qui rentrent dans leur province, c'est-à-dire à Budua, à l'appel de leur gouvernement. Leur physionomie est intéressante et leurs pittoresques costumes n'ont pas eu le temps de se défraîchir en Herzégovine, dans une campagne qui n'a duré que quelques jours. Leur chef excite dès l'abord notre sympathie par l'énergique beauté de ses traits et la douceur de son regard, où se lisent de patriotiques angoisses. Nous passons bientôt devant les villages qui forment le port de Spizza, tant convoité par la Montagne noire: Spizza ou une pauvreté et une barbarie éternelles, tel est le dilemme qui se pose pour le Monténégro. Si les Russes, un moment maîtres de Cattaro, l'avaient donné à leurs amis les Monténégrins, il y a quelque soixante ans, la Montagne noire serait aujourd'hui civilisée par le commerce et par l'industrie. Nous stoppons assez loin de la côte, dans le voisinage d'un grand bâtiment du *Lloyd* arrivant de Constantinople avec plus de mille Monténégrins, jardiniers et maçons, qui reviennent dans leur patrie pour lui prêter le secours de leurs bras.

Non loin de là, la chaîne côtière projette dans la mer un cap légèrement arqué, le cap de Volvitza. A l'endroit où les contreforts des montagnes vont rejoindre les hauteurs qui enferment la baie, quelques toits rouges, perchés sur un étranglement de montagnes, annoncent une bourgade. Beaucoup plus près de nous, quelques bâtiments délabrés font tache sur la rive ; c'est l'échelle d'Antivari, le port le plus rapproché de Scutari. Nous sommes en Turquie : le fez rouge des soldats et des douaniers nous le dirait assez, s'il fallait d'autres preuves que le silence et l'air abandonné de la côte. Notre embarcation vient toucher à un méchant pont de bois ; comme nous avons eu soin de dîner sur le bateau et d'y laisser nos effets, nous passons d'un œil fier et dédaigneux devant les douaniers qui attendent en vain une proie facile, et devant une soi-disant locanda italienne, dont un soleil étincelant fait ressortir la repoussante saleté. Notre compagnon de voyage, le correspondant italien, descend définitivement ici ; l'infortuné a peine à se tirer d'affaire avec ses Turcs, et je crois qu'il ferait plus longue mine encore s'il n'espérait pas faire route jusqu'à Scutari, et peut-être plus loin, avec le médecin ottoman qui rejoint directement l'armée.

Pour nous, enfermés depuis six jours dans des wagons ou des cabines de navire, nous nous élançons sur la bruyère, joyeux comme des oiseaux auxquels on a donné la volée. Le sentier, indécis et mal tracé, court d'abord du côté de la montagne, au milieu de groupes de câpriers et d'agnus-castus ; la cigale nous jette son cri nasillard du sein des fourrés, tandis que de bruyantes tribus de libellules se balancent dans les airs. Point de cultures, un ciel sans nuâges ; sans ces toits effrontément rouges qui se rapprochent de plus en plus, nous serions tout entiers aux harmonies du désert. Bientôt le chemin ou plutôt la piste fleurie que nous suivons se change en une route pavée que coupent çà et là d'humides fondrières ; à gauche, des oliviers séculaires se pressent sur un large coteau pierreux ; à droite, la forteresse délabrée d'Antivari accuse dans le ciel ses contours gris ; le long de la rampe pierreuse s'étale un cimetière dont les tombes à moitié ruinées semblent pleurer elles-mêmes sur les morts.

J'avais vu en détail, l'année précédente, Constantinople et l'Asie-Mineure, et cependant, à mon arrivée à Antivari, je suis presque aussi stupéfait que le jour où je vis pour la première fois la Turquie, tant il est difficile de s'accoutumer à cette brusque transition de la civilisation aux choses turques. Quant à mon compagnon, il en croit à peine ses yeux : je m'imagine même que le cœur lui bat. La saleté pittoresque des maisons et des rues, la morbidezza apathique des habitants, les voiles et les grands féredjés ou manteaux dans lesquels se pelotonnent les femmes, la fierté sauvage de l'Osmanli, l'humilité canine du raïa, tous ces contrastes de langues, de mœurs, de coutumes et de religions ne laissent pas que de donner aux villes turques un grand intérêt ; mais attendez quelques semaines, et vous n'éprouverez plus guère qu'un sentiment d'impatience en face de cette décrépitude d'une civilisation vieillie et vouée au recul, de cette incurable insouciance d'un peuple qui ne sait ni grandir ni mourir. Quelques minutes après notre entrée dans la ville, nous avions gravi péniblement la rue montante et malaisée du quartier musulman, non sans provoquer sur notre passage des exclamations plus ou moins flatteuses, et nous étions tranquillement assis sur le rocher de la citadelle, à l'endroit où le fort plonge sur les vallons dénudés qui forment derrière la ville les frontières de la Montagne noire. Des Albanais nous avaient suivis à notre insu et nous épiaient pendant que nous considérions le paysage.

Au moment où nous nous levons pour aller plus loin, ils nous ordonnent de les suivre et de rebrousser chemin avec eux. Nous marchons derrière eux jusqu'à un corps de garde où stationnent deux sentinelles, le fusil au bras. J'ai toujours eu une répulsion instinctive pour les corps de garde et je leur préfère encore une salle d'école; mais le geste de nos singuliers guides ne souffre guère de réplique; d'ailleurs nous apercevons au fond de la chambre l'obèse majesté d'un bairaktar ou colonel turc, qui trône sur un long divan et nous fait signe d'avancer. Nous entrons; on nous fait asseoir, puis le drogman nous traduit en mauvais italien les questions de l'officier; on nous demande quel métier nous faisons, pourquoi nous regardions avec tant d'attention la ville, d'où nous venons et comment nous sommes arrivés. Nous répondons que nous sommes des touristes venus par le paquebot autrichien ; l'officier objectant qu'il n'est point encore arrivé, je le lui montre par la croisée ; un fonctionnaire en turban et en robe verte sort du bureau télégraphique qui est contigu au sélamlick ou salle de réception et présente une dépêche. L'interrogatoire s'interrompt, puis reprend ; pendant ce temps notre imagination trotte au loin sur les ailes de l'incertitude. Sommes-nous libres ou prisonniers ? Un retard de quelques heures nous forcera-t-il à perdre une semaine ici ? Nous ne sommes rassurés que lorsque le colonel a donné l'ordre de nous offrir une tasse de café et une cigarette. Je demande la permission de me retirer pour continuer notre promenade si brusquement interrompue, mais le colonel nous invite à laisser passer la chaleur ! Enfin un léger signe de sa grosse figure réjouie nous autorise à prendre le large et nous en profitons pour aller nous remettre de nos émotions et absorber quelques tasses de café turc en compagnie des taciturnes soldats du nizam qui peuplent les camps des environs. Une heure après, nous étions installés à quelques minutes de la ville sur un mur de pierres sèches, tout près du cimetière où pleuraient quelques femmes empaquetées dans leurs féredjés blancs ; mon compagnon s'essayait à croquer la ville qui emprunte à ses masures de bois coiffées de toits rouges et à ses minarets aigus un cachet foncièrement albanais ; pour moi je griffonnais une lettre dans une posture qui eût paru excessivement incommode même à un kodja ou docteur turc habitué à écrire sans autre appui que son genou, lorsque tout-à-coup un cri sauvage me fait lever la tête ; j'aperçois alors devant moi non pas un soldat régulier, mais un vrai bachi-bouzouk avec la figure sèche et la veste de flanelle blanche de l'Albanais ; le barbare nous foudroie de son regard et de sa bouche s'échappe un tonnerre de sons gutturaux et celtiques qui m'auraient fort intéressé à tout autre moment : Marche Frandji ! marche ! et en même temps il frappait de la main sur son long fusil annelé. Nous ne pouvions guère songer à résister; d'un autre côté, la ville était haut perchée et nous ne tenions guère à faire au corps de garde une visite plus involontaire encore que la première ; je prends un biais et je parlemente, ou plutôt j'étourdis mon sauvage en lui criant dans deux ou trois langues diverses que je connais le bairaktar, que j'ai sa permission d'écrire et de dessiner, qu'il n'a d'ailleurs qu'à monter à la ville pour s'informer. Le bachi-bouzouk, abasourdi, mais non convaincu, finit par tourner le dos, non sans couvrir les Frandjis d'épithètes plus que mal sonnantes. Nous nous remettons à écrire et à dessiner ; mais le bachi-bouzouk avait décidément coupé le fil de nos idées et en le voyant disparaître derrière les premières maisons de la ville, nous jugeons plus prudent de rejoindre au plus vite l'échelle et le pacifique vapeur du Lloyd. Toutefois les tribulations de cette première journée chez les Turcs n'étaient point finies ; nous étions prêts à faire rame vers le vapeur lorsqu'un douanier nous hêle, pénètre dans notre barque, nous fouille sans autre forme de procès et s'empare de notre Guide des voyageurs en Orient; heureusement le trop zélé fonctionnaire fait un effort un peu laborieux pour se hisser sur le pont de débarquement et laisse tomber à l'eau sa tabatière que nous gardons à titre d'ôtage pour le livre. Enfin, après dix minutes, il revient, et je le paie de sa sollicitude en le plaisantant sur son flair de douanier et en lui rendant généreusement sa tabatière.

## II

### L'Albanie et les Albanais

A partir d'Antivari on entre dans un monde nouveau. La côte semble vouloir se soustraire aux regards ; elle se fait basse, plate et fuyante. Les hautes falaises tachetées de villages et de bois profonds font place à des plaines vulgaires, sur lesquelles plane le silence de la mort : notre œil interroge en vain la ligne effacée du rivage ; une grève, des mamelons d'argile, et dans le lointain une vague ligne bleue, voilà tout ce que nous apercevons de cette Albanie qui est comme une mystérieuse épave d'un monde disparu. Antivari, comme son nom l'indique, est située en face de la ville italienne de Bari, dont elle est séparée par un détroit de quarante lieues ; la distance d'Antivari à Corfou n'est pas beaucoup plus considérable ; mais qu'on ne se laisse point tromper par la proximité des pays classiques et les teintes chaudes des montagnes, et qu'on ne vienne pas chercher sur cette côte sauvage de grandes ruines ou de glorieux souvenirs. Tandis qu'en pays grec on sent revivre une âme sous la poussière des morts, ici on prête en vain l'oreille aux grandes voix de la mer et de la montagne ; rien qui résonne du bruissement des siècles écoulés ! Quelques ports ensablés par les alluvions des fleuves, quelques châteaux vénitiens, sur lesquels le lion de St. Marc a laissé en passant les marques de ses griffes, quelque citadelle turque, illustrée par la rébellion d'un Mahmoud ou d'un Ibraïm Pacha, voilà, avec les débris de la colonie romaine de Dyrrachium, tout ce qu'offre, en fait de souvenirs historiques, la côte albanaise d'Antivari aux Acrocérauniens.

Le pays que nous appelons Albanie est à peine un tout géographique ; long de cent lieues d'Antivari à Prévéza, il en a trente à quarante de large et va en se rétrécissant quelque peu vers le sud. Assez bien défendue contre les invasions du dehors par la mer et à l'est par de hautes chaînes de montagnes percées de rares ouvertures, l'Albanie manque absolument d'unité et renferme les territoires les plus hétérogènes ; au nord le bassin et le lac de Scodra avec les massifs alpestres du Bor et de Schalja, puis une région de contreforts alpins autour du lac d'Ochida jusqu'à la Drina noire, au centre la région du Grammos ou de Bérat, traversée par l'Arçén et le Scoumbi ; enfin au sud la région du Pinde, formée par une quantité de bassins fluviaux qui descendent en éventail du plateau de Janina. Cette dernière contrée porte spécialement le nom d'Epire, et gravite depuis 3000 ans dans l'orbite de la Grèce.

Coupée à l'intérieur par des fleuves et des chaînes de montagnes bizarrement contournées, l'Albanie ne pourrait être unie que par la mer; mais jusqu'à Avlona la côte ne présente que des lagunes malsaines et des plaines d'alluvions qui gagnent sans cesse sur les eaux, tandis que depuis Avlona à Prévéza le rivage épirote oppose au navigateur la muraille des Acrocérauniens battue par de perpétuels orages.

Cette configuration tourmentée explique pourquoi l'Albanie n'est jamais entrée que par son extrémité méridionale dans le mouvement du monde grec. Corcyre, qui régnait sur ces parages, y avait jeté deux colonies, Epidamne (Durazzo) et Apollonia, qui n'eurent aucune influence sur les indigènes de l'intérieur, de race probablement pélasgique, et ne brillèrent de quelque éclat que sous les Romains; aujourd'hui il ne reste de l'Epidamne grecque qu'une stèle funéraire. Pour les Grecs, la porte extrême des pays helléniques ne s'ouvrait qu'aux Acrocérauniens, à la frontière septentrionale de l'Epire; tout ce qui était plus au nord était compris sous la vague dénomination d'Illyrie.

Les légions romaines n'étaient pas loin de la Grèce, lorsque l'Epire, cette Suisse de l'antiquité, eut enfin un moment de gloire sous son chef Pyrrhus, le type accompli du condottiere. Une fois maîtres de ces régions, les Romains ne pouvaient guère traiter avec dédain la terre illyrienne, qui se trouvait sur le chemin de la Thessalie et de la Macédoine; ils réprimèrent la piraterie, domptèrent, non sans peine, l'héroïque reine Teuta, et firent d'Epidamne, devenu Dyrrachium, le point de départ de leur grande voie Egnatia, qui traversait de part en part la péninsule à sa racine même, et suivait probablement la même direction que le chemin actuel d'Elbassan à Monastir par Ochrida.

S'il faut en croire Strabon, cette route devint la frontière méridionale de la province de Macédoine : tout ce qui était au sud s'appelait du nom d'Epire, tandis que, pour Ptolémée, l'Epire ne commence qu'aux Acrocérauniens, au-delà d'Avlona. Si l'Albanie du nord fut durement traitée, c'est-à-dire pacifiée, comme disaient les Romains, l'Epire grecque fut anéantie. Paul Emile, après avoir battu Persée à Pydna, promena le fer et la flamme dans la montueuse patrie de Pyrrhus, détruisit, en une seule campagne, soixante-quinze citadelles épirotes et fit 150,000 prisonniers. Les noms périrent avec les villes, et si un géographe ancien se plaint déjà de l'absence de documents sur l'Epire, comment pourrions-nous espérer retrouver, avec leurs noms authentiques, les soixante-quinze cités du pays épirote ? Les empereurs se montrèrent plus cléments : l'Epire vit s'élever sous Auguste, sur l'isthme de Prévéza, la ville romaine de Nicopolis, orgueilleux souvenir d'Actium; sous Adrien, la patrie de Pyrrhus fut même traitée comme une province particulière. En somme, abstraction faite de l'antique oracle de Dodone, de Pyrrhus, et de la lutte glorieuse contre les Romains, on peut dire que l'Albanie, surtout la partie nord, est toujours restée dans l'antiquité comme noyée dans la pénombre de l'histoire.

L'Albanie chrétienne n'a pas de chroniques, et

depuis la chute de l'empire romain les lacunes de ses annales se comptent, non par années, mais par siècles. Alaric passe en 396 en Epire et la pille, en 517 elle est infestée par les Bulgares et les Hongrois, plus tard les Lombards arrivent jusqu'à Dyrrachium. Vers 640 apparaissent les Serbes, qui absorbent complétement dans le nord les colons romains et les Illyriens. Bientôt reviennent les Bulgares, enfants de la race finnoise; ils adoptent la langue slave et appellent toute l'Albanie Zagora, c'est-à-dire le pays d'outre-monts. Ochrida, la ville natale de l'empereur Justinien, devient leur capitale et le siège d'un archevêque. Le chef des Mirdites fut, suivant la légende, un Bulgare de rite orthodoxe, c'est-à-dire oriental, qui se fit catholique. C'est au moment de la dispersion des Bulgares que les Albanais entrent pour la première fois en scène à propos d'un soulèvement d'un gouverneur de Dyrrachium qui marche sur Thessalonique. Qui sont ces Albanais dont le nom apparaît comme à l'improviste dans l'histoire de ces épouvantables mêlées de peuples qui ensanglantent l'Albanie d'alors ? Sont-ce des étrangers venus du nord ? ou bien sont-ce les anciens maîtres du pays, les Pélasges antélunaires, fils de la Terre, qui viennent reprendre possession de leur sol, et que les tempêtes des invasions font remonter à la surface des flots ? Pour la plupart des philologues actuels, si les Roumains sont les fils des anciens colons romains de la Dacie, les Albanais ne sont rien moins que des autochthones, fils des premiers habitants du pays, les Pélasges du sud et les Illyriens du nord ; leur langue est une sœur aînée du latin et du grec, plus rapprochée toutefois du premier idiome que du second. Ainsi le Grec, l'Italien et l'Albanais, fils des Pélasges, sont frères ; seulement le Grec et l'Italien ont marché, tandis que le Pélasge est resté stationnaire et comme attardé dans les premières étapes d'une civilisation avortée. Dès le onzième siècle, l'Albanais se montre implacable et farouche guerrier ; il succombe sous le poids des armes de l'Occident dans sa lutte contre les Normands ; mais il se révolte toujours et se bat sans cesse, tantôt contre l'empereur de Byzance, tantôt contre les despotes d'Epire qui s'étaient fait une principauté indépendante dans le sud de l'Albanie.

Les guerres se poursuivent avec des acteurs toujours nouveaux, jusqu'à ce que les Turcs viennent faire le silence sur les champs de bataille de l'Epire et de l'Albanie. Alors apparaît un héros qui suspend un instant les destinées de la péninsule ; c'est le fils de Voisava, l'héroïque Scanderbeg, qui naît avec le signe d'une épée sur le bras droit. Une chanson populaire nous peint ce héros de vingt-deux batailles, au moment où il part pour aller à un nouveau combat ; sur la route qu'il suivait, il rencontre la Mort, mauvaise messagère de triste aventure. — Mon nom est la Mort, lui dit-elle, retourne en arrière, ô Scanderbeg, parce que ta vie touche à son terme. — Lui l'écoute et la regarde : il tire son épée et reste immobile. La mort de Scanderbeg fut la fin de l'Albanie chrétienne, et la chanson nous montre un des derniers chefs albanais appelant tristement son peuple : Accourez, chefs des Albanais et des Macédoniens !

Il est tombé, le rempart qui protégeait l'Epire, toute espérance s'est éteinte avec un seul homme ! Toute espérance, en effet, s'était éteinte ; les plus braves émigrèrent en Italie et les autres se soumirent.

Soixante ans auparavant, les Serbes aussi, trahis et divisés, avaient à Kossovo, sur le Champ des Merles, fléchi le genou devant le croissant. Après la défaite, une partie de la noblesse passa à l'ennemi et acheta, au prix de l'abjuration, le maintien de ses priviléges ; mais la masse de la nation resta fidèle au souvenir de ses pères, et garda pieusement dans sa mémoire les noms de Marko Kraliévitch et du prince Lazare ; oubliant les faiblesses et les fatales discordes des vaincus de Kossovo, la muse populaire serbe ne voit plus en eux que les glorieux représentants de la patrie ; leurs figures idéalisées sont pour les Slaves une consolation dans les humiliations de la servitude et le gage glorieux d'une prochaine résurrection.

En Albanie rien de pareil : les fils du grand Scanderbeg renient leurs pères chrétiens, et après avoir plié le genou devant le glaive de Murat, ils ploient leur tête et leur conscience sous le symbole du croissant. Amoureux de l'indépendance au point de lui sacrifier leurs sentiments religieux, ils mettent leur foi du côté de l'épée et abandonnent le dieu impuissant du Calvaire pour le dieu des vainqueurs. La nationalité albanaise, si toutefois l'on peut parler de nationalité chez un peuple qui n'est bon qu'à vivre dans les camps, se trouve ainsi comme coupée en deux tronçons : ici les Albanais restés chrétiens, là les Albanais devenus musulmans.

L'apostasie, il faut le dire, n'était pas sans profit pour les nouveaux convertis, puisqu'une loi promulguée vers 1590 assure la possession de leurs biens aux familles qui élèveraient leurs enfants dans la foi musulmane ; c'était le seul moyen d'échapper à une dépossession violente et à l'invasion en masse des Osmanlis. En somme, les Albanais mahométans, devenus les égaux de leurs vainqueurs, jouirent sous la domination turque d'une assez large indépendance, et donnèrent en retour à la Turquie ses meilleures recrues et ses plus bouillants champions. Chose curieuse, malgré l'identité de la religion, il n'y a pas eu de fusion entre les deux races. L'Albanais mahométan garde fidèlement sa langue, repousse la circoncision et proteste à sa manière de son origine pélasgique en enveloppant dans un égal mépris le Bosniaque musulman, le Slave chrétien et le mol Asiatique qui est devenu son maître. Resté fidèle à la vie patriarcale des clans et au gouvernement des vieillards et des hardis capitaines, l'Albanais musulman, le Guègue du nord, aussi bien que le Tosque du sud, ne se plie qu'à contre-cœur aux exigences de la bureaucratie de Constantinople.

Combien de fois ne l'a-t-on pas vu s'insurger contre le gouvernement de la Porte ! Au-dessus de Scutari s'élève la poétique forteresse de Rosapha, d'où l'on jouit d'une vue immense sur le lac et sa bordure de montagnes, le cours de la Boiana, le pied du Monténégro et les vallées chrétiennes des Sept-Montagnes. Rosapha a failli maintes fois devenir la victorieuse acropole des pachas albanais ; d'abord de Mahmoud, qui marcha en 1770 contre les Grecs soulevés, brava dans sa capitale vingt pachas turcs ligués contre lui, et finit par mourir comme prisonnier sur la terre monténégrine ; puis d'Ibrahim son frère et enfin de son neveu Moustapha, qui resta maître de l'Albanie après la mort d'Ali de Janina, et tenta de soulever contre la Porte les Chkipétars (Albanais) du nord.

Ce que Scutari essaya chez les Guègues au nord, Janina faillit l'accomplir chez les Tosques au sud. A l'extrémité de cette ville, peuplée d'ailleurs en majeure partie de giaours, c'est-à-dire de chrétiens grecs et albanais, s'élève au milieu des eaux d'un lac alpestre une citadelle péninsulaire qui commande la capitale et tout le plateau central de l'Epire : c'est là que plana pendant trente ans le vautour albanais, le fameux Tosque musulman, Ali de Tépélen, digne représentant d'une race cupide et sanguinaire, qui réussit à étonner le monde par l'atrocité de ses crimes et de sa tyrannie. Ce Jugurtha albanais, qui s'était frayé vers le trône un chemin sanglant au travers de ses amis et de ses ennemis, rêvait de donner à la terre des Albanais ou Chkipétars un peu plus d'unité et un peu plus de civilisation, mais ses moyens n'étaient que crimes et violences. L'aigle de Constantinople vint le saisir dans son aire, et le broya dans ses serres, lui et sa progéniture. Depuis lors l'Albanie n'a plus de pachas rebelles, et elle plie la tête sous le tanzimat de Mahmoud, qui a supprimé les aristocraties locales et introduit l'organisation militaire et la bureaucratie de l'occident.

En 1830, pourtant, la domination turque est encore une fois menacée par le triumvirat de Véli-Bey, de Seliktar Pacha et d'Arslan-Bey ; le grand séraskier ou chef militaire de la Roumélie, secondé par les chrétiens, réussit pourtant à ramener les seigneurs albanais à l'obéissance et à leur imposer le régime de la centralisation ; puis il organise à Monastir, dans sa résidence, une fête de réconciliation à laquelle il convie cinq cents beys et chefs de clans. Au jour fixé, toute cette brillante aristocratie était au rendez-vous ; mais le vizir avait fait cerner la place par des soldats. Au moment où Arslan-Bey criait à Véli : « Nous avons mangé de la boue », une fusillade générale et une charge à la baïonnette portent la mort dans les rangs des beys ; Véli tombe, puis tous les autres, sauf Arslan, qui est frappé dans sa fuite. Les Grecs saluèrent ces vêpres d'un long cri de joie ; Misolonghi, égorgée par les Albanais, était vengée ; mais la vieille Albanie musulmane était mortellement frappée au cœur.

Si les Chkipétars musulmans, qui sont au nombre de 600,000 et qui forment la moitié de la population de l'Albanie, sont politiquement impuissants et réduits au rôle de prétoriens de la Porte, leurs frères chrétiens sont dans une situation bien plus triste encore. Naguère il n'y avait pour eux ni droit ni sécurité ailleurs que dans la montagne, où leur pauvreté et leurs rochers leur servaient de sauvegarde; dans la plaine ils étaient pressurés par les petits seigneurs locaux, percepteurs de dîmes, et par la soldatesque albanaise que protégeait la plus révoltante impunité. Beaucoup de chrétiens, accablés sous le poids de leurs misères et fatigués d'implorer en vain leur Dieu, lui adressaient une sorte d'ultimatum, et le mettaient en demeure de les protéger s'il ne voulait point les voir apostats : si le secours d'en haut n'était point venu pendant le délai fixé, on appelait un iman et un cadi et on se faisait musulman, quitte à se jeter ensuite avec une furie sauvage sur ses oppresseurs de la veille. Aujourd'hui les rigueurs de la conscription, qui ne pèsent que sur les musulmans, et l'amélioration des conditions sociales rendent l'apostasie moins avantageuse et le sort des chrétiens moins douloureux.

Cependant, si les chrétiens sont un peu moins opprimés, ils gémissent toujours sous le poids de leurs propres divisions : partout règnent la haine, la désunion ou l'indifférence. Au nord règne le Mirdite, fougueux catholique qui se réclame volontiers de l'Autriche et de la France, et ne reconnaît pour toute politique que la guerre et le pillage ; pour le Mirdite, comme jadis pour le Corse, le premier moyen de sanctification est la vengeance, et le plus grand déshonneur est de mourir dans ses souliers ; tout ce qui est au-delà du cercle étroit de sa montagne, tout ce qui n'a pas la croix latine et le clocher romain, est traité par lui en ennemi. Le Mirdite sert sous la bannière du sultan, mais il n'a pour le musulman qu'une indifférence méprisante ; sa vie tout entière est une perpétuelle razzia, et les jeunes Mahométanes de la plaine, nouvelles Sabines, s'attendent, dit-on, sans trop d'effroi, à être enlevées un jour ou l'autre par les sauvages enfants des montagnes d'Orosch. Les Mirdites et leurs alliés ne sont pas 100,000, et cependant ils sont fort redoutés, tant de leurs voisins slaves que de la Porte, qui retient dans le sérail les membres de la famille du prince. L'importance relative de cette peuplade vient sans doute de ce qu'elle a su s'élever au-dessus du morcellement des clans et ébaucher une sorte de principat mi-temporel et mi-spirituel. Son prince-évêque d'Orosch ressemble en beaucoup de points à ces potentats de la Gaule celtique qui réussissaient pour un temps à former en faisceau les clans épars des Helvètes, des Séquanais ou des Éduens ; malheureusement la politique de ces princes est bornée comme l'horizon de leurs montagnes ; elle puise ses inspirations dans une haine aveugle pour tout ce qui est schismatique, et se heurte souvent aux intrigues des capitaines et à l'influence encore considérable des familles aristocratiques.

Les prêtres de l'Albanie catholique ou Mirditie sont pour la plupart des religieux franciscains, envoyés par la Propagande de Rome, héros obscurs qui luttent avec les seules ressources de la foi contre la misère et contre l'islam ; mais si leur zèle est grand, leur ignorance est plus grande encore, et leur qualité d'étrangers les empêche de devenir, comme le fut le clergé grec, un instrument de réveil au milieu d'un peuple qui n'a pas encore repris conscience de lui-même. Les évêques des Mirdites sont mieux partagés que les religieux, leurs demeures sont assez convenablement aménagées, et leurs diocèses sont aussi microscopiques que dans la primitive église : Durazzo, Antivari et Scopia (Prisrend) ont des archevêques ; Scutari, Alessio, Cappo-

Pulati des évêques qui ont chacun quelques milliers d'ouailles sous leur juridiction.

Le Scoumbi, qui forme la limite des Guègues et des Tosques, est aussi à peu près la ligne de démarcation des confessions chrétiennes : ce qui est au nord suit en général le rite latin, tout ce qui est au sud appartient au rite grec. Les Tosques musulmans sont les maîtres absolus des districts de Kurvelesch, d'Arçen et de Mart ; ils sont fort nombreux dans les villes d'Elbassan, de Bérat, d'Argyrokastro ; mais plus l'on s'avance vers le sud, plus ils diminuent : l'orthodoxie grecque règne presque en souveraine dans les pays de Khimarra, de Souli et de Mezzovo, et elle est plus forte qu'au commencement de ce siècle dans les districts de Janina, d'Arta et de Prévéza.

Malheureusement le dualisme religieux se complique encore ici de la plus incroyable diversité de races, de langues et d'intérêts. Jusqu'à Argyrokastro, dans toutes les vallées du centre, le raïa ou serf chrétien est réduit à une existence d'ilote, et courbe depuis quatre siècles l'échine sous le fouet du propriétaire musulman ; sa vie se passe à trembler et à labourer une terre dont ses sueurs ne le rendront jamais maître ; pour lui, point de fêtes, point d'exercices guerriers, point de vie politique ; il ne parle que l'albanais, et apprend tout au plus un peu de grec à l'école ou à l'église. Plus au sud les conditions changent.

La côte montueuse qui commence aux Acrocérauniens pour aller finir à Prévéza est un district bilingue habité par d'héroïques montagnards, aussi barbares que braves, les Khimariotes et les Souliotes. Les Khimariotes étaient, jusqu'il y a cinquante ans, redoutés pour leur piraterie, que ne favorisaient que trop les sinistres orages des Acrocérauniens : quant aux Souliotes, vrais Spartiates pour la valeur et le mépris de la propriété, ils dominèrent la côte sud jusqu'au jour où le sanguinaire Ali réussit, après dix ans de lutte acharnée, à s'ouvrir par la trahison un passage au sein même de leurs montagnes. Chacun connaît les rondes funèbres que les femmes de ces montagnards dansaient sur le sommet des rochers, mais ce que l'on ne sait pas aussi bien, c'est que ces Souliotes, dont l'héroïsme a été chanté par Byron, illustré par Ary Scheffer et presque toujours mis à l'actif de la race grecque, étaient, comme Botzaris, le héros de Missolonghi, des fils de la race albanaise ; seulement ces Albanais parlent volontiers le grec et les Souliotes n'ont même jamais pris que la muse grecque pour confidente de leurs exploits.

A l'est de ce district bilingue qui va d'Avlona à Prévéza, s'étend une autre zone d'égale largeur qui commence au nord de Janina et descend vers le golfe d'Arta : cette zone est presque exclusivement grecque, c'est le pays de l'ancienne Dodone, la terre des Molosses; la langue des Hellènes y est tellement enracinée que les Turcs de Janina eux-mêmes s'en servent à leur foyer. Enfin, plus à l'est, s'élève le Pinde valaque, peuplé par les Armengs ou pâtres roumains, frères de ceux qui habitent les environs de Bérat, et descendants de colons latins établis dans ces montagnes par les rois bulgares ou par

Byzance : ces bergers, qui émigrent volontiers pour travailler le fer ou pour se livrer au négoce, parlent un dialecte valaque; mais ils subissent, eux aussi, l'ascendant de l'hellénisme, et c'est de leur sein qu'est sorti le fameux Colletis, qui fut pendant plusieurs années à la tête de la Grèce et du parti français.

Les Albanais sont divisés par la nature, par la religion, par les intérêts, par la langue qui se partage en deux dialectes assez divergents ; ils sont en revanche rapprochés quelque peu par les mœurs, qui sont restées, jusqu'il y a quelques années, aussi vieilles que leur idiome, c'est-à-dire plus vieilles qu'Homère. Si l'Albanais ne s'est jamais élevé à la notion de l'état moderne, il est resté tout aussi étranger aux institutions de la cité, telle que les Grecs la comprenaient. Partout où il a pu donner libre carrière à ses instincts, il est resté fidèle au régime des clans, qui a été l'embryon de la vie sociale chez les Hellènes, les Germains et les Celtes. Un certain nombre de familles unies par la parenté ou par des intérêts communs forment un phis ou clan, que gouvernent les vieillards les plus riches ou les plus respectés : s'agit-il de prendre quelque décision, de faire une réclamation à des voisins, de fixer le moment où la tribu changera de pâturage ou de rétablir la paix entre deux contestants, le conseil des vieillards se réunit solennellement en plein air, dans un lieu consacré, et juge en souverain. Sous ce régime patriarcal, pas de loi écrite, la coutume décide de tout; pas de droits et pas de devoirs autres que ceux que consacre l'usage; la vie sociale, comme la vie de l'individu, est soumise aux caprices de l'instinct. On peut dire que l'Albanais pense, agit et se gouverne à peu près comme le Grec des clans homériques ou le Germain décrit par Tacite ; resté étranger à la vie agricole et à tout ce qui constitue la civilisation et la culture, il reproduit tout naturellement, à deux mille ans de distance, au milieu de conditions économiques presque identiques, le même type moral et les mêmes imperfections sociales. « Les enfants de l'Albanie, dit le poète Byron, portent des cœurs farouches ; cependant ils ne sont point sans vertus, quelque sauvages que soient ces vertus elles-mêmes. Où est l'ennemi qui les a jamais vus fuir ! »

Bien différent du Grec qui se laisse conduire par son intelligence et n'a que des impressions peu profondes et passagères, l'Albanais est absolument dominé par ses instincts ; chez lui tous les sentiments éclatent avec une énergie singulière ; c'est une arme qui détonne au moindre choc extérieur. Haine, douleur et joie, tout fait explosion chez lui avec une brutalité barbare. Lorsqu'un Albanais est irrité, rien ne peut arrêter son bras, la vengeance est pour lui aussi sacrée qu'un devoir religieux ; c'est, dit-il lui-même, le meilleur moyen de se sanctifier. La douleur aussi est pour lui un coup qui étourdit et auquel on ne peut résister : il aime les scènes de deuil où la douleur va jusqu'au délire, et ces myriologues ou chants de mort dans lesquels les femmes qui tiennent la tête du mourant déposent toute l'exaltation barbare de leur âme. Chose bizarre ! La Grèce, elle aussi, avait commencé par se complaire dans ces démonstrations furibondes; mais à l'époque classique déjà on n'en trouvait plus de traces.

Si l'Albanais hait jusqu'à la mort, il abandonne aussi volontiers sa vie à qui le conduit au combat : on le retrouve sur tous les champs de bataille de l'Italie et de l'Orient, mêlé à toutes les expéditions téméraires, depuis celle de Pyrrhus à celle de Garibaldi; sous le nom turc d'Arnaute, il tient en respect les molles populations de l'Asie; on le retrouve à Fornoue et à Marignan, combattant sous les ordres d'aventureux capitaines comme Mercure Bouaios; enfin, en 1860, le chef des Mille comptait parmi ses plus braves guerriers bon nombre d'Albanais italiens, fils des émigrés du XVIe siècle. Pour ces pauvres pâtres, comme pour les Arcadiens de l'antiquité et pour les Suisses d'autrefois, la guerre est un métier et leur bras est au service de toutes les causes.

L'Albanais des clans montagnards est en somme un commentaire vivant des poèmes homériques: il a la démarche svelte et la fierté du regard que les poèmes attribuent aux héros; sa fustanelle flottante est le chiton de l'ancienne Grèce, et sa veste qui lui serre le corps le fait ressembler au soldat de Marathon. Son idéal de vertu, c'est la force; dépouiller beaucoup d'hommes est pour lui la marque la plus sûre de la supériorité. Il a sur la femme les mêmes idées que les anciens Grecs: pour se procurer une épouse, il recourt au rapt et la tient enfermée dans le gynécée. Les héros de l'Iliade sont, eux aussi, des hommes primitifs, violents, de sensations presque bestiales, grands dépouilleurs d'hommes, qui ne respectent et n'admirent que la force matérielle; mais ils ont déjà cet amour de la poésie, cette vivacité du sentiment religieux et ce besoin de se dévouer à de grands intérêts qui annoncent un grand peuple. L'Albanais, lui, n'a point de chants vraiment nationaux, comparables aux tragoudia de la Grèce moderne; il n'a pas davantage de conceptions religieuses fixes et ne comprend absolument rien aux mots de cité et de patrie [1].

Au milieu du grand mouvement de régénération qui va saisir l'Orient, que deviendra cette race albanaise, qui est restée jusqu'ici inculte et n'a jamais pu dépasser par elle-même la phase archaïque de la civilisation grecque? Comment l'ordre pourra-t-il jamais se faire dans cette masse informe de peuples et de confessions diverses, au milieu de cet entassement confus de montagnes battues par cent invasions, et portant, comme les falaises que blanchit l'écume des marées, les traces persistantes des flots d'immigrants qui les ont successivement submergées? Si la lumière doit venir, c'est du sud qu'il faut l'attendre. Tandis que la barbarie semble presque sans remède au nord du Scoumbi, on ne peut s'empêcher de sentir souffler dans le pays des Tosques, je ne sais quel vent bienfaisant venu des régions du sud. Ce vent, c'est l'esprit de l'*hellénisme* qui se meut sur les montagnes et semble vouloir fondre, dans un avenir plus ou moins prochain, les

---

[1] Voir, sur les mœurs des Albanais du nord, l'intéressant ouvrage de M. Albert Dumont sur le Balkan et l'Adriatique.

glaces de la barbarie. Les Illyriens, c'est-à-dire les Albanais du nord, n'ont jamais été soumis à personne et n'ont jamais connu que la farouche et stérile indépendance des clans montagnards; l'Epire, en revanche, et nous la faisons commencer au Scoumbi ou à la région des Acrocérauniens, l'Epire a été grécisée ; elle a entendu la voix des chênes de Dodone et la plainte d'Andromaque sur les bords du faux Simois; elle a entendu le chant des Muses et les péans d'Apollon sur la colline d'Apollonia, elle a vu Thémistocle s'asseoir au foyer du roi des Molosses et le grand Pyrrhus prêter sur l'autel d'Arès le serment de fidélité à la confédération épirote.

On peut le dire sans exagération : le pays qui va du Scoumbi au golfe d'Arta et qui forme le pachalik de Janina est déjà une terre hellénique ; chaque jour marque un recul du Turc et un progrès du Grec ; les différences de langues et de races s'effacent de plus en plus devant le prestige qu'exerce l'hellénisme, grâce à la supériorité de sa culture intellectuelle et au caractère sacro-saint de son église. Les timides raïas de la Mousachia, les fiers montagnards de Souli, les citadins de Janina, les pâtres nomades de Mezzovo, nourris dans les mêmes rites, apprennent de plus en plus à espérer en une même patrie. Cette solidarité dans l'espérance se traduit par l'ascendant croissant que la langue grecque exerce sur toutes ces peuplades ; ceux qui ne la savent point tiennent à honneur de l'apprendre, et ceux qui la savent s'en font gloire : le grec n'est-il pas pour eux la langue de l'église et des saints, en même temps que la langue des plus riches et des plus savants ? Qui pourrait dire ce qui se passe dans l'âme de ces bergers et de ces klephtes, quand ils rencontrent sur les croupes solitaires des montagnes ces citadelles cyclopéennes qui semblent élevées par des géants ? Les plus superstitieux y voient peut-être l'œuvre de démons ou de génies inconnus, mais les moins ignorants savent quel est le peuple qui a planté tant de glorieuses cités sur des rochers stériles que la culture ne songe pas même aujourd'hui à disputer aux chevriers, et si leur imagination frappée saisit bien vite le lien étroit qui unit les fondateurs de ces villes innommées avec les Hellènes modernes, comment pourraient-ils refuser eux-mêmes de devenir les héritiers de ces mystérieux ancêtres ?

Bien des facteurs concourent en Epire à faciliter les conquêtes de l'hellénisme : le prestige de l'église byzantine grecque, qui est le pain des opprimés et la consolation du pauvre, l'immigration constante des Hellènes, le voisinage du royaume grec, qui est le fruit de la victoire des raïas sur le Grand-Seigneur, la magie des souvenirs et des ruines helléniques, enfin l'ascendant d'une culture intellectuelle supérieure et la louable propagande de l'école grecque où viennent s'instruire les Albanais, tels sont les mille leviers qui semblent destinés à élever peu à peu l'Epire à une certaine unité dans le sein large et hospitalier de l'hellénisme. Qu'importe que les Albanais soient en majorité dans le pachalik ! L'histoire grecque tout entière n'est-elle pas la longue histoire des conquêtes de l'esprit grec sur des races moins avancées? des Hellènes sur les Pélasges, sur les Lélèges, sur les Cariens, sur les Phéniciens, sur les Etrusques, sur les Sicules, sur les Romains, sur l'orient asiatique tout entier? et ne voit-on pas aujourd'hui même les Albanais et les Valaques du royaume se fondre toujours plus complétement avec leurs concitoyens hellènes? Aujourd'hui comme autrefois, les Grecs sont pour tous les pays qu'ils habitent un levain fécond qui pénètre les masses, une espèce de fluide électrique qui galvanise les corps inertes et lourds. La Grèce compte moins pour ce qu'elle est que pour ce qu'elle met en mouvement; le jour où l'Epire sera devenue complétement grecque, le jour où l'étendard athénien flottera sur les Acrocérauniens et sur les rivages du noir continent qui regarde Corfou, les Pélasges et les Hellènes et Grecs seront de nouveau unis, comme ils le furent jadis dans le primitif berceau de la race gréco-italienne et du culte de Jupiter! La Grèce n'aura que la légitime récompense de ses efforts et de son indestructible confiance dans la grandeur de ses destinées. Alors aussi pourront dormir contents dans leur tombe, Botzaris, Karaïskakis, Colettis, et tous ces Epirotes, fils adoptifs de la Grèce, qui ont combattu pour elle comme on combat pour une mère chérie.

Paysans albanais de l'Attique.

## III

### Avlona et Apollonia.

Il est midi : les contours funèbres des Acrocérauniens s'accentuent et prennent toujours plus d'ampleur vers le sud, tandis que l'îlot de Sassena surgit tout à coup du sein des mers et prend l'attitude d'un monstre marin gardant l'entrée de la rade d'Avlona (en italien Vallona). Nous étions, hier, impatients d'arriver; aujourd'hui, en face de cette terre pauvre et barbare, séjour d'une race inculte qui n'entend que la vieille langue des Pélasges, notre ardeur devient plus réfléchie, et nous en sommes presque à regretter cette mouvante oasis de civilisation où nous avons coulé dans la rêverie ou la lecture tant d'heures tranquilles. De loin, tout vous semble facile : vous ne songez qu'à ce que vous ferez, à ce que vous verrez, à ce que vous apprendrez, jamais au prix dont vous devrez payer toutes ces jouissances; une fois partis pour ce poétique Orient, vous êtes aussitôt enveloppés de toutes parts par la sombre cohorte des soucis et par les dures nécessités de la vie nomade. Comment nous tirerons-nous d'affaire avec les bateliers? Comment avec les douaniers? Comment hisser nos bagages sur cette haute forteresse que nous prenions à tort pour Avlona? Trouverons-nous un khan, un gîte où seulement un Européen? Où chercher protection contre la fièvre et les klephtes, contre les ardeurs de la saison et contre le fanatisme qui semble prêt à se déchaîner? Quelles tristes surprises nous réserve peut-être ce monastère albanais d'Apollonia, perdu en pays mahométan, où nous devons séjourner pendant plusieurs jours? Deux heures après notre embarquement, toutes ces craintes s'étaient évanouies, et nous avions déjà un confortable chez-nous : de plus, mon compagnon avait enrichi son carnet de peintre d'un joli motif : les bagages d'un peintre et d'un archéologue dans une douane turque en temps de guerre! Il y aurait bien un moyen d'abréger la visite, ce serait de faire appel à l'éloquence toujours victorieuse du bakchich, mais que faire quand trois ou quatre hommes à la fois se jettent sur vos bagages? à qui donner? On nous fait tout dépaqueter ; les Albanais plongent dans chaque volume des yeux à la fois curieux et hébétés, tandis que je leur passe successivement sous le nez toutes mes poudres et toutes mes bouteilles insecticides. L'inspection prend de plus en plus le caractère d'une exhibition, au grand amusement de deux ou trois badauds grecs qui veulent savoir le nom de chaque chose et l'emploi de tout. Enfin, les malles fermées, on nous demande effrontément un bakchich avec menace de les faire rouvrir ; au lieu de répondre, nous nous contentons de rire. Nous avisons une de ces lourdes arabas ou voitures à bœufs, qui, en Orient, tiennent lieu d'omnibus partout où il y a un bout de route carrossable. Mais comment payer avec notre monnaie? Heureusement, un Français, qui était là comme à point nommé, nous tire d'embarras ; c'est un ingénieur des mines de poix de Selenitza, exploitées maintenant par une société française associée à deux commanditaires turcs, Ismaïl bey, d'Avlona, et Carapanos, de Constantinople.

Décidément, le gouvernement du sultan s'est mis en frais pour Avlona ; une magnifique route d'un kilomètre de long relie l'échelle à la ville ; après avoir passé devant un vieux castel vénitien égaré sur la plage, elle vient se perdre au milieu d'un bois d'oliviers, devant une mosquée qui est à l'entrée de la ville ; à partir d'ici, ce n'est plus qu'un dédale de rues musulmanes bordées de murs silencieux où viennent expirer les murmures des harems. Une heureuse inspiration me conduit devant la poste aux lettres du *Lloyd*. J'y trouve une lettre de recommandation auprès du consul grec ; cinq minutes après, je suis installé chez lui et comme en pays de connaissance. Le consul est jeune et parle très-bien l'italien et le français ; il vient d'échapper à la catastrophe de l'*Agrigente*, et sa petite fortune a rejoint, au fond de la baie de Cérigo, les marbres du Parthénon perdus par lord Elgin. Sous la conduite de notre aimable amphytrion, nous faisons une promenade délicieuse sur les collines qui enferment la baie et dardent sur la ville des chaleurs empoisonnées par les miasmes de la fièvre. Voici, dans un faubourg éloigné, une mosquée en ruines, triste image de la caducité de l'empire turc. Sommes-nous donc dans le pays des infidèles, à Belgrade, où les traités interdisent de démolir les mosquées avant qu'elles soient complètement ruinées ? Des chemins étroits, ravinés par les pluies de l'hiver, nous mènent sous des oliviers qui croissent pêle-mêle sur le flanc des collines ou s'élèvent du fond des bassins de verdure qui en brisent le modelé; de pauvres chaumines se cachent çà et là dans les creux des vallons. Ces apparences idylliques pourraient presque nous faire oublier que nous sommes dans le pays de ces Liapes qui cumulaient au bon temps d'autrefois les métiers de forbans et de klephtes et qui avaient su se faire une réputation de perfidie et de cruauté dans le pays d'Ali-Pacha. Au reste, la végétation, quand on la compare à celle de la Grèce, a ce caractère d'exubérance violente des terres calabraise et sicilienne qui se retrouve dans la race ; les chiens s'élancent sur nous sous les yeux de leurs propriétaires indifférents ; partout nous rencontrons de longs et maigres personnages aussi bien armés que des brigands d'opéra, et auxquels l'obscurité naissante prête des allures encore plus rébarbatives ; la plupart tiennent à la main le pain noir qui fera, avec les oignons ou les tomates crues, le repas du soir. C'est qu'il est déjà loin de nous le temps où le Liape n'achetait pas son pain, mais vivait de son épée et de ses déprédations ; aujourd'hui, il est réduit à travailler ou à mourir de faim. A côté du chemin jaillit une source ; un jeune enfant, la cruche appuyée sur la margelle du bassin, fixe sur nous les seuls yeux un peu doux que nous ayons vus à Avlona. Notre soirée se passe dans l'aimable compagnie du consul et d'un médecin grec qui pleure son Athènes sous ce ciel barbare. Quant à la nuit, elle fut un long combat; nous avions laissé nos fenêtres ouvertes pour nous ménager quelque fraicheur; c'était permettre à la fièvre d'entrer; au lieu de sa visite nous eûmes celle d'une légion de moustiques qui firent de cette nuit un interminable supplice.

*Au monastère d'Apollonia, 16 juillet.* L'expérience des voyages m'a amené à une théorie qui repose sur une superstition, mais qui ne laisse pas que d'avoir son utilité pratique, comme beaucoup d'autres choses déraisonnables en ce monde. Toutes les fois que j'arrive quelque part abattu et fatigué, je m'en console: je me dis que la chance va tourner et que je vais avoir autant de plaisir que j'ai eu de malheur.

Je suis arrivé ici hier, dans un pitoyable état; non point toutefois avec la fièvre comme Leake et de Hahn, qui durent renoncer à pénétrer plus avant du côté de Bérat, mais harassé et malade de faim, de soif et de sommeil. Mon axiome à l'usage des voyageurs mécontents s'y est vérifié; je ne donnerais pas le désert où nous sommes pour toutes les splendeurs des montagnes suisses.

Les Liapes sont décidément des gens peu sûrs: à quatre heures du matin, au moment fixé pour notre départ d'Avlona, il nous semblait avoir entendu le piaffement de nos chevaux; nous nous levons en grande hâte; une heure après, le consul fait son apparition; à six heures nous étions encore en pourparlers et rien n'était prêt. Enfin, nous partons bien armés et un peu remis par la fraîcheur du matin. Nous suivons une longue plage au bout de laquelle se dressent les masures du village d'Arta, exclusivement peuplé de chrétiens; il n'en a pas fallu davantage pour transformer la campagne environnante; huile, vin, blé, la terre donne tout, parce qu'ici on lui demande quelque chose. Nous saluons au passage un groupe de femmes non voilées, au profil digne des statues antiques; puis, laissant à gauche les salines d'Arta, qui semblent pour le moment inexploitées, nous nous écartons un peu de la mer. Notre consul a la fièvre et son cheval s'indigne de la lenteur de nos bêtes de somme habituées au pas des caravanes et au lourd bât de bois. Je fais de mon mieux pour stimuler l'ardeur de ma Rossinante; il me semblait avoir réussi, lorsque tout à coup le bât, sur lequel je retombais lourdement à chaque bond, donne le tour et me projette sur le sol, tandis que mon pistolet s'envole à quelques pas de là; heureusement je n'emporte de ma chute que quelques égratignures. Mon cheval, effrayé lui-même par l'accident ou trop heureux d'être libre, s'enfuit du côté des collines; le kavas ou licteur du consul s'élance après lui et n'arrive qu'à grand'peine à le capturer, tandis que l'agoyate, qui a loué le cheval et sellé le bât, se garde bien de presser le pas pour nous rejoindre. Bref, j'avais été victime non point de ma maladresse, mais de celle de nos indolents Liapes; car voici nos bagages attachés sur l'autre cheval qui menacent à leur tour de tomber. Celui qui veut voyager dans ces pays ne doit jamais se fier au savoir-faire d'un Oriental et pourvoir lui-même à tout; c'est ce que fait mon compagnon de voyage, dont la main heureuse enseignait à ces ignorants leur propre métier. Le consul, toujours plus enfiévré, s'apitoie sur notre mauvaise fortune, tandis que je prends les devants, mais à pied. Hélas ! le sable d'Egypte n'est pas plus brûlant que cette plage sans ombre, à l'heure où la brise de mer ne s'est point encore levée ! Je cherche en vain Goritza, que la carte de Kiepert marque comme un gros village à mi-chemin d'Avlona et d'Apollonia ; j'appris plus tard que cette localité est en réalité à cinq kilomètres de là. Pour surcroît de malheur, nos Albanais s'égarent ; enfin, nous atteignons, après un long détour, Novoséli et les bords de la Voioussa, l'antique Aoüs ; le fleuve, qui vient de loin, est large, plus blanc encore que le Tibre, mais moins rapide. Le paysage n'est point sans analogie avec la campagne de Rome et revêt la même tristesse. Le bakal ou petit épicier établi dans une baraque de bois à l'ombre d'un saule plaintif, est impuissant à nous désaltérer, car l'eau des fleuves albanais, qui n'a pas de lac pour se clarifier, est par trop limoneuse pour être potable, et le malheureux n'a que quelques olives et du mauvais raki. L'embarcation qui fait le service de bac est, en ce moment, émaillée de féredjés bleus, blancs et verts, qui étincellent au soleil ; c'est le harem de Moustapha-Pacha qui passe ; aussi nous n'avons garde de nous approcher trop. Bientôt une pesante araba emporte le convoi de chair humaine dans le domaine du grand seigneur albanais, et nous passons le fleuve à notre tour. Nous chevauchons encore deux heures au grand soleil de midi, tandis que les bruyères, où paissaient des buffles défendus contre les moustiques par une cuirasse de boue sèche, font place à de fertiles collines plantées de maïs. Voici une grande ferme; puis, entre deux hauteurs, un vallon qui court au nord-est; au milieu de la crête de la colline du nord une vieille tour d'église rougeâtre projette ses tons crus d'une enceinte pittoresque de pierres grises. C'est *Poiani,* le monastère de la Panagia ou Sainte-Vierge d'Apollonia. Après une lutte acharnée avec les épines et les grands onopordons qui couvrent la colline, nous entrons dans la cour du couvent; la chambre de l'hégoumène, du prieur, s'ouvre, et nous nous laissons tomber sur une natte où je reprends peu à peu mes sens. Une nuit sans sommeil, une chaleur étouffante, une chute de cheval, six heures de route, et rien à manger depuis la veille, c'en était vraiment trop.

L'hégoumène nous rejoint bientôt; c'est un vieillard de soixante-dix ans, à la barbe blanche, à la figure flétrie; il porte une toque sale et une espèce de jupon bleu qui flotte sur ses bas. Le consul nous présente à lui : Voilà, dit-il, des étrangers qui aiment notre nation. Le jeune consul vient pour la première fois à Apollonia; il parle avec feu au vieillard des écoles grecques qu'il songe à établir dans les campagnes d'alentour et que paieront en partie des sociétés philanthropiques d'Athènes; puis il l'adjure de défendre les antiquités d'Apollonia contre les Turcs. Le vieillard n'a qu'une mélancolique réponse : Nous sommes pauvres et le Turc est méchant. Le consul prononce alors les mots de devoir, de crainte de Dieu et de mépris des hommes ; il cite Socrate à côté de Jésus-Christ, et voyant le prêtre abattu et apparemment malade, il lui reproche ses jeûnes exagérés et essaie de lui prouver que manger de la viande n'est point un péché. Pour moi, j'écoutais avec une certaine émotion ces deux hommes qui représentaient si bien ce qu'on appelle l'hellénisme : l'un jeune, libre, ardent au prosélytisme, l'autre esclave, cassé par la misère et les privations, fils de la race albanaise, mais uni à l'Hellène par une foi religieuse et des espérances communes. Non, le panhellénium n'est pas une vaine aspiration ou seulement le rêve de quelques ambitieux ; sur les rivages de l'Ionie, comme sur les flancs du Tomor, partout, dans tous les cœurs attachés à l'antique Eglise grecque, sur toutes les lèvres qui parlent la vieille langue des dieux, j'ai toujours retrouvé les mêmes accents, les mêmes soupirs et les mêmes élans d'espérance ; tandis que les Israélites n'ont gardé que leur foi et ont renoncé à l'héritage de Canaan, les Grecs rentreront un jour en hommes libres dans la maison paternelle et y ramèneront les fils encore esclaves chez l'étranger.

L'apôtre de l'hellénisme terminait ses patriotiques exhortations, lorsque le daskal ou régent entra et nous apporta du lait caillé, de l'agneau froid, des galettes de maïs et une grande jarre d'eau. O faiblesse humaine ! au lieu de courir au temple de Stouladi ou aux ruines de l'enceinte, je m'endormis aussitôt après avoir mangé.

*Lundi, le 17 juillet 1876.* Depuis trois jours nous ne sommes ni pèlerins ni voyageurs, plus de naufrage, plus de chutes à craindre ; nous avons enfin échappé à ce perpétuel qui-vive, à ce vagabondage plein de charmes et de fatigues, qui éblouit plutôt qu'il n'instruit et qui laisse toujours après lui l'esprit confus et à moitié satisfait. Nous avons maintenant notre chez-nous, et ce chez-nous c'est l'Orient lui-même ; nous ne le voyons plus en courant, du haut d'un bateau à vapeur ou du haut d'un cheval, nous le *vivons*. Ces nattes grossières sur lesquelles nous reposons tant bien que mal nos membres fatigués, ce soleil éblouissant qui salue notre lever à travers les lucarnes de notre gîte nocturne, ce serviteur en guenilles qui nous apporte sous la grande galerie de bois le café noir dont nous nous régalons à notre lever comme tout bon Albanais, ces ruines sans nom qui forment l'enceinte bizarrement découpée du monastère, cette porte d'entrée toute criblée de bas-reliefs antiques, ces fourrés luxuriants où se dresse tout à coup la silhouette solitaire d'un raïa, ces vallons qui ne retentissent que des aboiements lointains des chiens, tout cela, c'est l'Orient, tour à tour sombre ou lumineux, pleurant sur des ruines ou consolé par son soleil. La même couleur locale préside malheureusement aussi à nos repas. Vers dix ou onze heures, quand nous avons battu toutes les collines d'alentour, que la chaleur commence à se faire sentir et que nos jambes refusent d'aller, nous venons nous accroupir sur la longue galerie de bois qui borde le côté est du couvent à l'intérieur : on nous sert alors notre premier repas, des galettes de maïs, du fromage de brebis affreusement salé, des œufs cuits dans l'huile ou du riz bouilli dans l'eau, quelquefois du mouton, le tout arrosé.... d'eau fraîche, vraiment excellente ; nous en consommons chacun plus d'une jarre par jour. Quoique dans un monastère chrétien, nous n'avons pas pu nous procurer une goutte de vin, car les mahométans ont détruit les vignes des environs. Heureusement je retrouve au fond de mon sac une bouteille de cette bonne absinthe suisse qui semble avoir été inventée exprès pour les pays comme ceux-ci, j'en fais goûter à nos papas du monastère ; en Orient, la propriété est mal définie, et ma bouteille jouit bientôt auprès de ces dévots personnages d'une vogue qui amène sa fin prématurée au bout du troisième jour.

Nous ne sommes pas seulement en plein Orient et bercés par la douce somnolence d'une vie à la fois calme et tout imprégnée de couleur locale ; nous sommes aussi en pleine antiquité ; partout se dresse devant nos pas l'ombre des temps antiques. Le couvent qui nous sert de demeure trône comme un solitaire de la Thébaïde au milieu même des ruines de la cité grecque d'Apollonia ; son enceinte est comme un péribole de temple et l'église de la Panagia placée au centre de la cour n'a peut-être fait que prendre la place du sanctuaire du Dieu-Lumière qui avait donné son nom d'Apollon à la ville hellénique. Il y a plus encore : tout ce mas de constructions monastiques, assis sur le bord escarpé de la colline, est comme un grandiose poëme historique où s'entassent pêle-mêle, les uns sur les autres, des feuillets de marbre arrachés au livre des temps et dispersés par le vent des barbares comme les feuilles écrites par la Sibylle de Cumes. Le mur extérieur du monastère est, en effet, une véritable mosaïque de fragments de tout âge et de toute nature; ici s'étale la griffe d'un lion grec, ailleurs ce sont des têtes mutilées qui semblent gémir sous le poids des assises; voici des pierres qui ont appartenu à l'enceinte de la ville grecque, en voilà d'autres qui ont été brisées par le bras des Romains. Une fée moqueuse semble avoir construit la tour du sud-ouest comme pour se jouer de toutes les grandeurs de l'histoire; les fondations sont de pierres jaunes et grecques, au-dessus les pierres sont grises et agrémentées d'ornements byzantins; plus haut encore, c'est un cavalier de travail hellénique égaré dans la bâtisse à vingt-cinq pieds du sol, tandis que toute la façade est percée de cintres byzantins bâtis avec des briques romaines.

La grande porte d'entrée du couvent, récemment reconstruite et jadis fermée par une herse dont on ne voit plus que les traces, est littéralement placardée de bas-reliefs anciens; à droite, c'est un gracieux Atlante agenouillé supportant un léger entablement sur son bonnet phrygien; à gauche, une belle stèle de grès exhumée il y a quelques mois et portant le nom de Parmeniscos, deux satyres ailés et une belle frise d'Amazones vaincues par des Grecs; puis viennent des têtes de lion, dont l'une servait d'antéfixe, des peintures byzantines et un petit cadre de pierre représentant un homme et son chien. Sur les parois intérieures, dans la cour, même pittoresque confusion et surtout même égalité dans la mort, on dirait un *campo-santo* dévasté et transformé en caravansérail. Voici deux époux qui se donnent la main ; ci gît.... plus de nom ; le temps qui l'a effacé a respecté, en revanche, ceux de Prima et d'Epicados sur lesquels s'arrêtent forcément nos regards toutes les fois que nous montons à notre logis. Plus près de l'église, la stèle du Romain Titus Julius Clemens sert aujourd'hui de perchoir aux poules du couvent, tandis que deux hégoumènes ou prieurs du monastère dorment près de là leur dernier sommeil sous de grandes pierres scellées. Les matériaux de l'église ou katholikon sont aussi hétérogènes que ceux de l'enceinte ; ce qu'elle offre de plus original c'est sa grande coupole rougeâtre bâtie tout entière avec d'énormes briques romaines, tandis que le porche du nord est soutenu par des colonnettes blanches à chapiteaux décorés d'animaux fabuleux ; l'une de ces colonnes est couverte de caractères byzantins si curieusement gravés qu'on les prendrait d'abord pour des lettres hébraïques.

Ces monuments antiques, dont quelques-uns ont un véritable prix, forment un singulier contraste avec l'air d'abandon et le délabrement du monastère. Tout le corps de bâtiment qui regarde vers la mer, c'est-à-dire vers le nord-est, n'est pas loin de s'effondrer ; ce sont d'anciennes cellules dévastées sans doute par les soldats albanais, qui s'arrêtaient volontiers au couvent, et dans lesquelles on n'entend plus, au lieu du chant nasillard des moines, que le gloussement des poules qui se poursuivent de pierre en pierre ; le côté du sud-ouest est en partie habité par l'hégoumène et sa famille (car notre couvent n'a pas de moines proprement dits), en partie occupé par la cuisine qui sert aussi de lieu de réunion pendant l'hiver ; le côté nord-ouest, où il n'y a pas d'habitation, est bordé par un champ de fèves où piétinent les porcs, que les musulmans des environs consentent à laisser vivre, à la condition d'en tirer un fort impôt. Le corps de logis du sud-est, où nous sommes installés, repose sur l'écurie et est flanqué d'une longue galerie, où s'établit, pour quelques jours, un horloger ambulant et chrétien de la ville albanaise d'Elbassan ; ce rustique portique, où nous prenons nos repas et où nous avons presque la fantaisie de dormir, sert de chambre à coucher à quelques raïas des environs, et de salle d'école au daskal, qui y réunit, dès cinq heures du matin, les enfants chrétiens du voisinage.

Nous employons notre première journée à faire une reconnaissance des environs. Nous suivons, vers le nord-ouest, la crête de la colline sur laquelle se dressent, de loin en loin, d'énormes pierres qui indiquent l'enceinte antique ; une mosaïque assez grossière, que foulent sans respect les passants, rappelle peut-être l'emplacement d'un bain romain. A une portée de fusil, et un peu plus bas que le couvent, la crête de la colline s'élargit en un petit plateau couvert d'oliviers séculaires ; sous leur ombre immortelle dort paisiblement une petite chapelle consacrée à Saint-Athanase, le patron de la vie et de la santé. A gauche de la porte d'entrée se détache, dans le mur grossièrement bâti, un relief très plat, représentant un cavalier en cuirasse romaine, armé de pied en cap ; l'homme est mal proportionné, mais le cheval a des formes hardies ; à droite, deux femmes, Julia et Couarta, reçoivent l'adieu suprême de leurs parents. Cette chapelle chrétienne, sans cloche et sans voix, mais ornée par la piété des pauvres raïas des glorieuses reliques d'un passé dont ils sentent vaguement la grandeur ; ce bosquet mystique qui fleurit sur un sol gros de souvenirs ; puis, sur la pente du coteau, les champs de maïs où ondulent à peine quelques têtes humaines ; au-delà, la lagune de Sampiétra où se discerne vaguement une grande ruine byzantine ; plus loin encore, la mer immense à l'infini sourire ; plus près, la colonne de Stouladi, placée comme une vigie immuable sur une verte colline d'épineux ; tout cet ensemble exprime je ne sais quel recueillement sublime et touchant, je ne sais quel harmonique accord des voix pacifiques de la nature et des voix vengeresses de l'histoire.

Laissant la colline sur laquelle est bâti le couvent, nous descendons dans la petite vallée du sud où un mince ruisseau trace son cours sinueux. Là, sont les *kalyvia* ou *cabanes*, gardées par des chiens fort peu amis du voyageur ; nous arrivons bientôt à une source qui jaillit d'une vasque grossière sous l'ombre bénie d'un grand tilleul ; une grosse tortue, qui ne nous voit pas, s'achemine de son train de sénateur vers le champ voisin et va sans doute rejoindre ses petits. C'est ici que le couvent vient s'approvisionner d'eau ; c'est aussi dans les environs que devait se trouver, en dehors des murs de la ville, un grand temple si bien détruit, au commencement de ce siècle, par des Vandales venus de Bérat, que les ruines même en ont péri : *etiam periere ruinæ*.

Un petit sentier tracé dans le grès friable nous conduit à travers les fourrés d'épines sur le sommet de la colline sud dont l'Anglais Leake recommande l'exploration aux voyageurs; nous ne notons que quelques pierres noircies par les feux de bergers valaques, et çà et là quelques tuiles qui peuvent avoir été romaines, mais point de traces de murs. Enfin, nous avons atteint la vieille sentinelle de pierre qui veille de loin sur les ruines de la cité antique : c'est une grande colonne isolée, de sept mètres de hauteur et à chapiteau dorique plus ancien que celui du Parthénon ; cette colonne ébréchée et couverte de nombreuses blessures est le seul vestige bien apparent d'un temple que les arasements des colonnades indiquent comme devant avoir été hexastyle et long de quarante mètres. Nous nous laissons glisser le long des pentes couvertes d'onopordons et de ptérides géantes jusque dans le fond d'un second vallon ; là est le hameau de *Stouladi* ou de la colonne.

Le *stani* de Stouladi ne mérite pas plus que ses congénères des environs le titre de village ; c'est un simple campement, un amas de huttes faites de terre ou de branchages, percées de deux portes-fenêtres et dépourvues de tout ce qui ressemble de loin à un ameublement. Les haies de bambous qui forment de tous côtés des clôtures autour du stani lui donnent quelque chose de tropical, et le soleil d'été fait oublier ce que doivent être ces réduits pendant les sombres hivers de l'Illyrie. Les huttes de Stouladi, dont les plus confortables sont faites de pierres sèches, sont habitées presque exclusivement par des Valaques nomades qui descendent des montagnes de Bérat pour cultiver les champs d'alentour ; le propriétaire du stani est un effendi turc de la ville de Delvino, et l'on pourrait, me dit-on, se passer la fantaisie d'acheter les terres et les huttes pour la somme totale de dix mille francs.

Nous sommes dans le mois de juillet, que les Grecs appellent *halonari* ou mois des aires ; aussi tous les raïas de Stouladi sont-ils réunis sur l'aire, grande terrasse où l'on fait tourner en rond, autour d'un piquet solidement fixé au milieu d'un amas de gerbes, de véritables escouades de chevaux efflanqués et borgnes ; les moins mauvais font le tour complet de l'aire, tandis que les plus boiteux n'ont qu'à tourner sur eux-mêmes. L'Oriental, si silencieux d'ordinaire, devient tapageur dès qu'il lui arrive de travailler ; aussi le paysan qui excite les chevaux se démène-t-il comme un cocher de cirque près d'atteindre la borne tant désirée, tandis que ses compagnons, armés de fourches faites avec des branches d'arbres tordues, soulèvent lestement les javelles pour les rejeter sous les pieds des chevaux. Quand ce travail sera fini, le Valaque, se tournant du côté d'où vient le vent, lancera dans les airs les épis triturés pour que le souffle de la brise fasse tomber d'un côté le grain et de l'autre la paille. C'est la méthode de repiquage que nous verrons employer aussi sur le Parnasse. Grecs et Pélasges semblent avoir oublié qu'il y a trois mille ans Bacchus leur apporta le pressoir et Cérès le van mystique en même temps que la charrue.

Un des raïas nous invite à nous asseoir dans son enclos, sur une natte grossière qu'il étend au bord d'un ruisseau et à l'ombre d'un mobile peuplier ; les chiens, naguère menaçants, n'ont plus que de l'indifférence pour nous, dès que nous avons franchi la haie de clôture, et nous pouvons causer assez librement avec le Valaque, qui sait, outre sa langue, un peu de grec. Fils plus ou moins direct des colons romains établis dans la péninsule du Balkan, il appartient à ce petit groupe de Romains du Tomor qui s'adonnent à l'agriculture, tandis que leurs frères du Pinde, beaucoup plus nombreux, sont plutôt courriers, artisans, pâtres ou commerçants. Nous interrogeons notre homme sur sa position, sur les impôts qu'il paie, sur la guerre ; ses réponses ne sont qu'une triste mélopée dont la méchanceté du Turc forme l'éternel refrain. Nous obtenons de lui un peu de lait, de galette et de fromage, dont il n'accepte que le strict équivalent en monnaie : pour le récompenser, nous lui faisons voir en détail notre revolver et notre longue-vue, avec laquelle il cherche, dans le lointain, les montagnes de Bérat où il a laissé sa femme et ses enfants. Nous fouillons en vain tous les murs des masures voisines pour y trouver quelque inscription ou quelque bas-relief antique, mais nous ne notons qu'une insignifiante inscription byzantine encastrée sur le porche de la chapelle du prophète Elie.

L'Épire est en Grèce ce qu'est la Toscane en Italie, la patrie des orages : Dodone était l'oracle et les monts Acrocérauniens le trône de Jupiter tonnant. A peine avons-nous fait quelques pas pour tourner la colline de Stouladi, que les nuées suspendues sur la sinistre montagne se déchiraient pour livrer passage aux éclairs et à de véritables torrents de pluie. Une grande ferme de pierre ou chiflik, qui ne ressemble en rien aux huttes du stani, nous offre l'abri de sa grande galerie; un vieillard, aux traits rudes et énergiques, nous aperçoit et nous invite à monter. Mes suppositions se confirment; nous avons devant nous le maître du pays ou du moins son représentant. Notre homme est une espèce d'intendant musulman qui surveille les raïas pour le compte de l'effendi de Delvino; son regard est fier, sa voix habituée au commandement et sa ceinture garnie de mauvais pistolets; il nous offre du raki et refuse, comme doit faire tout bon croyant, d'en boire avec nous. Sa royauté cependant a l'air un peu ennuyée, et les curiosités que nous portons avec nous ne réussissent que pendant peu de temps à refouler ses longs bâillements. Quoique notre intendant soit beaucoup plus instruit que la plupart de ses coreligionnaires (car il parle et écrit, dit-il, le turc, l'albanais et le grec), il n'en représente pas moins fidèlement, au milieu de ce peuple de raïas, la fierté apathique et l'immobilisme dédaigneux du conquérant.

Au-delà du couvent, la colline se hausse en un mamelon qui est presque de niveau avec la coupole de l'église. C'est de ce côté que nous dirigeons notre promenade du soir, pour aller admirer, du haut de ce silencieux belvédère, le coucher de soleil que les draperies fuyantes de l'orage promettent d'entourer d'une pompe toute particulière. A peine sortis du couvent, nous nous arrêtons avec stupéfaction devant un énorme laurier à douze troncs gracieusement inclinés sur leur souche commune. Cet arbre, incomparablement plus beau que le chétif laurier delphique du moderne Castri, Apollonia l'eût certainement adoré il y a deux mille ans ; aujourd'hui, il n'abrite sous son feuillage ni offrandes, ni statuettes, ni prêtre, mais seulement quelques primitifs instruments de labour. A droite un petit sentier abrité par de jeunes charmes nous mène à la chapelle de Sainte-Vendredi, assise sur l'enceinte même de la ville antique et au bord du vallon des Calyvia. Ne cherchez point ici la petite chapelle blanche chantée par Uhland, et dont la cloche argentine émeut doucement le cœur du pèlerin : à Apollonia, les chapelles sont tristes et sans voix. Nous escaladons rapidement une pente d'épineux et nous entrons dans un véritable bois sacré, non pas dans un bois druidique tout pénétré de mystérieuses horreurs, mais dans un téménos grec, discrètement ombragé et lumineux jusque dans ses intimes profondeurs. Quatre cyprès centenaires, que les Grecs d'Apollonia eussent pris pour Cyparissos lui-même, élèvent fièrement au centre même de la petite éminence leur stature noueuse et semblent marquer la place d'un autel antique, tandis que tout autour s'étale, animée par les cris passionnés de la cigale, la pâle verdure de l'olivier qui semble presque gaie à côté de la couleur tragique des cyprès. En face de ce silence mystique, j'oublie la brillante cité qui donnait un studieux asile au jeune Octave et qui avait peut-être transformé cette colline en académie des Muses ; je crois revoir ces lieux tels qu'ils étaient il y a deux mille cinq cents ans, alors que les colons de Corcyre, abordant ces collines avec un sentiment de religieuse terreur, crurent y entendre la voix propice d'Apollon à travers les bosquets silencieux. Quel est le jeune cœur qui n'aimerait à évoquer l'image de quelque Julie sous ces sentimentales retraites, où quelques pierres antiques et moussues semblent offrir aux promeneurs des bancs encore vierges, et devant ce soleil majestueux qu'il serait si beau d'admirer à travers une autre âme ? Mais, hélas ! il faudrait pouvoir oublier que ces lieux sont devenus pour la femme une terre de larmes et d'esclavage.

Le lendemain, qui était un dimanche, nous nous levons un peu après cinq heures ; les fidèles étaient déjà dans la chapelle et nous entendions monter dans la coupole le chant monotone du prêtre. Nous entrons par le porche et nous nous tenons respectueusement sur le seuil. Tous les regards se fixent et restent désormais arrêtés sur nous. Le long des murs courent des stalles où les hommes se tiennent debout, la tête couverte et les cheveux rasés sur une large zone tout autour de la tête, tandis que sur les épaules des prêtres flottent des chevelures nazaréennes dignes de Samson. Les femmes, beaucoup plus parées que les hommes, suivant la mode albanaise, sont rangées au nombre de cinq ou six seulement dans des stalles, à gauche et à droite de la porte, tout près de nous. Hélas ! le premier objet qui frappe notre vue est une table couverte de cierges et de gros sous ; chaque raïa dépose en entrant quelques paras sur la table et reçoit un cierge. Je sais que le prêtre grec, n'étant payé par personne, en est réduit à l'obole des fidèles, mais je voudrais au moins qu'il eût la pudeur de reléguer la boutique en dehors du temple.

Sous les noirs arceaux de droite, je reconnais notre vieil hégoumène qui préside avec sa vénérable figure et sa voix cassée aux plaintifs exercices des jeunes paroissiens groupés autour de lui, pendant que son fils laisse apercevoir derrière l'iconostase sa face barbue estompée par les nuages de fumée que soulève l'ostensoir ; à voir son long surplis violet et son air solennel, nous avions quelque peine à nous figurer que c'était le même homme qui, la veille, prenait Brindisi pour Rome et n'avait point encore entendu parler de la chute du pouvoir temporel. Vers la fin de l'office, le plus jeune rejeton de cette famille de grands-prêtres, âgé à peine de dix-huit ans, se présente devant l'autel, l'Evangile à la main, et en gémit quelques versets dont les fidèles répètent les finales sur un ton déplorablement ennuyé ; bientôt on promène le crucifix, et tout le monde de se prosterner, pendant qu'à nos côtés un méchant petit gamin s'amuse des tortures d'une hirondelle qu'il retient par une aile, toutes les fois que le volatile cherche à s'échapper.

Ce culte est bien primitif, direz-vous, et cependant il m'émeut profondément. Le dieu resplendissant de l'art et de la lumière a quitté ce sommet où il régnait à la tête du chœur des Muses; les péans sacrés ont cessé de retentir sur cette colline et les orateurs n'appellent plus aux armes un peuple de citoyens. Elles ont péri ces fortes et libres générations qui s'étaient bâti ici une ville illustre, et c'est à peine si, d'un peuple entier, il subsiste encore vingt noms bientôt effacés. Sanctuaires, statues, portiques, de tout cela il ne reste rien, rien si ce n'est cette pauvre chapelle ; c'est elle qui est la consolation du pauvre et le pain de l'opprimé ; grâce à elle il y a encore un lieu sur la terre où les raïas se sentent hommes et libres.

Les femmes quittent les premières la chapelle et retournent directement dans leurs masures, tandis que les hommes se rangent sur les pierres antiques devant la cuisine et se mettent à causer en dégustant une tasse de café noir. Ils parlent peut-être des deux étrangers et de leurs mystérieux instruments, puis sans doute des triomphes de l'armée serbe ; car ici le bruit court que les Serbes sont entrés dans Scutari d'Albanie ! Ces hommes ont une paroisse et une église. Quand donc auront-ils une commune et une patrie ?

*Mardi, le 18 juillet.* Enfin, nous en avons le cœur net. L'antique Apollonia avait juste trois kilomètres de tour; nous avons de plus reconnu que la ville s'étendait à l'ouest et au nord du couvent et enfermait dans son enceinte, outre le mamelon des cyprès, une colline plus lointaine, semée de fondations antiques et rejetée par la plupart des voyageurs en dehors de la ville. Sans doute, nous n'avons pas retrouvé la grotte où étaient parquées les brebis consacrées au soleil, nous n'avons pas davantage reconnu la chambre où le jeune Octave se préparait par l'étude à conquérir le monde, mais nous avons soigneusement mesuré avec le ruban d'arpenteur et relevé sur un plan le mur de la ville fort mal connu jusqu'ici. Pendant deux jours entiers nous avons suivi sa piste incertaine à travers les bois d'oliviers, les champs de fougères et les impénétrables fourrés qui forment d'immenses haies vives sur le bord des champs. Nous ne pouvions nous approcher qu'avec précaution de ces dangereux halliers, où la ronce étalait déjà l'appât de ses baies appétissantes ; avant d'y pénétrer, nous battions les buissons de notre long bâton ferré : les cigales se taisaient tout-à-coup, un long serpent jaune déroulait sous la fougère sa silhouette fuyante, tandis qu'un lièvre épouvanté bondissait déjà dans la jachère voisine ; souvent, hélas ! nous n'apercevions dans la pénombre des haies qu'une pierre éboulée qui ne servait qu'à rendre nos recherches plus perplexes et à nous faire confondre le fourré d'épines avec la ligne des murs.

Enfin, au bout du deuxième jour, nous réussîmes à trouver les traces de deux tours qui défendaient la ville du côté de Bérat, ainsi que la courbe exacte décrite par l'enceinte. La muraille est bâtie en grosses assises de grès à conglomérat tacheté ; par places elle mesure trois mètres d'épaisseur. Dévastée et malaisée à retrouver sur les collines, elle se présente dans un état de conservation remarquable du côté de la plaine de Poiani, à l'endroit où finissent avec les pentes les cultures de maïs ; malheureusement, c'est précisément là qu'elle est le plus menacée. Pour peu que l'on ait besoin de pierres de taille, on vient se fournir ici de plusieurs lieues à la ronde, à tel point que le tracé des murs n'est souvent reconnaissable qu'à la tranchée ouverte par l'exploiteur. Heureusement les habitants montrent quelque respect pour les bas-reliefs ; au lieu de les briser, comme on le fait ailleurs, les raïas d'Apollonia les encastrent dans les murs de leur hutte. On m'en a montré trois nouveaux dans le stani voisin de Sopi ; ils décorent la maison que se fait construire un chrétien particulièrement audacieux, puisqu'il ne craint pas de laisser voir aux Turcs qu'il est dans une certaine aisance.

Quant aux monuments antiques de la ville, il est difficile d'en retrouver quelques traces. Sur le sommet de l'éminence qui fut probablement l'acropole de la ville, nous reconnûmes sans peine des fondations étendues à fleur de terre. Au nord-est du couvent, au milieu des maïs ondulants, se dresse un énorme figuier dont l'immense dais de feuillage repose presque sur le sol. Comme la curiosité nous y avait conduits un soir que nous remontions au monastère, nous donnâmes dans une grande vasque de verdure où se cachaient deux ou trois lambeaux de murs romains dont la nudité se dissimulait sous d'épaisses toisons de lierre. Y avait-il là un monument ? et quel monument ? la pioche seule pourrait le dire ; c'est à elle d'ailleurs qu'il appartiendra de sonder un jour les mystères de la colline de Poiani.

Cette belle nature, plus plantureuse que celle de la Grèce, ces ruines que bien des voyageurs ont vues, mais que bien peu ont scrutées comme nous, ne nous absorbent pas entièrement ; nous sommes avant tout hommes, et ici moins que partout ailleurs il n'est permis de l'oublier. Hélas ! nous ne pouvons emporter d'Apollonia qu'un sentiment de profonde sympathie pour l'homme qui baigne cette terre de sueurs inutiles et pour la femme qui pleure dans ces solitudes son myriologue éternel. Souvent, quand nous nous arrêtons devant une maison pour en examiner les murs, un raïa nous invite à entrer ; mais c'est surtout le soir, au couvent, que nous voyons de près le paysan chrétien de la Musachia. Alors la galerie où nous prenons le frais devient le rendez-vous général de tous les curieux ; malheureusement beaucoup de nos interlocuteurs ne savent que très imparfaitement le grec et nous ne connaissons pas quatre mots d'albanais. Hier cependant nous avons eu une conversation plus longue que de coutume. A mon retour au couvent, vers sept heures du soir, le plus intelligent des Valaques de Stouladi se présente à moi :

— Je suis Vlachos (Valaque), me dit-il, et je descends des Romains.

— Oui, répliquai-je, et tu parles une langue qui se rapproche beaucoup de la mienne, pour dire eau et lait tu te sers des mêmes mots que moi.

— Eh ! bien, étranger, puisque tu es *daskal* (maître) dans ton pays, sais-tu qui est Aphrodisis ?

Je supposai qu'il s'agissait de la Vénus grecque et je me lançai dans une dissertation mythologique.

— Voyons, sais-tu me dire qui est sa mère ?

— Dioné, dis-je, suivant d'autres la Mer.

Le Valaque relève la tête en arrière d'une façon significative.

— Non, ce n'est pas cela : c'est Louka.

J'ai beau me récrier, mon homme répond à tout : je l'ai vu. Ce n'est que plus tard que j'eus le mot de l'énigme, quand je vis à Sopi un petit bas-relief funèbre qu'une mère éplorée du nom de Louka avait fait placer sur la tombe de son fils Aphrodisis, âgé de dix-sept ans ; c'était là le personnage dont on avait voulu me demander la parenté. Hélas ! je n'étais pas au bout de mes défaites. Interrogé sur l'antiquité d'Apollonia, je répondis que la ville avait dû être bâtie il y a vingt-cinq siècles ; malgré tous mes beaux calculs mon Valaque resta persuadé que j'étais d'au moins trente siècles en deçà de la vérité. Quant au chiffre des habitants d'Apollonia, ce fut pis encore, je parlais de quatre-vingt mille : le savant de Stouladi penchait pour huit cent mille ! Bref, le Valaque me quitta en n'emportant, je le crains bien, qu'une très médiocre estime pour la science de l'archéologie. J'eus plus de succès toutefois sur le terrain de la philologie comparée, car quand l'heure du souper fut venue, j'entendis nos hommes se répéter à haute voix les uns aux autres mes doctes leçons ; toi, Valaque, tu dis ainsi, eux disent comme toi, et nous, les Albanais, nous disons tout autrement. La soirée fut très amusante ; le personnel du monastère, renforcé d'un ou de deux raïas de Poiani, plus curieux ou plutôt plus intelligents que les autres, nous avaient rejoints sur notre galerie. Là on nous demande combien nous gagnons par an, si nous sommes mariés, comment les femmes s'habillent chez nous, à quel prix se vend la viande, à quel prix les œufs. Mes réponses les étonnèrent ; mais quand je leur parlai de nos hôtels, de nos grands fromages, de nos routes, de nos voitures et de nos attelages, leur stupéfaction ne connut plus de bornes et je les entendis s'écrier en chœur : Kyrie eleison, Seigneur, ayez pitié de nous ! Puis il fallut les amuser et la galerie du vieux couvent grec entendit alors pour la première fois le Ranz des vaches et le Rufst du mein Vaterland. Nous leur demandâmes à notre tour de bien vouloir chanter, et le cuisinier, accompagné de quatre autres Gréco-Albanais, se mirent à chanter une vieille cantilène grecque sur un mode plaintif et nasillard qui n'avait que trop de couleur locale. Le plus intelligent venait d'apercevoir une flûte que nous avions avec nous ; il fallut la leur montrer, en jouer ; je leur demandai s'ils n'avaient ni flageolets, ni pipeaux : les Albanais là-bas en ont, me dirent-ils. Quand les raïas seront libres, leur dis-je, ils apprendront bien d'autres choses qu'ils ne savent pas. A ce mot de *libres*, vous eussiez dû voir leur physionomie s'éclairer ; les malheureux sont sceptiques, et je dus leur expliquer tout au long pourquoi je croyais à leur émancipation future. — Eh ! bien, soit, nous verrons !

Nulle part je n'ai senti autant qu'à Apollonia toute la réalité poignante du problème oriental ; dans les villes, le chrétien se sent moins isolé et trouve plus facilement des protecteurs et des secours ; dans les montagnes, il a pour rempart les rochers que le Turc n'ose point lui disputer ; ici, dans cette belle plaine de la Musachia qui pourrait être aussi peuplée que la Lombardie et qui a perdu depuis le commencement du siècle à peu près la moitié de ses habitants chrétiens, le raïa est plus abandonné et plus misérable que partout ailleurs. Aussi le temps presse; malheur au Turc, s'il laisse longtemps encore le raïa dans son tête à tête avec la misère ! Réforme aujourd'hui ou révolution demain, tel est le cri qui commence à monter de toutes les chaumières dans cet Orient qui n'a pas encore vu son quatre-vingt-neuf. Sans doute, les nouveautés de Mahmoud et du Tanzimat ont apporté quelques améliorations dans le régime qui pesait sur l'Albanie ; mais ce qui s'est fait n'a guère qu'une valeur négative ; moins d'oppression de la part des seigneurs féodaux, un peu plus de sécurité dans les campagnes, un peu moins d'abus dans la perception des dîmes ; ce n'est pas assez. Il faut des routes, des ponts, des postes, des communes, une autonomie locale, des tribunaux qui croient à la parole du chrétien comme à celle du musulman, des régiments recrutés parmi les chrétiens et commandés par des officiers chrétiens ; il faut enfin donner des terres aux raïas, si l'on veut sauver les campagnes de la dépopulation. Aujourd'hui, hélas ! le paysan chrétien n'a ni commune, ni paroisse, ni drapeau, ni patrie ; comment ne pas avoir le cœur saisi de pitié quand on l'entend vous dire : Nous sommes sobres et nous ne buvons jamais de vin ; nous mangeons pendant deux mois du pain noir et pendant les dix autres des galettes de maïs ; quand la moisson est venue, nous étendons le long du champ nos gerbes et nous attendons que le percepteur vienne ; hélas ! la pluie vient souvent avant lui et alors la récolte est gâtée, mais qu'importe ! il prend pour le sultan la dîme, c'est-à-dire une gerbe sur dix et souvent plus ; puis vient le propriétaire qui emporte trois gerbes sur dix ; quand l'année est bonne comme maintenant, nous avons notre entretien et rien de plus ; quand la pluie a manqué, nous sommes obligés d'aller frapper à la porté de l'effendi, qui nous prête à un taux très élevé ; ici on traite les hommes comme vous traitez les bêtes de somme.

Je sais bien qu'il est de mode aujourd'hui, dans certains cercles au moins, de rejeter sur les raïas eux-mêmes la responsabilité de leur avilissement, ou du moins de mettre en doute leur droit à la liberté et leur aptitude à en jouir dignement. Les raïas, dit-on, ne valent pas mieux que les Turcs; ils sont voleurs, lâches et versatiles. Mais, à supposer même que ces défauts soient aussi réels qu'on le dit, on ne saurait y voir que le triste héritage de l'esclavage qui avilit l'âme aussi bien que le corps ; et comment d'ailleurs effacer les stigmates de la servitude, sinon en supprimant la servitude elle-même ? Pour nous, les expériences que nous avons faites sont plutôt favorables aux raïas. Ce sont, si vous le voulez, des enfants, mais des enfants tristes et qui ne connaissent pas le rire. Leur curiosité éclate surtout quand nous ouvrons nos havresacs ; ils ont alors des étonnements de barbares ; une boussole, un crayon, une plume, un dessin, tout les confond. L'Albanais attaché à notre service souffrait de maux d'estomac; je le soulageai de mon mieux avec des poudres effervescentes; depuis lors il profitait de nos absences pour visiter nos bagages et pour en faire jouir ses amis; je le trouvai un jour prêt à vider une fiole de liqueur insecticide, mais malgré ces exhibitions répétées, je pus constater qu'on ne m'avait rien pris.

Il serait difficile, en revanche, de défendre absolument du reproche de lâcheté les raïas d'Apollonia : la vue d'une arme leur fait peur; toutes les fois que nous déchargeons nos pistolets, les malheureux se retirent en arrière et se bouchent les oreilles; mais songez que depuis quatre siècles ils plient devant plus forts qu'eux et que jamais les Turcs ne leur ont permis de porter des armes; d'ailleurs Jacques Bonhomme aussi passait pour couard et cependant il a vaincu ses maîtres, puis l'Europe. Enfin les chrétiens des montagnes albanaises fourniraient au besoin des légions de héros : les Albanais Souliotes qui ont vaincu les armées d'Ali-Pacha et donné à la Grèce Botzaris et Tzavellas, les montagnards grecs du Pinde qui s'enivrent encore aujourd'hui de leurs rudes chansons klephtiques et qui en 1854 ont tenu en échec à Malacassi des troupes de ligne supérieures par le nombre, prouvent assez que si les chrétiens sujets de la Turquie sont malheureux comme des ilotes, ils ont aussi le courage des Messéniens.

*Bac de la Voioussa, 20 juillet.* Je griffonne ces quelques lignes dans la plus bizarre des situations. Nous sommes assis, mon compagnon et moi, sur un sac de maïs au bord de la Voioussa. Voici plus d'une heure et demie que nous attendons de pouvoir passer le fleuve avec nos chevaux. Le gouvernement turc, dont l'inertie touche décidément à l'odieux et qui perçoit toute espèce de taxes sur les hommes, les brebis et les maisons, sans parler de la dîme, n'a pas encore songé à faire ici un pont. Le bac est à douze pieds de la rive; les Albanais chassent les chevaux dans l'eau, les assomment de cris et de coups, jusqu'à ce que, fous de terreur, ils se décident à sauter en aveugles par-dessus le parapet du bateau; quant à nous, nous regardons, nous attendons, nous nous contenons tant bien que mal ; car en Orient il ne faut pas perdre la patience une seule fois, autrement on ne la retrouverait plus... Nos chevaux ont enfin passé après cinquante autres ; le mien, en se précipitant dans le bateau, est tombé avec ses pieds de devant dans la barque, tandis que ses jambes de derrière restaient en dehors; il a fallu relever le pauvre animal comme on aurait fait d'un cadavre inerte : enfin pour avoir attendu deux heures au milieu des cris assourdissants de dix palefreniers et passé le fleuve sur un bac étroit en compagnie de douze chevaux et baudets, on nous fait payer un franc et quarante centimes dans un pays où l'on donne trois œufs pour cinq centimes. Voilà un exemple entre mille de ce qu'est le gouvernement turc ; un pont sur le fleuve coûterait quarante mille francs au plus, puisque le prix d'une journée n'est que de septante centimes dans la Musachia, rapporterait de plus beaux péages et éviterait aux voyageurs des retards, des désagréments et les accidents de tout genre qu'amène cette façon d'effaroucher les bêtes pour leur faire faire un *salto mortale* dans la nacelle qui les transporte sur l'autre rive. Mais non : le raïa chrétien est bon pour payer trente piastres (six francs) de taxe annuelle, depuis l'âge de douze ans jusqu'à sa mort, pour l'exonération du service militaire, trois piastres (septante centimes) pour chaque brebis, la dîme au gouvernement, le tiers de sa récolte à l'effendi turc, propriétaire du sol ; mais pour tout cela, on ne lui doit rien, ni écoles, ni églises, ni ponts, ni routes ; ses sueurs nourrissent la valetaille et les harems de Constantinople ; l'autorité turque ne vient à lui que sous la forme du précepteur ou du bachi-bouzouk !

## IV

### Arta et l'ancienne Ambracia

Nous avons fait connaissance à Apollonia et à Avlona avec l'Epire mahométane et albanaise ; il nous reste à voir l'Epire grecque, c'est-à-dire Arta et Janina. A l'époque de notre voyage, il n'était pas prudent de suivre la route de terre par Argyrokastro ; nous choisîmes la route de mer par Corfou et Prévéza.

Arta est au reste une des villes les plus intéressantes de l'Epire ; assise sur deux collines qu'enveloppe de ses méandres le sauvage Aracthus, elle a tout autour d'elle de larges plaines qui rappellent la campagne de Rome par leur beauté comme par leur insalubrité. Arta, autrefois Ambracie, colonie de Corcyre, ne semble pas avoir été fondée sous une heureuse étoile; elle est destinée à tirer toujours le mauvais lot dans toutes les délimitations géographiques. Au temps de Thucydide, on la considérait comme n'étant point dans l'Hellade : c'était, disait-on, la première ville barbare du côté du nord, et cependant elle avait combattu pour l'indépendance de la Grèce à côté, des habitants de Leucade et d'Anactorium, et son nom figurait parmi les défenseurs de la Grèce sur le fameux trépied de bronze consacré à Delphes. Dans notre siècle aussi, elle a pris une part honorable au soulèvement de 1821, comme à celui de 1854; malgré tout, elle est restée turque et elle attend toujours à la porte qu'on veuille bien la laisser entrer dans l'Hellade.

J'étais venu à Arta, malgré sa réputation de ville enfiévrée, pour y retrouver quelques débris d'Ambracie, et je m'attendais à y voir les grandes pierres carrées des Hellènes s'étaler complaisamment dans les murs des constructions modernes et à retrouver çà et là dans les maisons particulières des inscriptions ou des bas-reliefs antiques; mais j'interroge en vain prêtres et laïques, consuls et marchands; personne ne sait rien; aussi bien l'extérieur des maisons est-il peu engageant: elles sont toutes construites avec de petits matériaux informes. Il ne nous reste plus, pour occuper nos loisirs, qu'à visiter les églises byzantines qui font d'Arta une petite Ravenne orientale, et à lever un plan de l'enceinte antique, assez imparfaitement figurée dans l'ouvrage de Leake sur la Grèce du nord. Le premier jour, nous courons d'église en église ; celle de la Parioritza ou de la Consolatrice date de 1207 et présente, sous sa grande coupole de briques, une curieuse profusion de colonnettes et de niches byzantines; celle d'Hagia Théodora est vénérée entre toutes, parce qu'elle renferme le sarcophage et les reliques de la sainte récemment découverts. Saint-Basile est à peine une grande chapelle, mais quelle richesse de peintures sur fond d'or ! Mon compagnon, qui ne se sentait pas d'aise au milieu de ces Panagias et de ces saints vivement enluminés, met la main, après avoir fureté partout, sur quelques cadres de bois vermoulu abandonnés sur la fenêtre à toutes les intempéries des saisons ; l'un de ces cadres, de quarante centimètres de longueur, maquillé dans le bas par les alternatives d'humidité et de sécheresse, révélait à un œil quelque peu observateur trois ou quatre têtes de saints d'un dessin à la fois correct et hardi ; insinuer doucement le cadre oublié et méconnu dans le portefeuille qu'il tenait à la main eût fait l'affaire du peintre aussi bien que des saints condamnés à une moisissure certaine ; mais que voulez-vous ? on a beau être amoureux de l'antiquité, on n'est pas nécessairement de la race de lord Elgin !

Le lendemain pourtant, nos convoitises et nos regrets s'étaient rallumés ! Comme je me trouvais chez le consul russe, je glissai quelques mots de mes peintures dans la conversation. Le consul, dans son empressement à me servir, imagina aussitô tout un plan de campagne et me conduisit à l'école hellénique, dont les examens finissaient le jour même. A notre entrée, tous les écoliers, rangés au nombre de trente à quarante sur des bancs étroits et bas, se levèrent pour nous faire honneur. Nous tombons en plein examen d'arithmétique ; le maitre lit les théorèmes et l'élève les démontre au tableau noir : les réponses sont promptes, presque trop stéréotypes, tout l'enseignement me semble en somme trop peu intuitif et trop peu pratique. Une carte de la Grèce et une mappemonde fort sommaires ne semblent point annoncer des connaissances géographiques fort étendues. Tout en suivant des démonstrations de Briot ou de Legendre faites dans la langue d'Euclide et de Pythagore, je tends l'oreille du côté du consul qui a pris à partie le métropolitain et lui expose ma requête. Le didaskalos me demande si je désire entendre un examen sur le grec ancien: sur ma réponse affirmative, un grand garçon en fustanelle et en manteau albanais, le plus âgé de la classe et probablement aussi le plus savant, s'avance vers moi, un Démosthène à la main ; il lit à la perfection le début de la troisième Olynthienne et la paraphrase en langue vulgaire ; ici aussi les réponses semblent un peu apprises ; mais, somme toute. si l'on songe qu'on est dans une salle où s'étale le portrait du sultan, dans un pays où il n'y a ni voitures, ni lits, ni civilisation, on ne peut s'empêcher de sentir vivement toute la puissance et toute la force morale que donne aux Hellènes cette culture grecque qu'ils peuvent appeler à double titre la leur. Au sortir de l'examen, nous passons dans une salle voisine ; le métropolitain, auquel je fais lire des lettres de Grecs résidant en Suisse, qui me recommandent à toutes les saintetés de l'église orthodoxe, a fait apporter les peintures de Saint-Basile ; je lave un peu les cadres pour en faire jaillir les figures, et je commence mon plaidoyer. Les peintures n'ont point de valeur à Arta, tandis qu'elles en ont en Suisse, où l'on ne peint pas des églises ; du reste, elles tombent en lambeaux et dans six mois on n'en verra plus rien ; enfin je suis disposé à donner quelque chose pour les pauvres de l'église. Pendant que le métropolitain réfléchit, j'entends des Grecs qui se poussent du coude et se disent à voix basse : Le farceur ! elles valent au moins, je suis sûr, dix mille francs. Hélas ! je le vois, la partie est perdue ; les ignorants sont partout les mêmes, pour eux il n'y a pas de milieu ; un objet antique est ou bien bon à briser ou bien un talisman sans prix ; on me dit d'ailleurs que l'évêque ne saurait guère aliéner des objets aussi sacrés que des peintures ; la chose serait publique et on accuserait les prêtres d'avoir tiré de grosses sommes. Toute histoire ici-bas ayant sa morale, le consul russe se charge de la formuler lui-même : dès que vous êtes en Turquie, prenez et personne ne vous dira rien, demandez et vous n'obtiendrez jamais rien.

L'enceinte d'Ambracie, nous dit Tite-Live dans le récit du siége de cette ville par Fulvius Nobilior, l'enceinte d'Ambracie a environ trois milles de tour, soit quatre kilomètres et demi. Cette assertion, jetée au hasard dans un long récit, se trouve confirmée d'une façon étonnante par nos mesures, qui nous donnent un peu moins de cinq kilomètres de pourtour. La situation de la ville actuelle est admirable, comme devait l'être celle de la ville antique décrite par plusieurs historiens, et l'on ne comprend guère le bon évêque Ignace, qui soutenait devant Leake que sa ville épiscopale ne pouvait pas être l'ancienne Ambracie. Le fleuve Aracthus, qui descend de l'Athamanie et se creuse au milieu des graviers plusieurs sillons énormes, décrit, près de la cité, une courbe semblable à celle du Tibre devant Rome ; deux collines d'inégale hauteur, qui se font face au nord et au sud, portent l'une l'acropole antique, l'autre la forteresse moderne : la ville actuelle est entre deux. Malheureusement, l'enceinte bâtie en pierres cyclopéennes et visible sur nombre de points au temps de Leake, s'efface chaque jour davantage ; elle est superbe encore à l'endroit où le fleuve baigne la citadelle turque, dont elle forme les substructions ; on y peut compter vingt-quatre blocs énormes, formant une longueur de trente-cinq pas, enfermés entre d'autres assises plus petites ; à quelques pas de cette enceinte, du côté du fleuve, les Ambraciotes ont taillé un affleurement de rocher de façon à pouvoir y poser deux assises régulières de pierres rectangulaires, ce qui prouve qu'il y a eu, en cet endroit, deux murailles successives, la forteresse actuelle occupant probablement la place de la plus ancienne enceinte. Quelques grands tombeaux musulmans ou turbés, aujourd'hui en ruines et ombragés par de grands figuiers ou par des grenadiers aux gros boutons de pourpre, contribuent à donner une physionomie toute particulière à ce petit paysage fluvial que borne, semblable à un mur de scène, la muraille cyclopéenne. Nous aimions à y revenir souvent, quoique la chaleur y fût plus insupportable qu'ailleurs, et chaque fois que nous y passions vers le soir, deux ou trois femmes musulmanes, bravant le prophète et leur mari pour satisfaire la curiosité de leur sexe, nous arrêtaient sans façon pour voir nos dessins et nos plans. A partir de là, l'enceinte étend ses bras vers le sud et vers le nord pour former un cercle presque parfait ; vers le nord, elle longe encore pendant quelque temps le fleuve bordé en cet endroit d'élégants platanes, aide à soutenir la terrasse où s'élève le palais de l'évêque avec ses jardins d'Armide ; de là, s'il faut en croire les indications des habitants qui en ont vu les restes, il y a quelque trente ans, elle quitte brusquement les graviers du fleuve pour rejoindre l'église de Parioritza ; puis, longeant le pied de la seconde colline, elle la gravit en faisant un angle droit pour tourner ensuite vers l'est et rejoindre, par le couvent de la Phanéroméni et l'église de Saint-Théodore, le fleuve et la citadelle modernes.

La physionomie d'Arta est, en ce moment, assez animée ; si le mur ambraciote, bâti par des mains helléniques, sert à soutenir la citadelle turque, l'ancienne acropole est presque tout entière occupée par un camp de rédifs ou réservistes albanais et surmontée par une grande caserne de construction toute récente. Chaque matin, la trompette guerrière résonne sur la colline comme au temps où le consul Fulvius battait en brèche les ouvrages de la citadelle depuis le mont Perranthe; mais, s'il faut en croire les *Arténi,* les musulmans n'attendraient pas ce signal pour se lever et aller faire des razzias de poules, de moutons ou même de chevaux dans les environs. Je crois que ces arrière-petits-fils des apostats, qui quittèrent la croix pour le croissant afin de se trouver du côté de l'épée, voleraient et pilleraient en tout lieu et en tout temps; mais, pour le moment du moins, ils ont une demi-excuse; car ils ne voient jamais la couleur de leur solde, et l'eau qu'ils vont chaque soir chercher au puits dans leur bidon de fer constitue, sans aucun doute, le plus clair de ce qu'on leur donne pour leur subsistance. A défaut de solde, ils ont des loisirs et peuplent les rues de la ville; beaucoup sont hauts de taille et bronzés par des cieux plus brûlants; quelques-uns font l'effet de vraies caricatures avec leurs bosses et leurs jambes cagneuses; la plupart pourtant paraissent ne souffrir que de la faim, et on les voit soulever d'une main curieuse les couvercles des bassins d'étain où mijotent les fricots des cafedjis. Il s'en trouve toutefois parmi eux qui ne font guère honneur à la tempérance musulmane; si vous entendez quelque tumulte dans la ville, soyez sûrs que vous allez voir passer devant vous, au pas de course, quelques rédifs emportant sur leurs épaules un camarade complétement ivre ; nous avons avisé un jour un peloton de ces champions de l'islam qui reposaient au milieu des blocs de l'enceinte antique, après avoir abondamment réchauffé leur valeur au raki des giaours. Ces rédifs finissent par devenir très gênants pour nous : ils flairent sans doute dans nos personnes des ennemis du prophète ; nos allées et nos venues sur la colline de la citadelle, où les habitants d'Arta n'osent guère s'aventurer, nos lunettes, nos crayons et nos grands papiers leur inspirent une défiance visible ; à chaque instant nous entendons le qui-vive d'une sentinelle qui nous oblige à reculer. Un jour, sur les bords du fleuve, trois soldats sans armes, qui rôdaient derrière les jardins de la métropole, nous arrêtent et veulent nous emmener vers le gouverneur ou tout au moins nous forcer à suivre les chemins battus ; heureusement, je connais mes Orientaux, je le prends sur un ton très haut, je rudoie celui qui veut me saisir par le bras, tant et si bien que les trois hommes se calment comme par enchantement et finissent par me demander du tabac, que je leur refuse naturellement.

Quant aux habitants d'Arta, aux trois quarts chrétiens et grecs, ils sont très affables avec nous ; les Epirotes, sans être peut-être aussi remarquablement intelligents que les Grecs du royaume, ont quelque chose de plus digne et montrent une curiosité moins gênante pour l'étranger. Les consuls grec et russe, tous deux natifs d'Arta, nous font très bon accueil ; l'épicier Patzoiannis, qui a vu Trieste et qui a fait connaissance avec nombre de réfugiés italiens et polonais égarés dans l'Epire, se met à notre disposition et nous fait voir toutes les antiquités d'Ambracie, ainsi que sa précieuse collection d'intailles et de monnaies épirotes ; dans les cafés, on nous offre, pour nous souhaiter la bienvenue, un verre de vin résiné ; nous passons aussi quelques heures chaque jour sous le grand platane du khani, occupés à découper des pastèques ou à répondre aux questions que nous adressent les marchands qui y logent comme nous. Tel revient de l'université d'Athènes et me demande ce que je pense des Turcs, tel autre veut voir son village natal sur la carte et m'indique la place de kastra antiques ; un troisième s'intéresse à la politique suisse et à nos institutions. De temps en temps pourtant un douloureux spectacle vient nous attrister : s'agit-il de transporter quelque part une outre de vin ou quelque autre pesant fardeau, on hêle une de ces pauvres femmes, vieilles avant l'âge, qui font le métier de portefaix et stationnent au coin des rues, et on la charge avec autant de ménagements que s'il s'agissait d'une bête de somme. Hélas ! avant de songer à établir en Turquie une société protectrice des animaux, il faudrait en établir une des femmes. Quel beau texte de prédication pour un clergé chrétien qui prendrait au sérieux sa tâche, que cette sujétion déshonorante qui pèse encore sur la femme grecque !

# V

### Dodone, Janina et le gouvernement de l'Epire.

Toutes les gorges de l'Epire remontent et convergent vers un bassin intérieur d'où partent, pour suivre des directions diverses, plusieurs fleuves illustres : l'Achéloüs, l'Aracthus, l'Achéron, le Thyamis, l'Aoüs ; dans ce bassin, que dominent de toute leur hauteur les sauvages chaînons du Pinde, dort un lac, le lac de Janina. Il est situé au point que la nature et l'histoire marquent comme le centre de tout le pays. Là aussi était Dodone, le sanctuaire des Pélasges ; Dodone, où les premières tribus grecques, soucieuses de leurs moissons, venaient, suivant l'expression d'Homère, apprendre les projets de Zeus d'après la haute cime des arbres et interroger les colombes noires qui en habitaient les branches. Depuis longtemps Dodone n'est plus ; son héritière est la belle Janina, l'ancienne capitale des despotes d'Epire, la tragique cité du trop fameux Ali. A part Constantinople, aucune ville turque n'a autant préoccupé les poètes et les historiens de notre siècle. L'impassible colonel Leake, qui parcourait la Grèce pour compter ses ruines, s'émeut presque en face des horizons de Janina, où il habita quelque temps en qualité de résident anglais ; le consul français Pouqueville, qui écrivit sur l'Albanie et encourut la disgrâce d'Ali, va jusqu'à appeler les environs de Janina les Champs-Elysées de l'antiquité. Byron, qui fut accueilli dans le palais du pacha en 1812, célèbre avec plus d'enthousiasme encore la beauté du lac et des montagnes ; il compare les sites voisins de Dodone à ceux de Constantinople et les trouve supérieurs aux horizons de la Grèce ; il chante même Janina comme une ville savante et comme le cerveau de la Grèce. Athènes, il est vrai, n'était alors qu'une misérable bourgade albanaise du nom de Settinié et l'on pouvait croire à ce moment que la Grèce allait retrouver son berceau tout près de cette Dodone qui avait entendu les premiers bégaiements de sa première enfance. Si Ali n'avait point été la plus effrayante incarnation du despotisme qu'ait vue notre siècle, et si l'Epire n'avait pas été déchirée par les dissensions religieuses, Janina eût pu devenir le centre d'un état gréco-albanais, indépendant de la Porte. Aujourd'hui, la capitale d'Ali est une ruine ; elle pleure sur sa grandeur passée et sur son rêve qu'a brisé le destin.

Antique Dodone, où est ta forêt sacrée, ta source prophétique et ton oracle divin ? Jusqu'ici, aucune des soixante-dix acropoles antiques qui couronnent les monts d'Epire n'avait répondu clairement à cet appel du poète de Child Harold. Fallait-il, avec Pouqueville, chercher Dodone dans la forteresse de Gardiki, à trois lieues au nord de Janina, ou, avec Leake, dans celle de Castritza, à une lieue au sud ? Fallait-il s'arrêter dans le vallon que domine l'Olytzika, ou bien errer à l'aventure, avec Hackins, dans les gorges de Paramythia ? Nous savons que l'oracle était à l'extrémité orientale de l'Epire, non loin du Pinde, dans la montagne et dans le voisinage de sources abondantes, à deux journées d'Ambracie et à quatre de Buthotum, mais ce n'est point assez pour fixer son choix. Là où les textes manquent, il faut interroger les ruines ; l'honneur d'y avoir songé et de l'avoir fait revient à un Grec du pays. M. Carapanos, natif d'Arta et établi à Constantinople, appartient, comme MM. Zographos, Arsakis, Rizaris et tant d'autres, à cette élite d'Epirotes qui mettent au service de l'hellénisme une fortune acquise par le travail et, ce qui vaut mieux encore, un esprit éclairé et un cœur brûlant de patriotisme: il se donna pour tâche de retrouver le sanctuaire de Dodone. Sa pioche interrogea d'abord la colline cyclopéenne de Castritza, qui montre un vieux couvent de Saint-Georges à côté d'une ville antique si bien conservée qu'on la dirait détruite depuis quelques années seulement. Castritza resta muet. M. Carapanos transporta alors ses pénates de fouilleur dans le vallon de Dramési, au pied du mont Olytzika, où s'élève une forteresse que l'on prenait généralement pour Passaron.

Pendant mon séjour à Arta, j'avais obtenu une lettre de recommandation pour M. Carapanos, qui se trouvait à ce moment-là occupé à surveiller ses fouilles ; le détour n'étant pas trop long pour qui se rend à Janina, je ne pouvais guère laisser échapper une si belle occasion de voir un des premiers ce que tant d'autres avaient en vain cherché. Le 26 juillet, à midi, nous étions, mon compagnon et moi, mélancoliquement assis sous le platane du khani de Saint-Dimitri, à trois lieues de Janina. Notre situation n'était qu'à moitié enviable : privés de nos bagages, de notre agoyate et de notre soldat d'escorte qui suivaient la route de la capitale, nous avions devant nous la perspective d'une course de trois heures au travers de la montagne, sans guide et sans sentier. Nous traversons d'abord des champs où la chaleur a fait le vide ; sur la montagne, nous ne trouvons que des troupeaux de brebis et des masures complétement ruinées, éloquente attestation d'une décadence toujours croissante. Après trois heures de marche, nous sommes au bout du col et nous saluons avec joie le mont Olytzika et la petite vallée de Dramési où verdoient, au milieu de larges nappes de lumière, les dômes touffus des noyers, tandis que plus loin, sur le flanc de la montagne, quatre villages se dessinent vaguement à travers les arbres. Une heure après, nous avions fait connaissance avec M. Carapanos, établi au milieu de sa petite troupe de fouilleurs.

Le paysage qui nous entoure est limité de toutes parts par des montagnes. Un vallon d'une demi-lieue de longueur, semé de champs où travaillent les ergatès, des terrains de pâture clôturés par des murs de pierre, puis, pour fermer le vallon, deux montagnes d'inégale hauteur, l'humble Dryscos et le puissant Olytzika, tel est à peu près tout le paysage. Les escarpements de l'Olytzika, qui s'élancent immédiatement, au-dessus de Dramesi, avec je ne sais quelle furie qui étonne et qui impose, n'étalent d'abord aux yeux que de jaunes ravines creusées par les eaux ; plus haut apparaissent quelques sapins épars, puis vient la crête où pointent des rochers à peine verdis par quelques pelouses.

Au milieu du vallon s'élève une colline peu saillante, tout entière enveloppée d'une muraille bien conservée : c'est le palaeokastro de Dramesi. Au-dessous de cette acropole antique, qui n'est guère remarquable que par l'exiguité de ses dimensions et par deux tours admirablement conservées, s'ouvre la cavée d'un grand théâtre ; cet édifice, appuyé à ses extrémités sur de solides massifs de construction, ne mesure pas moins de 190 mètres de pourtour à son sommet ; il a 49 gradins, 45 mètres de hauteur oblique et près de 18,000 places assises. On sait que la nature faisait les principaux frais de décor des théâtres grecs, et, sous ce rapport, le théâtre de l'alpestre Dodone ne saurait se comparer à ceux d'Athènes, de Sicyone, d'Argos, d'Epidaure, de Syracuse ou de Taormina ; souvenons-nous toutefois que nous sommes en Epire, dans le pays des défilés et des gorges infernales, et nous finirons par trouver que les spectateurs assis sur ces gradins n'étaient pas, grâce au puissant relief de l'Olytzika, aussi déshérités qu'il le semble au premier abord. A côté du théâtre et sur le flanc de la colline, s'étagent les débris de trois édifices : l'un est le temple de Jupiter et mesure quarante mètres sur vingt ; le second est à quelques pas au sud-ouest et présente deux chambres et trois corridors ; le troisième est un grand temple tétrastyle, fouillé il y a un an par des spéculateurs de Janina ; on y voit un escalier à quatre marches qui servait sans doute aux prêtres. Enfin, dans la plaine, s'étend un péribole ou téménos de cent dix mètres de côté ; de trois côtés, il est enveloppé de murs helléniques dont quelques pans montent encore au sud-ouest jusqu'à quatre mètres au-dessus du sol.

Tout cet ensemble de ruines ne laisse pas que d'être embarrassant. Pourquoi tant de temples, un si grand péribole ? pourquoi surtout un théâtre si hors de proportion avec l'exiguité de la citadelle ? Nous sommes évidemment en face d'un centre religieux plutôt qu'en face d'une cité ; faut-il songer à Passaron, qui était la capitale de la Confédération épirote et la ville forte des Molosses ? Mais la ville de Passaron ne peut guère avoir tenu dans un espace si restreint. Faut-il ne voir, avec Leake, dans cette acropole qu'une bourgade ignorée ? mais on ne s'explique point alors tant de monuments religieux. Quelques archéologues, entre autres M. Gaultier de Claubry, avaient, il y a déjà longtemps, songé à fixer ici cette infortunée Dodone, que vingt hypothèses savantes pourchassaient de vallon en vallon.

Au moment où nous vîmes M. Carapanos, les fouilles, qui étaient loin d'être terminées, donnaient plus de promesses que de résultats appréciables; le doute était alors permis et nous en eûmes. Depuis lors, nous avons entendu M. Carapanos parler de sa découverte de Dodone devant l'Académie des inscriptions et belles-lettres, et, comme les académiciens, nous avons cru. Ce n'est pas que l'explorateur ait mis au jour de grandes constructions: des puits creusés devant le théâtre ont conduit dans une espèce de chambre ou réservoir sans communication avec la scène ; dans l'enceinte même du téménos, la pioche a exhumé de petites constructions rondes, carrées ou demi-circulaires, qui servaient de niches ou de piédestaux ; elles étaient devant le sanctuaire d'Aphrodite, fille de Dioné. L'intérêt de la découverte réside bien plutôt dans la multitude de petits objets mis au jour: ce sont des plaques revêtues d'inscriptions votives où on lit, entre autres, le nom d'un descendant de la Troyenne Cassandre qui fait une offrande à Jupiter Naios, dieu des sources et patron bien connu de l'oracle dodonéen, de petites statues de bronze, entre autres, un Priape, un joueur de flûte, un acteur comique, des représentations d'animaux, des trépieds consacrés à Jupiter Naios, à Dioné et à 'Aphrodite, des patères, des objets de toilette et de parure, des encensoirs, des monnaies épirotes, macédoniennes et romaines jusqu'à Constantin-le-Grand, enfin des inscriptions relatant des demandes et des vœux adressés à l'oracle de Jupiter Naios et de Dioné, ou des collations de titre à des bienfaiteurs étrangers.

Le problème est donc résolu. Dodone est ici : la montagne qui est au-dessus de nous et qui est affublée d'un nom polonais, n'est autre que le Tomaros, et les sources de Dramési sont les fontaines jaillissantes dont Dodone se vantait : c'est ici, sur cette colline de Drysco ou des chênes (le nom est resté, mais l'arbre a disparu) qu'il faut replacer les forêts parlantes, les trépieds d'airain qui se transmettaient successivement les vibrations sonores et les courroies qui frappaient, sous l'action du vent, un vase de même métal. C'est ici, sur l'acropole, qu'était l'autel primitif que desservaient ces mystérieux Selles, aux pieds nus, espèces de brahmes grecs qui, suivant l'Iliade, couchaient sur la terre et interprétaient les volontés de Jupiter. Hélas ! les habitants de Dramési sont revenus aujourd'hui aux mœurs des Selles et, si je n'avais eu pour génie secourable le maître du lieu, j'aurais fort risqué de couronner par le jeûne cette laborieuse journée ; le dîner fini, la couleur locale reprit pourtant ses droits et, comme les Selles, *nous reposâmes sur la terre nue.*

Une fois le Drysco franchi, on aperçoit à ses pieds Janina, qui déploie le long de son lac tranquille son écharpe de maisons bariolées. Du côté du nord, la vue plonge jusqu'au sein des montagnes qui dominent la route d'Argyrocastro; au sud, elle s'arrête sur les croupes de Castritza et d'Hagios Dimitrios; à l'est, elle se heurte sur le front découronné du Mitchikéli, qui commande en roi à l'horizon tout entier. La première impression est triste, surtout quand les sombres draperies de l'orage se traînent sur les flancs du Pinde et menacent l'Epire des fléaux que redoutaient, pour leurs moissons, les vieux Pélasges. Le souvenir des récentes tragédies qui ont ensanglanté ce vallon dans le commencement de ce siècle jette encore quelques ombres de plus sur le paysage. Non, Pouqueville a beau retrouver ici les Champs-Elysées, Byron a beau s'extasier devant Janina et le monastère de Zitza, Sparte, Corinthe, Delphes m'ont bien plus vivement impressionné : on regrette ici les rochers sculptés de la Grèce et l'infini sourire de la mer. Le lac ne tient pas non plus ce qu'il promet de loin : on s'attend à trouver, au pied des poétiques chaînons du Pinde, une vasque de cristal digne de servir de miroir aux Muses, et l'on n'a devant soi qu'un marécage que des inondations anciennes ont recouvert d'une nappe d'eau fétide de quelques mètres de profondeur. L'eau est partout encombrée d'une végétation parasite et gluante et marquetée de taches vertes sur lesquelles flottent d'innombrables tribus de limnées.

L'intérieur de la ville, en revanche, est plus

curieux et surtout plus multicolore que celui des cités grecques. Il y a soixante ans, Janina était en train de se moderniser ; sa population était montée à quarante mille âmes, et, dans le nombre, on comptait quelques industriels européens que favorisait la politique d'Ali. Les boulets turcs, qui ont détruit le kastro d'Ali et incendié la ville presque tout entière, ont étouffé dans son germe cette prospérité naissante. Les Turcs ont tout remis dans l'ordre, et Janina, lentement relevée de ses décombres, dort aujourd'hui sous les serres de l'aigle turque du même sommeil que ses sœurs Scutari et Bosna-Séraï. Tout a repris ici la livrée orientale, tandis que l'humble Settinié, devenue l'orgueilleuse Athènes, l'a dès longtemps secouée et ressemble de plus en plus aux capitales de l'Occident.

Janina est aussi plus pittoresque qu'Athènes, précisément parce qu'elle est plus turque. Si nos royaumes et nos républiques souffrent de la maladie de l'uniformité, l'empire turc est décidément la grande Babel de l'Orient. Les rues, où alternent les cabanes de bois et les maisons de pierre, les façades bleues et les murs de pisé roussâtre, sont pleines d'une foule bariolée qui semble sortir du rêve de quelque machiniste d'opéra par trop fantaisiste. Ici vous vous heurtez à des figures noires qu'a brunies le soleil de l'Arabie ; ce sont les vaincus des dernières guerres contre les Wahabites que le gouvernement turc a transportés dans nos froides régions. Plus loin, dans le voisinage de la citadelle, la rue est encombrée par de gros personnages embarrassés dans leurs larges babouches ; d'où viennent ces hommes dont l'obésité et la pesante allure cadrent mal avec les lignes sveltes et légères du paysage? Ce sont des étrangers, eux aussi, dont la patrie est bien loin d'ici dans la vaste steppe; ils ne sont quelques milliers dans la province, mais ils y règnent en maîtres. Si vous montez dans la citadelle, vous ne rencontrerez partout que le type aquilin des Sémites ; c'est là que demeurent des fils d'Abraham auxquels les Turcs ont dédaigneusement accordé un asile dans l'enceinte même de leur kastro. La race slave est représentée à Janina par un certain nombre de cultivateurs bulgares, et les mystérieux nomades de l'Inde par ces noirs Tziganes, qui font en Grèce le métier de montreurs d'ours et de musiciens ambulants. Mais, n'y a-t-il donc ici que des étrangers, Arabes, Turcs, Juifs, Slaves? où sont les autochthones, les enfants du sol? on les reconnaît à leurs formes élancées et maigres, à leur tête fine et bien prise, à leur fustanelle blanche et à leur démarche élégante. Albanais et Grecs peuvent revendiquer au même titre, comme terre paternelle, cette terre où ils sont esclaves de l'étranger: enfants de la même race, ils ont à peu près le même port et la même distinction d'allures : le Grec est plus ouvert d'esprit, plus citadin, plus beau parleur; l'Albanais est plus rude, plus inculte et plus attaché aux durs travaux de la terre. Sans doute, ils seraient déjà libres et citoyens d'une ville où, politiquement, ils ne comptent pour rien, si l'apostasie, détachant de la cause chrétienne tant de fils de Scanderbeg, n'avait pas, dans le seul vilayet de Janina, jeté dans le camp des Turcs 250,000 transfuges.

Janina est un champ clos où luttent deux civilisations ou plutôt deux religions. L'Epire appartiendra-t-elle aux musulmans ou aux chrétiens ? Est-ce le palais du pacha qui dévorera le gymnase hellénique ou est-ce l'hellénisme qui tuera l'islam ? Il y a fort longtemps déjà que Janina représente glorieusement l'hellénisme et ses traditions de générosité bien entendue. Je trouve dans un chroniqueur moderne de l'Epire une première liste de vingt-sept généreux légataires, dont la fortune pourvoit aux besoins des hôpitaux, à l'éducation des enfants trouvés, à l'assistance des indigents, à la dotation de trente filles pauvres. Mais ce n'est pas tout. Un proverbe du pays dit qu'il n'y a pas de village grec sans daskal, comme il n'y pas de vallée sans montagne ; c'est, en effet, l'instruction, plus encore que les œuvres pies, qui fait la force des communautés helléniques et qui donne le critère le plus exact de leur vitalité. Sous ce rapport encore, Janina est au premier rang ; si elle n'est plus, comme autrefois, la lumière des pays grecs, si elle a dû céder le pas à Athènes ressuscitée, elle a gardé du moins une des premières places entre toutes les cités de la Grèce turque. Le goût de l'instruction semble être depuis fort longtemps quelque chose d'inné chez ses habitants. Vers la fin du XVIIe siècle, le patriarche envoya comme métropolitain, dans la capitale de l'Epire, un certain Clemès de Chios, dont l'ignorance était telle qu'il ne tarda pas à scandaliser ses ouailles ; on décida de demander son rappel, mais Clemès supplia tant qu'on consentit à le garder, à condition qu'il se ferait, pendant cinq ans, l'élève du fameux Bessarion, moine du couvent de Saint-Georges. Clemès accepta ; on nomma un administrateur par intérim, et, au bout de cinq ans, l'évêque-écolier, qui était devenu fort savant, revint occuper son siége ; ayant eu plus tard l'occasion de faire le voyage à Constantinople, il y fit admirer ses vastes connaissances. Une communauté aussi difficile ne pouvait rester sans école supérieure. Un généreux citoyen du nom de Gkiouma, grand négociant de Venise, ayant légué d'importantes sommes pour l'instruction publique, la communauté grecque fonda, en 1680, une haute école, qui eut pour maître Bessarion, l'instituteur du métropolitain Clemès. Les scolarques se succédèrent ainsi sans interruption jusqu'en 1820, date néfaste pour la petite république hellénique, qui vit tous ses établissements réduits en cendres peu de temps avant la catastrophe d'Ali. A côté, ou plutôt au-dessous de cette école de Gkiouma, les Grecs de Janina avaient un autre établissement, celui de Maroutzi ou de Caplan, où l'érudit Psalidas remplissait, au commencement de ce siècle, les fonctions de scolarque, avec un traitement annuel de 2000 piastres (3000 francs). Jusqu'en 1820 Janina fut, suivant l'expression d'un Grec, un réservoir précieux de science et de savoir d'où s'échappaient mille ruisseaux qui allaient arroser la Grèce altérée et y faire lever de fertiles moissons. Tous les écrivains qui se distinguèrent dans la Grèce du XVIIIe siècle étaient des citoyens de Janina ou des élèves de ses écoles, dont la gloire serait plus pure encore si elles avaient pu échapper à cet esprit de rivalité ardente et mesquine qui gâte souvent en Grèce les meilleures choses.

Dès que la communauté grecque commença à se relever de ses ruines, elle n'eut rien de plus pressé que de rétablir, dans un local provisoire, une école; bientôt transférée dans un édifice mieux approprié, elle prit le nom des frères Zozimas, qui la dotèrent fort richement. Après des débuts un peu difficiles, le lycée des frères Zozimas, qui se compose d'une école hellénique et d'un gymnase, se trouva bientôt en pleine prospérité : aujourd'hui, l'établissement a plus de 350 élèves, une bibliothèque bien fournie, un cabinet de physique et des programmes bien conçus où figurent le latin, le français, l'italien, les mathématiques, la géographie, l'histoire, la théologie dogmatique, la logique et les principes généraux de physique. Cette école est véritablement un joyau de grand prix pour les provinces environnantes; les maîtres qu'elle y envoie sont mieux que de simples manœuvres intellectuels : ce sont véritablement des instituteurs de la nation; en déroulant devant la jeunesse les glorieuses annales des ancêtres, ils font plus que de cultiver l'esprit, ils allument la flamme sacrée du patriotisme dans le cœur des jeunes générations et les préparent dignement aux grandes choses qu'elles devront accomplir.

Les Grecs forment donc, au sein de la capitale de l'Epire, une véritable république : étrangers aux soucis de la politique, ils concentrent toute leur activité sur l'école et sur l'église. Le Turc perçoit des impôts, administre et juge; le Grec réclame pour lui le département de l'esprit. Toute cette petite république intellectuelle est gouvernée par les principes démocratiques qui sont restés chers à la race grecque; les conseils sont électifs et le pauvre y siége à côté du riche ; sans doute, la Discorde, ce mauvais génie de la Grèce et de la démocratie, jette quelquefois sa pomme fatale dans ces modestes assemblées ; mais, somme toute, les luttes intestines sont rares et tempérées par cette solidarité touchante que la communauté des malheurs entretient entre les opprimés.

Le palais du gouvernement turc n'est qu'à quelques minutes de distance du gymnase grec. Quel contraste entre les idées que représentent ces deux édifices ! Si le gymnase des Hellènes est le temple de la culture libérale et des idées modernes, le séraï du vali est le sanctuaire de l'ignorance et du despotisme ; le gymnase rappelle la Grèce républicaine, le séraï incarne en lui tout ce qui reste en Europe du gouvernement patriarcal et de ses antiques abus. Comme c'est presque toujours le cas dans la moderne Turquie, l'extérieur répond peu à l'intérieur : vu du dehors, le palais du vali est un gros bâtiment sans style, fraîchement crépi et affublé d'une façon de portique corinthien. Des gardes veillent aux portes et dans les antichambres ; du reste, on entre et on sort librement, non sans passer au milieu de groupes multicolores de serviteurs occupés à préparer du café ou à faire la cuisine. Les installations sont fort primitives ; la bureaucratie musulmane n'est guère paperassière, et les cartons bourrés de documents sont remplacés ici par des sacs que gonflent des rouleaux de parchemin jetés pêle-mêle; les commis sont patriarcalement accroupis, le papier sur les genoux, et écrivent avec la sage lenteur que nous mettons à dessiner.

Le pacha du reste reçoit tout le monde ; n'est-il pas le gouverneur, le souverain et le juge sans appel ? la loi étant en Turquie mal définie, oscillante entre la coutume et le code, on peut tout espérer de la faveur, et rien n'est décidé, tant que le pacha n'a pas dit son mot. Jadis trônait ici le terrible Ali, qui avait élevé sur cet emplacement le palais de Litharitza, d'où il dominait sur toute sa capitale ; aujourd'hui c'est Kusnil pacha qui a pris la place du despote albanais. La Porte, jadis bravée avec tant d'audace par le fils de Chainitza, a reconquis son prestige, et la lointaine Epire reçoit docilement de sa main toute cette armée de fonctionnaires étrangers dont le mot d'ordre est à peu près le même que celui des soudards albanais qui crient à ceux qu'ils poursuivent : Aspra, aspra, i xylo; de l'argent, de l'argent ou le bâton.

La Porte a toujours considéré la perception de l'impôt comme l'attribut essentiel de la souveraineté ; laisser faire, mais faire payer, tel est le dernier mot de sa sagesse politique. Un coup d'œil sur l'administration du vilayet de Janina nous montrera que, sous ce rapport, les Turcs n'ont rien appris ni rien oublié. Les divisions administratives turques sont fort simples : un vilayet ou province est partagé en arrondissements ou sandjaks ; les sandjaks en kazas, qui répondent aux cantons français, le canton en communes ou nahiés. Un vali gouverne la province, un moutesarif gouverne le sandjak, un caimakan le kaza, un miudir la commune. La province de Janina a cinq sandjaks : Janina, Prévéza, Argyrokastro, Bérat et Triccala en Thessalie. Les impôts perçus par le gouvernement peuvent se ranger sous cinq rubriques : le *verghi*, impôt foncier qui se divise en plusieurs sommes fixées à l'avance et réparties entre les différentes circonscriptions administratives ; le *bédélié* ou impôt de capitation payé par les chrétiens âgés de douze à soixante ans pour l'exonération du service militaire ; la dîme ou *achar*, perçue en nature par des fermiers sur les récoltes que le paysan est obligé de laisser sur place jusqu'à leur passage ; l'*aghnam* ou taxe des bestiaux, puis les contributions indirectes ou *rousoumat*. Il faut encore tenir compte, pour établir le budget de la province, des fermes domaniales et du produit des douanes et du monopole ; toutefois il convient de dire que la douane, les régies du tabac, du sel, le timbre et le droit sur les spiritueux relèvent d'un ministère spécial avec des circonscriptions particulières. Voici le tableau des recettes du vilayet pour l'année 1874, tel que le donne le consul français de Janina :

|  | Janina 212,927 h. | Argyro-K. 193,417 h. | Bérat 141,653 h. | Prévéza 71,815 h. | Thessalie 227,019 h. | TOTAUX 849,831 h. |
|---|---|---|---|---|---|---|
|  | piastres | piastres | piastres | piastres | piastres | piastres |
| Verghi | 2,221,479 | 992,776 | 850,583 | 836,739 | 3,815,097 | 8,716,871 |
| Bédélié | 2,224,213 | 981,678 | 426,245 | 717,059 | 1,913,769 | 6,342,759 |
| Achâr | 4,940,212 | 3,474,388 | 3,863,796 | 2,931,404 | 15,681,664 | 31,891,464 |
| Aghnam | 2,298,493 | 1,683,005 | 1,551,097 | 1,633,020 | 8,935,458 | 16,101,073 |
| Rouzoumat | 1,019,026 | 760,940 | 820,467 | 600,845 | 1,525,235 | 4,726,513 |
| Fermes domaniales | 1,190,405 | 468,955 | 935,856 | 811,849 | 1,722,538 | 5,129,603 |
|  | 13,913,828 | 8,361,742 | 8,448,044 | 7,530,971 | 34,623,701 | 72,908,236 |

En 1875, les recettes ont été un peu plus faibles qu'en 1874 ; la différence en moins a été de trois millions de piastres ; les deux tiers de ce déficit sont imputables à la moins-value des contributions indirectes et à l'épizootie qui a sévi sur les moutons et fortement réduit le produit de l'aghnam ; le bédé-lié a en revanche donné deux millions de piastres de plus. En comptant la piastre à vingt centimes, on trouve que le verghi ou contribution foncière a donné en chiffres ronds 1.600.000 francs, la taxe des chrétiens, 1,300,000 francs, la dîme plus de six millions, la taxe des bestiaux plus de trois millions, les contributions indirectes un million, et les fermes domaniales un million ; ce qui donne un total de quatorze millions de francs perçus par la caisse centrale du vilayet, sans parler de 1,500,000 francs encaissés par la douane et les régies.

Les autorités turques accordant aux percepteurs une tolérance de 10 %, à cause de la population flottante et des jeunes enfants, on peut supposer que la population du vilayet est évaluée un peu trop bas et qu'elle dépasse en réalité 900,000 âmes, dont 685,000 habitent l'Epire et 246,000 la Thessalie ; mais même en ne tenant compte que du chiffre de population indiqué dans le tableau, on arrive à une moyenne de dix-sept francs d'impôt par tête d'habitant. Au premier abord cette moyenne, qui est au-dessus de celle de la Suisse, mais inférieure à celle de la plupart des pays de l'Europe, ne paraît pas exagérée; cependant, si l'on tient compte de la pauvreté de la province, de l'absence complète d'industrie et surtout du déplorable système de perception qui laisse couler dans la poche des dîmiers et des fonctionnaires un bon quart ou même un tiers du rendement brut des impôts, on ne pourra que s'incliner devant la fiscalité turque, qui tire de si belles sommes d'une province où il y a si peu à prendre. Que serait-ce si la province était bien cultivée au lieu d'être un grand terrain de pâture ? La fertile Thessalie, habitée par des raïas grecs et qui a moins du tiers de la population du vilayet, paie à elle seule la moitié des taxes ; en revanche, les sandjaks d'Argyrokastro et de Bérat, où les mahométans sont nombreux, sont évidemment les plus pauvres ou les plus ménagés par le fisc ; la prédominance relative des mahométans dans ces deux sandjaks se trahit encore dans le faible rendement du bédélié que ne paient point les sectateurs de l'islam. Les chrétiens auraient du reste tort de se plaindre trop de cet impôt d'exonération, qui ne s'élève qu'à six ou sept francs par tête, pour 220,000 contribuables âgés de douze à soixante ans. L'impôt de la guerre pèse bien plus lourdement sur les mahométans : on peut, en effet, compter environ 40,000 adultes musulmans en Epire ; le contingent annuel étant de 500 hommes et le prix d'exemption étant jusqu'en 1875 de cent livres turques à vingt-trois francs, les musulmans, qui forment le tiers de la population seulement, se trouvaient chargés d'une prestation presque égale à celle des chrétiens pris en bloc ; depuis lors, la finance d'exonération a été abaissée à cinquante livres et la prestation de chaque musulman représentée en argent n'est pas très différente du bédélié. Au reste, l'impôt du sang est un véritable impôt de suicide pour les musulmans albanais, et le jour viendra où ils devront se résoudre à périr à date fixe ou à servir à côté de leurs compatriotes chrétiens.

Les impôts ne disent rien par eux-mêmes ; pour se faire une idée de l'administration turque, il faut ouvrir l'annuaire officiel du gouvernement, au chapitre des dépenses, et l'on verra ce que le pacha fait de ces sommes qui suffiraient au budget d'un petit royaume. Nous pouvons du reste accepter, les yeux fermés, les indications de l'Annuaire, qui n'ont que le défaut de grossir peut-être un peu le maigre chapitre des dépenses d'utilité publique. Le vali émarge au budget pour une somme de fr. 108,000. les administrateurs de sandjaks chacun pour fr. 36,000. les caimakans pour fr. 18,000, les chefs des administrations, qui pour 15,000, qui pour 18,000. Quant aux fonctionnaires inférieurs, aux douaniers et aux zaptiés, leurs microscopiques traitements ne figurent que pour la forme au chapitre des dépenses ; il est entendu que c'est le dieu bakchich qui les paie. L'instruction publique, musulmane bien entendu, est également mentionnée pour la bonne façon, elle est dotée d'un crédit de 30,000 francs, et Dieu sait pourtant combien il faut d'années d'étude à un Turc, seulement pour se retrouver dans ses alphabets. Les travaux publics ont un crédit de 200,000 francs, dans un pays où tout est à créer en fait de voies de communication ! Bref, sur quatorze millions, le gouvernement en dépense quatre dans la province ; il ne pourvoit ni aux travaux publics, ni aux cultes, ni aux écoles, mais en revanche il envoie régulièrement neuf à dix millions au padischa, qui en a grand besoin pour son harem, sa valetaille et ses folies ruineuses. On voit que la conférence de Constantinople n'avait pas tant tort de demander que la Bulgarie ne cédât à Constantinople que le 30 % des taxes qu'elle paie ; si l'Epire obtenait jamais cette faveur, elle aurait chaque année quatre ou cinq millions de francs à dépenser pour ses routes et ses ponts, pour le reboisement des montagnes et le dégrèvement du cultivateur.

Quant aux fameuses réformes du hatti humayoum de 1856, qui devaient réaliser l'égalité des droits, des devoirs et des responsabilités, bien peu de gens dans le pays les prennent au sérieux, et nous aurions tort assurément, nous autres étrangers, de nous montrer plus naïfs. Les délégués des conseils généraux sont loin d'être élus par le peuple, comme se le figurent quelques bénévoles journalistes; jusqu'à présent les messlis ont été constitués en dernière analyse par le vali, qui a le droit d'éliminer quatre candidats sur huit que les conseils des sandjaks lui présentent. On ne saurait non plus s'élever avec trop de force contre la prééminence absolue des fonctionnaires musulmans dans les conseils provinciaux, prééminence que la Chambre turque a ratifiée par ses votes sur la récente loi des vilayets.

Le sandjak de Janina compte plus de 210,000 habitants, sur lesquels les huit dixièmes au moins sont chrétiens ; son conseil est composé du vali président, de sept fonctionnaires musulmans et de trois élus mahométans, en tout, onze mahométans sur quatorze membres ; les chrétiens sont représentés par deux députés élus, et les israélites, assez peu nombreux du reste, par un rabbin ! C'est là sans doute ce que l'on appelle la représentation équitable de tous les intérêts !

Les hatti humayouns et la pression de l'Europe ont créé dans la Turquie d'Europe des tribunaux nouveaux, où siégent des chrétiens et des musulmans ; malheureusement l'égalité est loin d'être parfaite, puisque le greffier est musulman et que l'on n'admet que le serment prêté sur le Coran. Je n'ai pas de renseignements particuliers sur les tribunaux du vilayet de Janina, mais je pense que le cadi y est aussi intolérant, le juge chrétien aussi trembleur et le parjure aussi facile à acheter qu'ailleurs. La justice turque est la même partout: aussi la proposition d'abolir les capitulations avec les puissances, faite en 1856 par le représentant de la Turquie autour du tapis vert de Paris, fut-elle regardée par MM. les diplomates comme une assez bonne plaisanterie.

Ali Pacha de Tépélen est mort depuis cinquante ans. Pendant quarante ans il travailla par le fer et le feu à faire de l'Epire, de la Thessalie et de la Grèce continentale, un tout unique et compacte ; sa petite monarchie militaire, qui n'était faite que pour assouvir une insatiable ambition, s'écroula sous le choc des armées de Kurchid ; mais le problème des destinées de la race albano-grecque ou helléno-pélasgique qu'il avait momentanément résolu par le fer, subsiste aujourd'hui plus brûlant que jamais. La Grèce proprement dite est libre ; elle se débat sans doute encore contre les spectres d'une époque lugubre, mais enfin elle a sa voie tracée. Fille d'un passé glorieux, dont tout sur son sol évoque le souvenir, elle marche en dépit de bien des défaillances, de bien des tâtonnements au-devant d'un avenir meilleur. C'est de ce côté qu'est le salut de l'Epire. Laissée à elle-même, la province de Janina, qui compte 400,000 Grecs ou Albanais hellénisés, 240,000 Albanais musulmans, 80.000 Valaques du Pinde, 20,000 Juifs, Tziganes et Arabes, est vouée à une anarchie éternelle ; unie à la Grèce, elle verra les glaces de la barbarie se fondre aux rayons de la civilisation hellénique et elle pourra devenir un des plus brillants satellites de cet astre athénien dont l'Europe a ranimé les feux éteints. La Grèce elle-même n'aurait qu'à gagner à cette extension de l'hellénisme. Les Grecs du royaume ont décidément le tempérament par trop méridional : sauf peut-être le lourd Acarnanien ou l'inculte Mainote, tout le monde, dans le microscopique royaume de Grèce, même le Béotien, est beau parleur et un peu gasconnant. L'Epirote, qui a le caractère des hommes du nord et des montagnards, serait un lest précieux sur le navire par trop ballotté de la politique athénienne.

Jamais l'Epire et la Thessalie n'ont paru si proches de leur émancipation qu'au moment où s'écrivent ces lignes. La Turquie croule sous le poids de la guerre, de la banqueroute et des révolutions intérieures : pour la sauver, il ne lui faudrait rien moins que ce qui lui manque le plus, un gouvernement intelligent, des caisses bien remplies et des légions de volontaires enthousiastes. Le moment approche où l'islam, qui recule pas à pas devant les progrès de la civilisation, devra exécuter un de ces brusques mouvements de retraite, qui ont successivement, et de siècle en siècle, reporté la pointe du glaive ottoman de Bude à Constantinople et d'Alger à Damas. S'il fallait s'en tenir à la justice et aux droits acquis, aucune province ne serait plus digne que l'Epire et la Thessalie d'être enfin arrachée au pernicieux contact d'une civilisation qui n'a ni la force de mourir, ni celle de vivre. La Bosnie et l'Herzégovine sont des pays barbares, incapables de se gouverner eux-mêmes et qui resteront longtemps encore réfractaires au lent travail de la civilisation. Quant à la Bulgarie, elle s'éveille à peine du long sommeil de l'esclavage ; elle n'a que bien peu d'écoles et que bien peu de martyrs ; ce n'est pas en un jour qu'un peuple gagne son droit à l'indépendance ; et, comme la Grèce après sa première insurrection de 1770, la Bulgarie devra travailler pendant de longues années à se fortifier et à s'instruire avant de songer à vaincre définitivement et avec ses propres forces le Turc, qui est si profondément enraciné dans son sol. L'Epire et la Thessalie ont au contraire chacune leur long martyrologe de héros, depuis les Klephtes et les Armatoles du siècle passé jusqu'aux insurgés des dernières levées de boucliers; si l'arbre de la liberté n'y a pas encore grandi, ce n'est pas faute de sang versé autour de ses jeunes racines. Les montagnes de Khimara, de Souli, le Pinde, l'Agrapha et l'Olympe ont été de tout temps des forteresses du vieil esprit hellénique : sur l'Olympe dit une chanson populaire, il y a autant de klephtes que de feuilles aux arbres. Mais l'Epire et la Thessalie n'ont pas seulement à invoquer le droit des martyrs ; elles peuvent, en demandant la liberté à l'Europe, leur montrer avec orgueil le réjouissant spectacle de ces innombrables communautés grecques où revit, avec l'esprit démocratique des Hellènes, leur antique passion pour le progrès et la science. Nulle part le contraste n'est plus saisissant entre le maître et le sujet : d'un côté la race turque, barbare partout où la civilisation ne l'a pas déjà corrompue, vouée à une décadence physique rapide et incapable de réaliser aucun progrès sans aller à l'encontre de son tempérament et de sa destinée historique; de l'autre la race grecque, tous les jours plus forte et plus riche, toute brûlante de patriotisme et d'un irrésistible besoin de savoir. L'une des deux races écrasera l'autre, il est difficile de croire que ce soit le moribond qui étouffe le vivant.

## VI

### Les îles Ioniennes

« Pendant dix-sept jours, Ulysse fit route sur la mer, et le dix-huitième apparurent les monts boisés de la terre des Phéaciens. Cette terre était proche et elle leur apparaissait comme un bouclier sur la mer sombre. » Ces vers du vieil Homère, tout voyageur qui aborde les îles Ioniennes en venant des rivages de l'Epire les redit avec bonheur. Sans doute nous ne quittons point comme Ulysse le pays des Lestrygons, mangeurs d'hommes, ou des Cyclopes insolents et la terre hospitalière des Phéaciens ne nous apparaît point comme une épave libératrice au milieu de la tempête. Néanmoins, qu'il est doux pour le voyageur, le contraste entre le pays des Cimmériens et celui des Phéaciens, entre les rochers des Acrocérauniens et les parfums des orangers corfiotes ! Quitter l'Epire, c'est dire adieu aux gorges infernales de l'Achéron, aux mornes horizons de Souli, aux cirques désolés du pays des Khimariotes, c'est échapper aux domaines du Coran et à la terre du chaos. Sur les îles Ioniennes tout est gai, tout rayonne de cette pure lumière que les anciens rêvaient pour leurs Champs Elysées: partout la montagne sert de décor à la mer, qui se joue dans les vasques creusées au milieu des écueils, partout la brise émaille les flots de mobiles scintillements et balance dans l'air les doux parfums des bosquets embaumés ; puis, quand finit le jour étincelant et que Phébé remplace au ciel son frère qui a déposé son arc, voici les blanches montagnes qui s'argentent et déploient sous nos yeux étonnés tout le magique ruissellement de leurs teintes métalliques.

Bizarre destinée que celle de ces îles Ioniennes qui furent jadis le royaume du mythique Ulysse ! A les voir si rapprochées du rivage épirote, on les prendrait pour d'obscurs satellites du continent ; ce sont elles au contraire qui ont la vie et c'est le continent qui est mort. De tout temps, depuis Ulysse jusqu'aux Turcs, elles ont eu leur individualité distincte ; jamais elles n'ont été les vassales de cette impénétrable Epire, que ferment de tous côtés d'inaccessibles remparts; ce sont elles qui lui ont donné la vie ; c'est vers elles que l'Epire a regardé et regarde encore avec envie. Gracieuses Néréides, postées à l'entrée de l'Adriatique par les dieux protecteurs de la Grèce, vous avez été de tout temps vigilantes et fermes contre l'étranger; devant vous le Turc a baissé le front; vous avez eu d'autres maîtres nombreux; mais ces maîtres, captivés par votre beauté, ont été doux pour vous, et aujourd'hui, sans qu'il vous en coûtât ni une blessure ni une larme, vous avez secoué de votre front le joug qu'il portait et vous êtes redevenues les sœurs du chœur brillant des Cyclades !

Dans une comédie politique intitulée les Noces de Coutrouli, un grand poète de la Grèce moderne fait parler les trois puissances protectrices de la Grèce : la Russie, l'Angleterre et la France. Voici ce que dit le demi-chœur qui personnifie l'influence d'Albion : « L'océan écumeux porte la terreur de mon nom jusqu'aux limites extérieures de l'onde ; partout où la tempête déploie sur la mer ses ailes humides, mon étendard flotte et resplendit comme un météore..... Mes villes fortes s'élèvent jusqu'aux extrémités du monde, le canon proclame de sa voix d'airain mes lois protectrices. La panthère indienne rampe à mes pieds. J'ai asservi la matière et imprimé à la nature le sceau de mon intelligence. La liberté est à moi, elle siége à mes côtés. Heureux mortel, soumets avec reconnaissance tes épaules à mon joug protecteur; tu seras esclave et je serai libre ; tu seras pauvre et en haillons, moi je serai riche, tu seras le pygmée, moi le géant, et si tu refuses les avantages de mon protectorat, je cours sur toi, boxeur invincible, et les poings fermés je t'enseignerai une sage soumission. »

Ces vers sont évidemment à l'adresse de ceux qui s'appelaient les protecteurs des îles Ioniennes, et quelque durs qu'ils soient, tout n'est pas injuste dans ces sarcasmes. Si les îles Ioniennes n'étaient tombées entre les mains anglaises qu'après avoir passé par les mains des Turcs, elles auraient eu mauvaise grâce de se plaindre de la tutelle britannique, mais il n'en n'était point ainsi. De 1797 à 1815, les îles avaient été gouvernées par les Français et les Russes; les Français avaient bien pu blesser par leurs accointances avec Ali les sentiments religieux de leurs administrés, mais en somme, ils avaient apporté aux îles un régime nouveau et de salutaires réformes.

Quant à la domination quatre fois séculaire de Venise, elle n'avait été très oppressive que par moments; respectueux à l'endroit de tout ce qui touchait aux intérêts religieux des Grecs orthodoxes, le gouvernement vénitien s'était montré assez bon administrateur et assez soucieux des intérêts de ses sujets; sans doute le régime des provéditeurs était entaché de cette cupidité et de cette astuce carthaginoises qui étaient dans le caractère de Venise; sans doute aussi les Ioniens n'avaient qu'une part bien insignifiante dans la gestion de leurs affaires; mais avant 1789 personne ne pouvait songer à s'en étonner.

En somme, quand le congrès de Vienne donna à

l'Angleterre le protectorat des îles Ioniennes, la petite république septinsulaire n'était pas un état barbare échappé au cimeterre ottoman et disposé à se laisser gouverner par le système patriarcal, l'Angleterre avait en face d'elle un petit peuple presque européen, pourvu d'une forte marine marchande, enrichi par le commerce, familier avec la civilisation et les aspirations de l'occident et déjà travaillé par de sourdes agitations. Au lieu d'un régime libéral, l'Angleterre apporte aux Ioniens confiés à sa garde le régime de la Sainte-Alliance, au lieu d'une constitution elle leur envoie un proconsul dans la personne du lord haut commissaire Maitland, au lieu de la liberté commerciale elle leur impose de ruineux monopoles.

Le traité de 1815 stipule que les îles Ioniennes formeraient un état libre et indépendant sous la protection exclusive de la Grande-Bretagne, que les habitants administreraient leurs affaires intérieures, qu'une assemblée législative serait convoquée pour rédiger une constitution, et qu'ils pourraient toujours faire parvenir aux puissances, par l'intermédiaire de l'Angleterre, une demande quelconque. Une assemblée élue par un suffrage restreint et surveillé vota en 1817 une constitution qui, avec quelques modifications, a régi le pays jusqu'aux derniers jours de la domination britannique : cette constitution ne reconnaît ni l'indépendance des tribunaux, ni l'habeas corpus, palladiums de la liberté individuelle ; elle ne laisse subsister en matière législative, comme en matière d'autorité exécutive, aucun pouvoir effectif autre que celui du commissaire britannique, dont tous les autres membres du gouvernement, qu'ils se nomment sénateurs, employés ou députés, ne sont que des agents plus ou moins dociles. Sous prétexte de maintenir la tranquillité du pays, sir Thomas Maitland fonda, sans qu'aucune loi l'y autorisât, toute une institution ténébreuse et inquisitoriale, renouvelée des plus mauvais jours de la domination vénitienne. Cette institution, que l'on appelait la haute police, s'arrogeait le pouvoir d'arracher, sur un simple soupçon, les citoyens à leurs familles, de les détenir en prison sans aucun contrôle judiciaire, pendant un temps indéfini et de les déporter administrativement: c'est elle qui jeta successivement sur les îlots déserts de Paxo et de Cérigotte tous les héros du parti national, les Callinico, les Zervos et les Monferrato.[1]

A peine la constitution venait-elle d'être octroyée au peuple ionien, que le gouvernement anglais prouvait par des faits patents son dédain barbare pour les infortunés chrétiens que les traités avaient placés sous sa tutelle. Vis-à-vis de Corfou s'élevait au pied des montagnes de Souli la florissante bourgade de Parga, qu'Ali convoitait depuis longtemps. Les Parginiotes, serrés de près par le terrible pacha, se mirent sous la protection du drapeau britannique: mais la mercantile Albion ne vit dans ces suppliants qu'une valeur à négocier: elle vendit à Ali la ville et le territoire pour 150,000 livres sterling: les larmes des Parginiotes furent vaines et quand on annonça l'arrivée des musulmans, ces infortunés

---

[1] Voir Lenormant : Les îles Ioniennes et la Grèce.

chrétiens, résolus à émigrer, n'eurent plus qu'à déterrer les ossements de leurs ancêtres et à s'agenouiller pour baiser une dernière fois la terre qui les avait vus naître. L'affaire de Parga se passait quelques années après que lord Elgin avait, pour prix d'une horloge qu'il donnait à Athènes, démoli le Parthénon et trafiqué de ses marbres.

Deux ans plus tard, cet Ali, auquel on venait de vendre les dieux pénates d'un peuple chrétien, était forcé dans son repaire de Janina par les armées du Grand Seigneur, qu'il avait tant de fois bravées : Ali, dans son désespoir, appelle aux armes les klephtes chrétiens dont il avait jusque là poursuivi avec tant de fureur l'extermination ; le cri de la bête fauve de Janina devint sur les rivages de la Morée un cri de liberté. « Maintenant ou jamais ! » s'écrie-t-on partout dans cette vieille Hellade, à laquelle le poète ionien Solomos venait d'apprendre son premier chant de liberté. Les Ioniens, qui n'avaient point de Turcs à chasser, mais qui gémissaient sous la tutelle avare de l'étranger, ne purent rester spectateurs impassibles des souffrances et des exploits de leurs frères de l'Albanie chrétienne et de la Morée grecque. Plus de 1500 Ioniens vinrent consacrer leur épée sur les autels de la patrie nouvelle, et tous, riches et pauvres, se disposaient à recueillir comme des frères les martyrs de la guerre sainte. Le gouverneur anglais, se faisant le servile instrument de la politique anti-humanitaire des tories, ne vit dans ce magnifique élan d'un peuple entier qu'une misérable conspiration russe et une occasion d'occuper sa police secrète ; il promulgua des ordonnances draconiennes contre les réfugiés et contre les proscrits qui venaient chercher en foule un asile en pays chrétien. Des femmes et des enfants, fuyant la vengeance des Turcs, s'étaient réfugiés en 1822 sur l'îlot de Calamo; le lord gouverneur les en fit chasser et les refoula en Albanie, à la portée des glaives musulmans. Le comte André Métaxas de Céphalonie, le vainqueur des pirates musulmans de Lala, fut banni pour s'être conduit comme lord Byron, et trente paysans zantioles, pris par les Turcs, furent empalés sous les fenêtres du consul anglais, sans que le gouvernement des Sept-Iles fît entendre la moindre réclamation.

L'Angleterre ne devait pourtant point persister dans cette politique à la fois mesquine et barbare. L'arrivée de Canning aux affaires étrangères permit Navarin, et les îles Ioniennes virent de meilleurs jours sous le gouvernement des philhellènes sir Fréderic Adams et lord Seaton. Adams établit des routes, des bibliothèques, des lycées. Seaton accorda à ses administrés la liberté de la presse et des élections, et introduisit comme langue officielle la langue grecque qui remplaça l'italien. Les îles revirent de tristes jours sous sir Henri Ward, qui réprima avec une brutalité sans exemple le soulèvement de Scala à Céphalonie et en profita pour déporter sans jugement une foule d'innocents; mais les martyrs grandissent une cause, et l'année suivante, les députés du Parlement formulaient un décret d'union avec le royaume de Grèce. Le gouvernement anglais lui-même, obligé de reconnaître l'unanimité du sentiment national grec dans les îles méridionales, proposait dans des dépêches secrètes la cession de Céphalonie, Ithaque, Sainte-Maure, Zante et Cérigo et la transformation en colonie anglaise de Corfou et de Paxo, où l'on était, disait-il, plus partagé dan ses sympathies. Chaque année, malgré les dissolutions des Parlements, malgré les déportations et les vexations de la police, le parti rhizospaste ou national gagnait du terrain sur le parti officiel ou protectionniste, et en 1863, lorsque la révolution d'octobre, qui renversa le roi Othon, eut rappelé l'attention de l'Europe sur la Grèce, le gouvernement anglais lui-même comprit qu'il devait en principe abandonner le protectorat des îles Ioniennes ; l'abandon ne fut pas consenti sans quelque arrière-pensée du ministre anglais, qui intrigua beaucoup pour faire élire au trône de Grèce le prince Alfred ou tout autre candidat désagréable à la Russie ; mais la force des choses aidant, l'Angleterre céda enfin au vœu unanime des populations et du Parlement, et le 8 octobre 1863, catholiques et latins, Grecs et Albanais unissaient leurs voix dans un grandiose *Te Deum* en l'honneur de l'union. Les protecteurs montrèrent jusqu'à la dernière heure une mesquinerie toute britannique, et n'évacuèrent la citadelle de Corfou qu'après l'avoir démantelée.

Et maintenant, après quatorze ans d'union avec le royaume, les Ioniens ont-ils lieu de se repentir de leur ingratitude à l'égard de l'Angleterre et de l'unanimité de leurs vœux séparatistes ? Sans doute toutes leurs espérances n'ont point été réalisées : ils souffrent cruellement, eux aussi, de l'instabilité des hommes et des choses qui est le fléau de la Grèce moderne, et plus d'un peut-être regrette le flegme et l'impartialité dédaigneuse de l'administration anglaise. Corfou, descendu au rang de ville de province, a perdu son université, sa petite cour britannique, et ne voit plus, comme au temps des Anglais, son port rempli de vaisseaux étrangers : c'est à peine si elle peut compter comme un mince dédommagement les villégiatures que le roi Georges vient y faire assez souvent. En somme pourtant, si l'on ne tient pas trop exclusivement compte des deux résultats inévitables de l'annexion, la conscription et l'aggravation des impôts, le peuple ionien, surtout dans les îles méridionales, n'a fait que gagner au change ; son commerce débarrassé de la concurrence anglaise et des lourdes entraves du monopole et des douanes, a pris une extension très considérable ; les écoles négligées par le gouvernement anglais se sont relevées; le paysan, favorisé par les institutions démocratiques de la Grèce moderne, tend de plus en plus à devenir propriétaire du sol qu'il cultive ; enfin la vie municipale, pour laquelle les Grecs ont tant d'aptitude, a pris un essor inconnu jusque là et amené à bien des progrès. L'élan national qui a jeté dans les bras des Grecs du royaume leurs frères ioniens, n'était donc point une dangereuse illusion. Sous le drapeau à la croix d'azur sur fond d'argent, les insulaires Ioniens apprendront toujours plus à goûter les nobles jouissances de la liberté et du self-government et à pratiquer les austères devoirs de la vie civique. D'ailleurs ce que Corfou a pu perdre au point de vue commercial, elle le regagnera le jour où cette Albanie chrétienne, qui lui fait face, ensauvagée par la domination turque, domptée par Ali et trahie par l'Angleterre, verra aussi flotter sur ses noirs rochers l'étendard athénien. Corfou ne peut manquer de devenir alors un centre vital et commercial pour tout l'intérieur.

## VII

### Corfou.

Partis du port d'Avlona un peu après midi, nous sommes venus passer la nuit dans la rade de Corfou; vers six heures du matin, une des barques qui accostent le navire nous conduit à terre. Corfou a beau s'appeler Kerkyra dans le langage officiel, elle a conservé quelque chose d'italien dans sa tournure. On s'en aperçoit dès qu'on met le pied sur le rivage. La Grèce ne connaît, il faut le dire à son honneur, ni les mendiants, ni les domestiques de place, ni les facchini; je me souviens d'avoir débarqué à Athènes et de m'être transporté à la gare sans avoir rencontré sur mon chemin aucun de ces importuns domestiques de place dont l'engeance parasite vous poursuit sans relâche dans la plupart de nos villes d'Occident. Ici à Corfou, on se croirait déjà dans un port italien; à peine débarqué, une nuée de soi-disant domestiques de place vous entoure et vous bombarde d'offres de toute espèce; leur impudence, mélangée de je ne sais quelle rouerie orientale, n'a pas son égale, même chez les facchini italiens ; on vous poursuit de rue en rue et on ne lâche prise que devant les menaces les plus significatives.

Des lettres qui nous apportent de doux échos de la patrie nous dédommagent de nos petits ennuis ; stimulés par une brise qui émaille la mer de mobiles aigrettes, nous traversons, d'un pas rapide, la ville pour arriver sur une grande place où s'élève un petit temple circulaire dédié à je ne sais quel lord-gouverneur. La promenade est belle, mais elle s'efface devant la vieille acropole qui la domine de toute la puissance de son relief vraiment attique. C'est peut-être une de ces *ærias Phæacum arces* chantées par Virgile.

Il n'est pas permis de monter à cette citadelle, sur laquelle planent des signaux ressemblant à une grande mâture de vaisseau ; mais on peut librement franchir le pont-levis à la suite d'un de ces élégants soldats, qui perdent sous leur uniforme étriqué quelque chose de la grâce et de la démarche élastique qu'ils avaient sous la fustanelle ; on peut même s'arrêter devant la salle où une musique de régiment fait de louables efforts pour accoutumer l'oreille grecque aux harmonies de l'Occident ; mais, ce qu'il ne faut point oublier, c'est de monter sur un des tertres qui environnent la citadelle. On y jouit d'un coup d'œil splendide sur les ombrages de l'esplanade, sur la ville, l'îlot jaune de Vido, les côteaux sinueux de l'île et la chaîne dentelée des monts épirotes. Cette scène n'est pas seulement un paysage, c'est un problème, car vous avez sous les yeux un des mille aspects de ce Protée insaisissable qui change avec chaque horizon et qui s'appelle la question d'Orient.

Nous sommes ici à la limite de deux mondes, et ces deux mondes ne sont séparés que par un étroit canal de deux lieues. Corfou est une ville de 25,000 âmes ; elle a un musée, de belles places, de magnifiques promenades, de grands hôtels, de hautes maisons, de nombreuses églises, des consulats de toutes les nations, des maisons d'éducation, une musique militaire et un casino ; en un mot, c'est presque une ville d'Occident où l'on sent battre toutes les artères de la vie civilisée. De l'autre côté du canal, sur la côte épirote, qui semble être la rive opposée du même lac, commencent le campement des Turcs et le domaine du Coran. Ces rivages et ces montagnes de la Basse-Albanie, qui semblent endormis sous le ciel bleu, sont-ce des tombeaux à jamais scellés et ne verra-t-on donc jamais ressusciter d'entre les morts Khimara, Parga et Souli ?

Mais pourquoi arrêter nos regards sur ces rivages teints d'un sang à peine refroidi ? reportons-les plutôt sur ces charmants coteaux où le présent n'a point d'amertume et où le passé a tant de grandeur. Chose singulière, mon imagination oublie Thémistocle qui vint chercher ici un asile, Thucydide qui raconta si éloquemment les sanglantes discordes des Corcyréens, Cicéron qui vint pleurer sur cette plage la république vaincue, pour ne plus voir dans Corfou que la ville enchantée d'Alcinoüs et de Nausicaa ; j'ai beau me dire qu'Aristarque a quelque raison de contester l'identité de Corcyre avec la terre des Phéaciens ; pour le moment, Corcyre et Corfou pâlissent pour moi devant la mythique Scheria, tant il est vrai que les fictions, dans lesquelles le génie du poète a coulé la vie, ont plus de prix à nos yeux que les réalités vagues et sommaires de l'histoire. Voici, sur une place dont le soleil incendie la nudité, une vieille colonne dorique marquant l'emplacement de quelque temple corcyréen ; la colonne est belle ; mais que sais-je de ce temple, tandis que je sais par cœur l'histoire de Nausicaa ? Plus loin, c'est le tombeau circulaire de Ménécrate avec sa vieille inscription dorienne, qui fait la joie de l'épigraphiste. Mon ami croque à la hâte le vieux cyprès et la tombe, tandis que je rêve sous les nopals, dont les bizarres raquettes commencent à se charger de boules d'épines d'un glauque triste et dur.

Toute la baie de Castradhes, qui a pu être le port de l'ancienne ville ou Palæopoli, est tapissée de petites maisons d'un blanc qui fait mal tant il est aveuglant ; quelques-unes se teintent de rose et s'entourent de treilles et de pergole tout italiennes ; les campaniles des églises sont à pignon et percés de part en part d'ouvertures où pendent les cloches. Les routes sont aussi poussiéreuses et aussi belles que dans le Napolitain ; le paysage est plus gracieux encore qu'autour de Naples et n'a point ces teintes tragiques que donnent au golfe de Pompéï les laves meurtrières du Vésuve. Arrivés vers la pointe derrière laquelle s'ouvre une nouvelle baie, celle de Kalikiopoulo, nous descendons à travers les ombrages discrets des olivettes jusque sur le rivage de la mer. Mon compagnon tombe de fatigue, car, moins prudents que Nausicaa, nous n'avons pas pris de provisions avec nous ; une paysanne est là avec son enfant ; elle revient sans doute du couvent des Vlachernes, jeté à l'entrée de la baie de Kalikiopoulo sur une espèce de môle naturel ; je lui donne quelques pièces de monnaie avec prière de nous rapporter en échange du pain, du vin et des œufs. Mon compagnon, qui ne connaît les Grecs que par le livre de M. About, sourit de ma confiance ; en attendant, nous nous baignons sur la rive enchantée, précisément en face d'un petit îlot que quelques-uns prennent pour le vaisseau des Phéaciens, pétrifié par Neptune au moment où il revenait de porter Ulysse à Ithaque ; ce qui est certain, c'est que la ressemblance n'est pas purement imaginaire : quelques grands arbres simulent assez bien la mâture, et une église blanche qui couvre l'îlot a l'air d'un amas de voiles jeté au hasard sur un navire immobile. Enfin, notre pourvoyeuse revient avec une bouteille de vin sucré, des œufs et du pain ; mon compagnon en croit à peine ses yeux. Au retour, nous longeons le bord des eaux en suivant de belles falaises molassiques chargées de saxifrages, de cheveux de Vénus et d'énormes graminées qui s'arqueboutent le long des pentes. Dans les retraites des vallons se cachent çà et là d'humbles cottages sur lesquels le souvenir des jardins d'Alcinoüs jette je ne sais quel idéal reflet ; une génisse, belle comme celles que sculptait Myron, apparaît dans le jour oblique du soleil couchant et complète, par la finesse de sa silhouette admirablement éclairée, tous ces petits tableaux idylliques, dignes d'illustrer Théocrite. Le jardin royal de

Georges Ier, situé au sortir des bois d'oliviers, n'est pas trop indigne de ceux d'Alcinoüs ; quant au château, il est admirablement placé et plonge sur la mer ; c'est là que le nouveau roi des Hellènes vient oublier, dans l'élégante cité ionienne, l'aridité d'Athènes et de la politique grecque.

Notre soirée se passe gaîment sur la grande place de la ville, d'abord au milieu de groupes de soldats à la taille de guêpe élégamment serrée dans leur jaquette noire, puis, quand la nuit est là, au milieu d'une véritable fourmilière humaine qui prend son café en plein air, se promène et prête l'oreille aux harmonies un peu criardes d'une musique militaire. Je prends au hasard un journal: j'y trouve un éloge des méthodes gymnastiques introduites à Corfou par un maître suisse. Ulysse, qui battit les Phéaciens dans les jeux gymniques, serait-il lui-même dépassé par nous sur cette terre classique ? Tous les journaux parlent de la guerre et recommandent presque tous la neutralité. Les Hellènes, disent-ils, ont combattu seuls en 1770, en 1821, en 1854 et en 1867, les Serbes seraient donc fort mal venus à se plaindre de n'avoir pas aujourd'hui les Grecs à leurs côtés ; ceux-ci ont été assez souvent follement héroïques pour pouvoir réclamer aujourd'hui les bénéfices d'une conduite prudente. En d'autres termes, on ne croit pas au triomphe prochain des Slaves et l'on attend.

## VIII

### Sainte-Maure et Ithaque.

Le mercredi, 2 août, vers trois heures de l'après-midi, nous nous préparions à quitter Arta, où nous nous avions fait un second séjour à notre retour de Janina, et nous buvions, en compagnie de quelques Epirotes, la traditionnelle tasse de café qui scelle en Orient toutes les bienvenues et tous les adieux ; la chaleur était suffocante. Levés de fort bonne heure, nous avions salué une dernière fois, du haut de l'antique acropole ambraciote, les premiers rayons de ce vieux dieu de la Grèce qui doit s'étonner chaque matin de ne plus éclairer ni temples, ni statues, ni hommes libres, et de ne briller que sur une caserne turque, sur un camp de réservistes albanais et sur un peuple tremblant. Nous avions passé la matinée à prendre des angles, à déployer le ruban d'arpenteur et à rechercher les vestiges des gigantesques murailles qu'assiégèrent le poète Ennius et le consul Fulvius. Vers midi, nous faisons de courtes visites d'adieu à ceux de nos amis qui n'étaient point encore plongés dans les douceurs de la méridienne, et après un léger repas comme en servent les cuisines des caravansérails d'Orient, nous emballons nos effets et nous attendons l'arrivée de nos chevaux. On nous les amène enfin ; ayant eu la chance de trouver des montures de retour pour Salaoura, nous devons faire seuls les quatre lieues qui séparent Arta de son port, ce qui ne nous effraie guère, puisque nous venons de faire sans agoyate et sans encombre le trajet d'Arta à Janina. Nous partons vers quatre heures, accompagnés par les vœux du kjandji et de l'épicier archéologue Patzoiannis, qui avait été pour nous le plus agréable des cicerones.

La route d'Arta à Salaoura traverse une des plus riches contrées que l'on puisse rêver. Le chemin est bordé de bambous qui s'élancent à vingt pieds de hauteur et laissent retomber élégamment leurs grandes feuilles gladiolées que le cavalier heurte en passant ; çà et là s'ouvrent à travers la porte entre-bâillée des jardins de soudaines échappées sur l'austère verdure des citronniers ; partout l'eau jaunâtre des canaux mord les souches crevassées des oliviers sur lesquels grimpent d'énormes sureaux : la vigne enlace autour des haies ses festons aériens, comme si elle voulait utiliser la lumière et l'espace et soulager la terre de son poids. Mais à une lieue de la ville, les scabieuses géantes remplacent les bambous, la campagne se vide et les oliviers sont seuls à faire sentinelle le long de la route. Passé Aniso, les alluvions de l'Aracthus ne sont plus qu'une lande couverte d'épineux. Heureusement nos chevaux sont les meilleurs que j'aie jamais eus en Orient ; un mot, et nous trottons de longs quarts d'heure sans arrêts. Enfin on arrive dans des lagunes stériles et la route se transforme en une chaussée pierreuse fort désagréable à suivre.

Salaoura, qui se montre tout à coup au détour du chemin, est une des plus misérables échelles de la Grèce ; c'est ici, en face des sévères montagnes du Valtos acarnanien, que se passa un des drames les plus affreux qu'ait à enregistrer l'histoire d'ailleurs si tragique de la Grèce moderne. Au commencement de 1798, Ali en était encore à flatter ses bons amis les Français, qui le prenaient de bonne foi pour un fervent adepte des nouvelles idées ; mais déjà il songeait à les trahir et à s'emparer des villes du golfe d'Arta, objet de ses perpétuelles convoitises. Il lance à l'improviste son fils Mouktar avec 9000 Albanais contre la ville de Prévéza, défendue par ses timides habitants et par quelques centaines de Français. Les Français tombèrent en braves sur la plaine de Nicopolis ; les notables Prévézans furent pris et condamnés à être décapités un à un. Le pacha vint de Janina pour assister à cette exécution ; il s'installa sur la galerie du khan de Salaoura pour mieux voir, et ne permit point au bourreau à bout de forces d'interrompre sa sanglante besogne.

Le khan où nous entrons avec la nuit est si triste et si sale que nous préférons nous installer en plein air en attendant l'heure de mettre à la voile pour Prévéza ; mais, hélas ! tout se tait, les vents et Neptune sont sourds à nos vœux. Le patron de la barque, prévoyant qu'il faudra recourir au dur travail de la rame, hêle les voyageurs bien longtemps avant minuit, heure ordinaire du départ. Nous nous entassons au nombre de dix sur le pont d'un petit caïque ; mais c'est en vain que le capetanios s'efforce de saisir dans sa voile le souffle imperceptible que nous envoie la terre qui fraîchit ; au bout d'une heure, nous sommes encore en vue de Salaoura ; les mariniers saisissent alors les rames et se mettent à fatiguer la mer immobile en s'accompagnant dans leur dur travail de chansons d'amour. Pour moi, je trouve Morphée aussi inexorable que Neptune ; les cordages et les jambes des passagers m'empêchent de m'étendre tout de mon long, et j'achète par une longue insomnie le plaisir de naviguer sur une si belle mer et en face de si belles montagnes ; les ballades anacréontiques de nos rameurs me font songer à Horace, qui, lui aussi, se plaint d'avoir été bercé sur le bac immobile des Marais Pontins par les chansons amoureuses des bateliers avinés ; mais lui du moins dormait... Enfin nos mariniers, plus sobres que ceux d'Horace, font tant et si bien que l'aube nous montre Prévéza blanchissant sur la côte qui fait face à Actium. De Prévéza, où nous ne faisons qu'une halte de quelques minutes, un caïque grec nous emmène à Sainte-Maure, l'ancienne Leucade ; la mer fraîchit et nous atteignons en peu de temps les passes d'Amaxikhi. Leucade, qui a vingt lieues de tour, n'est pas, tant s'en faut, dépourvue d'intérêt pour le voyageur. Les habitants, au nombre de 17,000, sont de purs Hellènes ; grâce à la proximité de l'Acarnanie, dont ne les sépare qu'un canal creusé de main d'homme, ils ont conservé, plus que les autres Ioniens, les caractères de l'indigénat hellénique. Au temps des Turcs, les klephtes de l'Acarnanie et de l'Epire trouvaient chez eux un refuge assuré, toutes les fois que les frimas ou les ennemis les chassaient de leurs repaires ou liméris : le peuple de Leucade faisait fête à ces hommes que la fierté de leur regard, leur accoutrement belliqueux et leur fustanelle brunie désignaient à tous les yeux comme les fils indomptés de la libre montagne ; mais quand venait mai, le klephte s'élançait avec bonheur vers ses rochers, brisant peut-être, hélas ! des liens déjà bien doux. Une chanson grecque exprime cette situation avec un naturel parfait : « Maintenant est mai, maintenant est la rosée, maintenant est l'été, maintenant l'étranger peut retourner parmi les siens. Il prend, il selle son cheval noir : il le prend et le ferre. Il met des fers d'or et des clous d'argent ; il met ses éperons, ceint aussi son épée ; il dit adieu à ses amis et à toutes ses connaissances, et sa belle l'interroge avec des yeux pleins de larmes : — Tu vas partir, mon seigneur, et moi, où me laisses-tu ? — Je te laisse à ta mère, à tes amis, aux tiens ; et moi je vais trouver mes parents (frères d'armes). — Prends-moi, mon seigneur, mène-moi là où tu iras, pour que je te prépare à manger afin que tu dînes, que je fasse le lit afin que tu dormes, pour que je lave tes pieds dans le bassin d'argent. — Là où je vais, ma fille, les jeunes filles ne vont pas, la route est longue et a beaucoup d'amertume. On ne fait pas la cuisine pour manger, on ne fait pas de lit pour dormir, on ne lave pas les pieds dans un bassin d'argent. Reste, mon enfant, dans ta maison, reste chez tes parents, et s'il arrive que je revienne encore, tu seras mienne. — Moi, je ne t'oublierai jamais, tout le temps que je vivrai. »

Pendant la guerre de l'indépendance, les volontaires de Sainte-Maure inscrivirent leurs noms à côté de tant d'autres dans les fastes glorieux de la guerre sainte, et aujourd'hui c'est un Leucadien. Valaoritis, le chantre inspiré des klephtes de la vaillante Epire, qui tient en mains le sceptre de la poésie néohellénique. Leucade n'est pas non plus sans souvenirs de l'antiquité; mais le plus intéressant et le plus romanesque assurément de ces souvenirs est le Saut de Sapho, où les amants malheureux venaient chercher dans la mort ou dans les émotions du danger la fin de leurs tourments. Ne nous figurons point toutefois qu'il y ait jamais eu encombrement sur le rocher de Leucade; les Grecs d'autrefois ne croyaient guère à l'amour inconsolable; leurs fils sont comme eux, et l'on ne peut guère citer dans l'histoire de la Grèce moderne qu'un seul exemple de suicide inspiré par l'amour!

Hélas! les plus poétiques souvenirs ne sauraient tenir en échec notre impatience de voir Ithaque, ou nous défendre contre le sommeil qui nous gagne en plein midi. Le lendemain, nous allions au-devant du bateau grec qui ne vient pas mouiller dans la rade, mais s'arrête à une heure de là, dans le canal d'Acarnanie, près du fort Saint-George. Ce canal était célèbre dans l'antiquité sous le nom de Dioryctos; c'étaient les colons corinthiens, lors de leur établissement à Leucade, qui l'avaient ouvert en pratiquant une tranchée de trois stades de long. Là s'élèvent, près d'une charmante source et dans un bois d'oliviers, les ruines de la ville hellénique, ancienne capitale de l'île; temples et portiques sont remplacés aujourd'hui par de grands monticules de sel qui ont presque l'air de tumuli funèbres.

Le navire que nous montons, l'*Heptanésos,* chemine presque aussi vite que le vaisseau légendaire des Phéaciens qui transporta Ulysse de Schérie à Ithaque dans l'espace d'une nuit; du reste, nous sommes sur le bateau en pays civilisé et nous nous jetons avec avidité sur les petites feuilles volantes qui s'appellent en Grèce des éphémérides. Les Serbes sont-ils sur la route de Constantinople et les Monténégrins à Scutari, comme l'espéraient les turcophobes de l'Epire? On n'ose plus guère y compter, mais il n'est bruit partout que de la capture d'Osman-Pacha, et les Grecs ne cachent pas leur satisfaction; on est quelque peu jaloux des Slaves, mais on applaudit de grand cœur à tout échec des Turcs. Voici, non loin de nous, un grand prisme rocailleux qui se détache en plein soleil. Est-ce Ithaque? Non, c'est un écueil désert, c'est Atoko. Bientôt nous voyons se dresser de l'autre côté, à notre droite, une île imposante qui ressemble à une grande échine de marbre rétrécie de loin en loin : cette fois c'est bien Ithaque, la moderne Thiaki ; touristes, marins, fonctionnaires en voyage de déplacement, tout le monde s'approche et regarde, car il est certains noms, Athènes, Rome, Jérusalem, Troie, qui exercent sur tous les hommes un prestige vainqueur et réveillent le poète qui dort ou qui sommeille en chacun de nous. Singulière magie des grands souvenirs, qui fait que pour beaucoup l'Afrique est un vain nom et Ithaque un monde! et cependant l'île d'Ulysse n'est qu'un infime îlot, un atome de rocher perdu dans le grand peuple des archipels grecs, au milieu de cette Grèce qui elle-même n'est qu'un point sur la surface terrestre. Cette métamorphose que Minerve faisait subir à son favori Ulysse, lorsqu'elle transformait le naufragé couvert d'écume en un guerrier de prestance superbe et divine, la poésie homérique la réalise pour ces écueils rocheux que la nature a semés comme à la volée dans les eaux des Cyclades ou de la mer Ionienne ! Ithaque restera à tout jamais un poëme d'héroïsme, de foi et d'amour, et les vagues qui battent son promontoire sembleront toujours être comme un harmonieux écho des chants d'Homère !

A mesure que nous avançons sur ces flots dont chacun semble porter à son front une aigrette de lumière, nous voyons se dresser avec plus de majesté la masse rocheuse du Nériton ; elle émerge du sein même des flots et ressemble à un monstre marin à la croupe couverte d'écailles grises ; les flots de la mer, remués par de douces palpitations, ont l'air de jouer sous son ombre dans les molles sinuosités de ses flancs, tandis qu'une frange de nuages étincelants, semblables à de l'argent en fusion, couronne son grand dos dénudé. Est-ce la vierge Athéné qui se dissimule sous ce virginal rideau ?

Le coup de sifflet du bateau nous fait promptement retomber dans les ennuis de notre existence nomade ; tandis que nous cinglons dans le golfe intérieur de Molo, qui échancre Ithaque dans sa région moyenne et se creuse dans la solide charpente de l'île les baies de Vathy et de Dexia, nous rassemblons nos bagages et nous nous préparons à descendre. Sur le quai du port nous cherchons en vain quelque Minerve déguisée en pâtre qui nous accueille et guide nos pas ! nous ne voyons qu'un aubergiste, habillé à la franque, qui nous interpelle en italien et s'empare de nos bagages pour les porter à la douane. Notre hôtelier Linardakis n'est pas un aubergiste pour rire ; il a deux chambres à donner et de vrais lits où l'on peut s'étendre tout de son long ; de plus, il vous sert à manger tout ce que vous voulez, à condition que vous ne demandiez que du pain, du vin, des œufs et des poulpes marines !

Dès le soir, nous faisons connaissance avec l'héritière du grand nom d'Ithaque, l'humble bourgade de Vathy, qui a bien 2500 âmes et quelques centaines de masures d'un blanc aveuglant. Tout le paysage est empreint d'une grâce sévère, presque triste. Figurez-vous un grand amphithéâtre élevant ses gradins rocheux au-dessus d'une arène bleue que soulèvent de légères pulsations, semblables aux battements de la vie dans le corps d'une vierge endormie ; vers l'est, l'enceinte est plus effacée, plus fuyante, tandis que vers l'ouest elle se redresse en un véritable bastion dont les créneaux juchés à quelques centaines de mètres au-dessus de l'eau grandissent singulièrement le tableau. Sur ce dessin aux traits vigoureusement marqués, la nature a porté mille teintes diverses qui le remplissent sans troubler nulle part la pureté des lignes ; ici, c'est la verdure sérieuse des vignes et des oliviers qui forme des masses continues vers le village de Parachora, au sud-est de Vathy ; ailleurs, ce sont des taches noires qui accusent la maigre stature des cyprès ; presque partout, les teintes ocreuses de la terre végétale qui se marient à la grisaille uniforme des rochers, au bleu plus profond de la mer et à l'azur plus pâle du ciel. L'homme n'est guère indiqué, au milieu de ce paysage, que par l'écharpe de maisons blanches qui enserre le piédestal des monts, par les caïques qui déploient leurs voiles fouettées par la brise du soir et par les grands moulins à vent qui gesticulent sur les promontoires rocheux. Bref, sauf la présence de la mer et l'absence des fleurs et des bois épais, je me croirais dans ma patrie, tant le paysage est plein de cette gravité recueillie qui fait rêver le voyageur au sein des montagnes de l'Helvétie. Ce cirque de rochers exerce sur l'homme qui l'habite ce même attrait mystérieux qui retient sur ses montagnes le pâtre helvétique; comme leur ancêtre Ulysse, les Ithaciens modernes visitent les cités des hommes qui habitent au loin et apprennent à connaître leurs mœurs; mais, comme lui aussi, au sein des grandes cités et des enchantements du plaisir, ils rêvent à leur Ithaque et souhaitent de revoir un jour la fumée qui s'échappe des toits de Vathy ou d'entendre comme nous le son de la cloche qui tinte et appelle les chrétiens à la prière du soir !

Le lendemain de notre arrivée, nous nous mettons en quête, devinez de quoi ?.... d'une *Odyssée !* Hélas ! nous eussions mieux fait de nous pourvoir avant d'aborder au rivage d'Ulysse. Les députés d'Ithaque, auxquels nous portons nos lettres de recommandation, font fouiller les bibliothèques des savants de Vathy ; beaucoup possèdent des paraphrases de l'*Odyssée* en grec moderne, mais bien peu l'original ; enfin, on nous apporte un grand in-quarto de Froben, imprimé à Bâle vers 1520; impression, papier, reliure, tout est archaïque, et n'était le poids de ce compagnon de voyage, nous ne nous plaindrions pas trop de lui voir cette tournure antique. Désormais notre plan de voyage est fait; nous allons suivre Homère ou plutôt Ulysse pas à pas; nous gravirons avec lui les sentiers raboteux, comme lui nous interrogerons les grottes et les rochers, nous aurons comme lui à nous défendre contre les molosses à la voix retentissante, et, une fois accueillis chez l'hospitalier Ithacien, à répondre à ces mille questions que la curiosité grecque n'a jamais épargnées au voyageur. Bien souvent on nous demandera, comme jadis à Ulysse : d'où êtes-vous? comment êtes-vous venus ici? car je ne pense pas que vous soyez venus à pied dans notre île!

Notre premier pèlerinage homérique nous mène à la Grotte des nymphes; le héros Ulysse, qui connaît les violences des prétendants, prend ses précautions; il va, avec l'aide de Minerve, transporter les présents que lui ont faits les Phéaciens dans un antre qui s'ouvre dans le rocher, non loin de la mer. « Ayant ainsi parlé, la déesse entra dans la grotte obscure, cherchant un lieu secret; et Ulysse y porta aussitôt l'or et le dur airain et les beaux vêtements que les Phéaciens lui avaient donnés. Il les y déposa, et Pallas, fille de Zeus tempétueux, ferma l'entrée avec une pierre. » Après avoir gravi le promontoire qui sépare la baie de Molo de celle de Dexia, nous entrons dans un de ces moulins à vent qui, à défaut d'arbre, servent d'abri contre les rayons du soleil; malgré le bruit assourdissant des meules, nous parvenons à nous faire comprendre des travailleurs et l'un d'eux nous conduit au travers des rocailles jusqu'au portail de la grotte, qui se dissimule sous un rocher que rien ne distingue de ses voisins. Nous entrons par l'ouverture destinée aux mortels; car, moins heureux que Thiersch, nous ne découvrons qu'un seul orifice assez bas, en forme d'ogive ; le guide qui nous accompagne allume quelques ramilles dont la clarté pétillante découvre toute la hauteur de la rotonde que soutiennent de toutes parts de robustes pilastres ; une rampe précipiteuse conduit dans un second appartement; c'est ici sans doute qu'est le *thalamos* des nymphes ; c'est ici que sont rangés les cratères et les amphores de marbre dont parle le poète, ici que s'ourdissent sous la main des Naïades ces toiles de pourpre dont les longues draperies descendent le long des voûtes en replis scintillants.

Si l'on se rappelle que Minerve indique à Ulysse la grotte comme étant *à la pointe du port*, derrière un olivier aux rameaux épais, et qu'elle lui donne deux entrées, une du côté du nord, l'autre du côté du sud, on aura quelque peine à mettre Homère d'accord avec la réalité des lieux. Strabon, l'admirateur enthousiaste du poète de l'Odyssée, s'est vu forcé de recourir à l'hypothèse d'un tremblement de terre pour expliquer les changements qui se sont produits dans les lieux. Que m'importent en ce moment les querelles des topographes, et combien j'aime mieux cette géographie naïve, enfantine, pittoresque d'Homère, toute pénétrée d'un religieux respect pour la nature, que les froids et secs inventaires de ceux qui l'ont suivi et qui ont voulu le corriger. Qu'importe qu'on me montre à l'autre extrémité de l'île une autre grotte qui revendique avec des titres presque aussi sérieux le nom de Grotte des nymphes ? Il me suffit d'avoir devant moi un antre qu'ont peut-être vu Homère et les poètes homériques, qu'ont visité certainement les Grecs des temps mythologiques et où ils ont laissé le parfum de leurs inimitables créations.

## IX

### Les sites d'Ithaque et les Ithaciens.

Marathia est le nom que l'on donne à un plateau pierreux qui repose sur les falaises du sud-est de l'îlot. Ithaque, au reste, est tout entière en promontoires et en plateaux ; nulle part le rivage ne s'y prélasse en plages de sable ou en grèves étendues ; nulle part on ne saurait tirer bien loin sur la rive les nefs guerrières, comme le faisaient les Grecs devant Troie. Du nord au sud, de l'est à l'ouest, le rocher pend partout en longues parois et n'offre aux hommes, pour y placer leurs demeures, que des plateaux mal nivelés ou de rocailleux amphithéâtres. Marathia, juché à mi-côte du mont Stefano qui remplit le lobe sud de l'île, est ce que l'Odyssée appelle un *périskeptos choros,* une station visible au loin, un excellent poste d'observation pour qui craint les pirates ou les larrons ; c'est là que la tradition place la demeure du fidèle porcher *Eumée*, qui avait quitté la ville d'Ithaque pour ne plus voir l'insolence des prétendants.

Après avoir déposé ses richesses en lieu sûr, Ulysse, métamorphosé en triste vieillard, s'engage, guidé par Minerve, sur le chemin raboteux qui doit le mener auprès de son fidèle serviteur. Nous aussi, nous cheminons par un beau soir sur le même sentier, ne pouvant avoir un dieu pour nous guider, nous n'avons pas même pris un compagnon mortel pour nous montrer notre route. Il est si doux d'aller tout seul à la recherche des habitacles de la gloire, comme disait Châteaubriand. Sans guide et livré à vous-même, vous êtes forcé de tout regarder, de tout voir, vous n'oubliez rien, tout se grave dans l'esprit comme une découverte inattendue, et si vous vous égarez, si vous vous trompez de route, qu'importe ! l'erreur même a ses charmes et ses aimables surprises. Je ne sais, cher lecteur, si vous avez jamais été dans la situation où nous nous trouvons ce soir, courant un peu au hasard dans d'illustres solitudes, avec quelques provisions et une couverture sur le dos, à la recherche de souvenirs antiques, d'une source d'eau fraîche et d'un olivier touffu pour abriter notre sommeil. Je ne saurais dire à combien d'idées étranges et de poétiques associations d'idées se laisse aller notre esprit. Nous voilà d'un bond retombés dans la vie primitive, dans la vie homérique, qui n'est autre chose qu'un doux et perpétuel commerce avec la nature. La société et la civilisation n'existent plus pour nous ; nous nous trouvons désormais face à face avec l'inconstance du ciel et la douce mélancolie des nuits, avec la pluie et la rosée, avec le vent et les orages ; notre vie, naguère prosaïquement réglée, redevient ce qu'elle était dans les origines des âges, toute spontanée, toute remplie d'imprévu, de poésie et de touchante simplicité ; il semble qu'un voile tombe de devant nos yeux, et nous laisse voir tout à coup les riches et mobiles décors de la poésie antique.

Le sentier qui mène de Vathy à Marathia est d'une variété d'aspects qui nous attache et nous fait oublier les aspérités du terrain. Des bassins chargés d'une opulente végétation d'oliviers et de sombres caroubiers se succèdent les uns aux autres sans interruption, mais partout se montre le sol teinté d'orange avec ses monceaux de cailloux et ses grises aspérités. A gauche, le regard s'arrête tantôt sur quelque îlot désert, tantôt sur les falaises de l'île auxquelles le soleil couchant jette un pompeux adieu ; tout près du chemin, des vendangeurs étalent sur des lits de paille les grappes serrées et violettes. A mesure que l'on monte, les oliviers se font plus rares et semblent craindre les brutales atteintes des brises qui battent de tous côtés les côtes d'Ithaque. Arrivé au sommet du promontoire, on découvre à ses pieds, du côté du sud, quatre ou cinq découpures que la mer vagabonde a ciselées dans le marbre du rivage ; au loin se dressent les monts d'Acarnanie chargés de leur nimbe de nuages. La mer, qui remplit tout ce qui dans l'horizon n'est pas montagne ou écueil, est à peine ridée par la brise de terre qui secoue les troncs séculaires des oliviers ; tout ce paysage, où l'on ne voit rien qui rappelle l'homme, a un cachet de sérénité et de grandeur reposée qui contraste avec la vulgaire animation et les teintes criardes de nos horizons. A partir du col s'étagent de larges terrasses encadrées de rochers auxquels le crépuscule prête des teintes sévères; heureusement nous avons avec nous un de ces précieux *symboles* qui protégeaient les anciens voyageurs : c'est le nom de *Théocharis,* de Mounda, écrit sur notre livret de voyage par la main du médecin de Vathy.

Nous approchons de quelques cabanes blanches qui animent à gauche et à droite les bois d'oliviers ; un chien aussi bruyant mais plus pacifique que ceux d'Eumée, s'élance au-devant de nous ; un homme, puis deux sortent d'un enclos de pierres ; nous les interrogeons ; nous sommes sur les terres ou plutôt sur les vignes de Théocharis ; sur les vignes, dis-je, car les chênes qui couvraient toutes ces montagnes au temps d'Homère ont disparu et fait place aux oliviers et aux grands vignobles, dits de Corinthe. Au lieu de porchers, nous avons autour de nous des vendangeurs qui viennent passer ici tout le mois d'août pour faire la cueillette. Mais pâtres ou vendangeurs, qu'importe ! on vit ici à peu près comme y vivait Eumée. Nous avons avec nous du vin, des œufs et du pain, on nous donne de l'eau et nous voilà en plein banquet homérique. Notre hôte, Théocharis, n'a rien de commun avec Eucharis, nymphe de Calypso; c'est un petit vieillard à l'air doux et tranquille ; il nous raconte qu'il est l'ami du médecin de Vathy ; il appartient sans doute au même clan, car Ithaque a encore aujourd'hui trois clans, les Pétaliadhes, les Karaviadhes et les Dendrinadhes, répartis dans les trois districts principaux de l'île. C'est à peu près tout ce que nous tirons de notre hôte, qui n'a que des notions fort primitives sur Eumée et la Grèce antique : quant aux deux ou trois vendangeurs qui ont établi leur petit campement sous les oliviers et dans le vignoble de Théocharis, ils se plaignent amèrement.... de la conscription ; l'un d'eux, comme Ulysse avant son départ de Troie, se lamente de devoir bientôt quitter son Ithaque pour aller servir comme soldat.

Malgré les offres hospitalières de Théocharis, nous sommes décidés à coucher à côté de nos vendangeurs, à l'abri d'un mur de vigne et la tête appuyée sur un chevet de pierre. Ce fut notre meilleure nuit à Ithaque ; la lune avait tant d'éclat qu'elle me faisait songer à ce voyageur qui revendique pour le ciel du midi les clairs de lune et ne laisse au nord que les apparences de lune (les Mondscheine), et puis, dans nos courtes insomnies, ne pouvons-nous pas nous figurer que nous sommes des Endymions et que la reine des nuits se fait si belle à notre intention ?

Avant même que l'Aurore montrât à l'horizon ses doigts de rose, nous étions debout et nous descendions la falaise qui borne la terrasse du sud. Nous arrivons après vingt minutes d'une descente pénible dans le fond d'un ravin que remplissent des lentisques, des chênes épineux et des arbousiers ; au-dessous de nous, le ravin continue et va aboutir à une petite crique fermée par le petit îlot de Parapighadi, que la mer semble avoir détaché de la rive pour le modeler et l'arrondir à son gré ; les parois du ravin sont formées de schistes calcaires hardiment entassés ; ces schistes sont coupés perpendiculairement par une crevasse assez profonde, dont une verdure épaisse recouvre les bords ; cette crevasse n'est autre chose que le lit d'un torrent, aujourd'hui desséché, qui remplit la gorge de sa voix retentissante pendant les courts mois d'hiver ; les eaux assemblées sur le plateau de Marathia tombent alors d'un bond le long du rocher perpendiculaire de Corax, où elles ont laissé, après leur passage, un sillon rougeâtre ; puis, cheminant sous de sombres tentures de feuillage que respecte l'hiver, elles font un second saut sur un second escarpement, et passent rapidement à côté d'Aréthuse pour continuer jusqu'à la mer leur course tourmentée. C'est dans cet escarpement, à quelques pas au-dessus d'un sentier qui prend la côte en écharpe, que se creuse la cavité moussue où dort l'onde sacrée d'Aréthuse. A un mètre en avant de cet orifice se dessine l'arc à moitié brisé de la niche qui encadrait la fontaine ; des restes de murs peu anciens s'observent entre la cavité et la niche ; quant à l'eau que distille le rocher, elle est aujourd'hui, comme au temps d'Eumée, fort agréable à boire, très fraîche et légère, comme disent les Grecs ; elle guérit toute espèce de maux et ce serait grand dommage vraiment de la donner à boire aux troupeaux. Ceux qui ont vu l'Aréthuse syracusaine oublient bien vite à Ithaque la prosaïque fontaine murée qui sert de lavoir aux bavardes descendantes des commères de Théocrite ; la véritable Aréthuse est pour eux l'Aréthuse d'Ithaque avec sa gorge embaumée toute remplie d'un silence solennel que troublent à peine les oiseaux de proie qui tournoient dans le vide ; on dirait que la fontaine a suspendu son doux babil parce qu'elle attend quelqu'un ; ce quelqu'un est-ce le vieux berger Eumée, est-ce Télémaque ou quelque Satyre des bois ? Le site est peut-être encore plus beau en hiver, lorsqu'une cascade blanche argente le rocher du Corax et que le soleil éclaire de ses lueurs un peu pâles les calcaires assombris et l'éternelle jeunesse des lentisques et des chênes. Je ne sais, mais Aréthuse délaissée et muette m'en dit plus sur Homère et sur la Grèce en deuil que les bruyants et torrentueux vallons de sa sœur, la Néda arcadienne.

Et maintenant, faut-il croire, car c'est en vain que nous espérions pouvoir échapper à cette vieille fille qui s'appelle la critique et qui se plaît à gloser sur tout, faut-il croire que le pighadi ou puits de Marathia est bien réellement l'Aréthuse chantée par Homère, la source jaillissante où le porcher vient abreuver ses 960 porcs à la dent éclatante ? On a remarqué que si le plateau de Marathia est admirablement placé pour servir de campement à des pâtres, la source d'Aréthuse en est par trop éloignée ; on ajoute que la descente du plateau à la source est singulièrement précipiteuse, surtout pour des troupeaux, et l'on n'imagine guère qu'Eumée ait taillé un sentier praticable dans le roc : tout cela est fort plausible, mais quand je vois ce plateau de Marathia si bien exposé, ce rocher perpendiculaire visible de fort loin, surtout de la mer; cette gorge encaissée où un dieu a enfoui le trésor caché d'une source; que je songe à la rareté de l'eau dans cette Ithaque qui n'a guère à opposer au pighadi de Marathia qu'une seule source moins favorablement placée, je m'obstine, malgré quelques difficultés de détail, à chercher la station d'Eumée sur le plateau rocailleux de Marathia, la source d'Aréthuse dans la niche verte où dort une paresseuse Naïade, et le rocher homérique du Corax, dans les sombres escarpements qui nous dominent. Quand je lis qu'Ulysse, pour inspirer confiance à Eumée, demande qu'on le jette, s'il est menteur, du haut de la roche voisine, je ne puis m'empêcher de mesurer de l'œil la hauteur des abruptes rochers que contourne notre pénible sentier. Revenu sur la terrasse, je cause encore quelques instants avec Théocharis, à l'ombre des oliviers et au milieu de quelques murs cyclopéens que de trop dociles imaginations pourraient prendre pour les douze étables que le porcher avait bâties pour ses troupeaux. Si une chapelle byzantine, moins ferme sur sa base que les murs antiques, n'était là pour m'avertir de mes anachronismes, je serais tout disposé à lancer à la tête de Théocharis ahuri quelques vers de l'Odyssée et à le prendre à son choix pour le divin porcher Eumée ou pour l'artificieux vieillard à qui le destin avait enseigné tant de ruses.

Exacte ou non, la poésie homérique a un mérite plus grand que l'exactitude; elle nous donne la vérité idéale des choses, elle peuple la solitude, elle embaume d'un éternel parfum tout ce qu'elle touche, elle fait pour ces lieux ce que les dieux homériques faisaient pour les mortels qui leur étaient chers, elle jette sur eux le nuage doré du souvenir !

La silencieuse gorge d'Aréthuse nous révèle la vie des pâtres d'Homère; où retrouver quelque chose de la vie des vaillants preux achéens, sinon sur l'acropole qui portait le palais d'Ulysse et qui retentissait sans cesse du bruit des chants, des danses et des joûtes guerrières? Mais cette acropole elle-même où la chercher? Les savants se sont divisés sur cette question comme sur tant d'autres. L'Anglais Gell, qui vint à Ithaque en 1806, l'année même où Châteaubriand débarquait à Athènes, fut conduit tout droit à des ruines cyclopéennes qui couronnent l'isthme rocheux d'Acto (l'Aigle). Cet isthme est comme le nœud vital de l'île, le point de jonction de ses deux lobes. La forteresse cyclopéenne, qui de ses murs démantelés en escalade péniblement le sommet, commande l'île tout entière et pousse ses bastions sur le port de Molo à l'est et sur celui de San Spiridion à l'ouest. C'est là que nous nous rendrons d'abord.

Nous prenons la route du nord, qui s'élève en corniche au-dessus des ports de Vathy et de Dexia et suit de près les sinuosités du grand golfe intérieur de Molo; nous cherchons en vain sur notre chemin une touffe de fleurs dont les tendres couleurs reposeraient nos yeux de tout ce peuple de nopals et d'arbustes épineux qui hérissent les rochers; le soleil de juillet a tout tué, les moelleuses corolles se sont flétries, l'arbre et l'épine ont seuls survécu et contribuent à donner à tout ce qui nous entoure cette fermeté de tons et ces contours nerveux qui distinguent les paysages grecs ; le saphir chatoyant de la mer répand seul un peu de velouté sur tous ces paysages marmoréens.

Avant d'entreprendre la pénible ascension de l'Aeto, nous nous arrêtons dans une cabane d'où l'on découvre le canal de Viscardo et les jaunes sommets de Céphalonie ; quelques porcs familiers semblent prendre à tâche de nous rappeler les voyages d'Eumée et le tribut qu'il apportait chaque jour aux prétendants. Nous entrons dans la cabane ; on nous offre du raisin et des figues fraîches ; nous causons avec le fils de la maison qui s'appelle Dimitri, comme la moitié des Grecs ; il a fait toute l'école hellénique, et pour prouver qu'il sait écrire, il me demande une plume et griffonne son nom sur mon calepin ; mais il n'est pas arrivé assez loin, me dit-il, pour lire Homère. On nous parle beaucoup d'un savant Allemand du nom de Schmidt, qui a logé quelque temps dans la masure, et qui n'est, s'il faut en croire Dimitri, jamais monté jusqu'au château d'Ulysse.

Un sentier abrupte serpente au milieu des rochers gris, puis disparaît pour faire place à ces pistes incertaines que les chèvres laissent partout sur les pentes pierreuses des montagnes grecques ; nous supplions en vain la mer du regard pour lui demander un peu de brise ; tout est calme et sans bruit ; l'on n'entend ni les mélodies des chalumeaux, ni les mugissements des troupeaux. C'est l'heure où le dieu Pan n'aime point à être troublé par des bruits indiscrets. En gravissant cette pente ardue, on ne peut s'empêcher d'admirer la constance des prétendants de Pénélope, qui faisaient cette route chaque jour, et d'excuser presque le savant allemand qui se contenta d'examiner de fort loin le château d'Ulysse. Enfin, après une pénible ascension de près d'une heure, nous touchons au sommet de la resplendissante citadelle. Ce sommet n'est pas une terrasse, comme on pourrait le croire : c'est une arête aiguë, semée de blocs énormes et frustes, que des géants seraient à peine de taille à remuer ; on voit pourtant aux deux extrémités nord et sud des restes de tours et de murailles, deux citernes, dont l'une est remplie de pierres et l'autre de verdure, des murs polygonaux qui descendent de plusieurs côtés sur les pentes de la colline et semblent avoir constitué tout un système de fortifications. L'intrépide Schliemann, préludant ici à ses fouilles en pays épique, a remué, la pioche à la main, la pellicule de terre qui recouvre çà et là l'arête: il en a sorti quelques vases anciens qu'il croit contemporains de Pénélope et de Laërte; d'un autre côté, les monnaies et les autres débris prouvent que le fort a été habité jusque dans les bas temps ; on le croit volontiers, puisque cette position est la clef de l'île toute entière.

Sommes-nous dans les pénates d'Ulysse ? est-ce ici qu'il faut chercher avec de doctes Allemands la grande muraille qui entourait la demeure princière, la cour où l'on jouait et où l'on dormait pendant la belle saison, l'appartement des hommes où venaient s'asseoir devant des tables séparées les 108 prétendants, et le discret thamalos d'où Pénélope ne sortait que pour contenir l'impatience de ses persécuteurs ? Est-ce ici que nous devons marquer l'emplacement de l'autel de Zeus Erkeios, de la niche du chien Argus et du lit nuptial taillé par Ulysse dans un tronc d'oliviers et dans lequel Le Chevalier trouve si plaisamment la preuve de l'identité d'Homère et d'Ulysse ? Mais alors où placer la ville même d'Ithaque, que le poète semble désigner partout comme voisine du palais et comme située au même niveau ? Quoi ? ce serait par ces pentes abruptes et ignorées du poète que les prétendants auraient pendant dix ans de suite, chaque soir, malgré le sommeil et le vin, regagné leur chemin à la lueur trompeuse des torches ?

On peut sans doute chercher, pour y placer le palais d'Ulysse, d'autres ruines qui se heurtent à moins de textes homériques ou à moins de difficultés topographiques; ce qui est certain, c'est qu'on ne trouvera nulle part dans l'île de site plus romantique et plus grandiose. Si Ulysse a régné sur Ithaque, il devait avoir ici tout au moins un château fort ; ce château fort était sa Mycènes, mais une Mycènes telle qu'elle convenait à un roi insulaire. D'ici le souverain des mers pouvait embrasser d'un seul coup d'œil tout son petit royaume, à l'ouest Céphalonie, vers laquelle on peut pour ainsi dire étendre la main; devant lui et derrière lui toute la croupe d'Ithaque avec ses montueux renflements, puis le golfe de Molo, les écueils d'Atoko et de Méganisi, la lointaine Acarnanie où paissaient ses troupeaux, puis partout, au nord et au sud, à l'est et à l'ouest, la mer d'où venaient pour lui la gloire et les dangers, la richesse et la mort, la mer qui se marie si bien avec la montagne dont elle caresse toutes les saillies.

Et Pénélope ! emprisonnée comme une chatelaine antique dans ces appartements élevés qui lui servent d'asile contre les insultes de ses bruyants adorateurs, comme j'aime à me la représenter jetant de mélancoliques regards sur cette mer immense où elle espère voir poindre un jour quelque voile blanche ; hélas ! cette mer n'est pas seulement la demeure des Polyphèmes mangeurs d'hommes, c'est aussi le domaine des Sirènes, le séjour enchanté de ces immortelles qui promettent à son époux d'éternelles ivresses en échange de la passagère beauté d'une Pénélope. Puis, si nous suivons pas à pas le poète, que de scènes à évoquer depuis l'heure où une déesse vient s'asseoir à la table de Télémaque, dans la cour du palais jusqu'à l'heure où l'exilé revient à son foyer, mendiant et rêvant à sa vengeance ! si l'on pouvait en croire les imaginations de ceux qui confondent la poésie avec les chroniques, on pourrait même se hasarder à montrer l'endroit où Pénélope s'entretient avec le malheureux étranger et pleure un époux assis à ses côtés !

Jetons un dernier coup d'œil sur ces rochers gris, sur ces terres de teinte orange que l'Ithacien dispute comme un trésor précieux à la pluie et aux vents, sur ce ciel plus beau que la terre, sur cette mer à l'infini sourire où se balance le rhythme harmonieux des vagues ; puis quittons l'Aeto pour rejoindre sur le flanc est le chemin pierreux qui escalade une montagne voisine et court ensuite vers le nord de l'île au milieu de terrasses cultivées. Nous franchissons l'arête médiane de la chaîne et nous découvrons du côté de Céphalonie les grandes pentes du mont Néritos, pacifiquement éclairées par un soleil qui n'a plus rien d'ardent. A mesure que l'on descend obliquement ces escarpements, les racines de la montagne se recouvrent de superbes oliviers au milieu desquels les champs déjà moissonnés s'allument de teintes oranges. Le paysage est du plus grand style et d'une pureté de lignes admirable ; à notre gauche est le canal de Viscardo, secoué par de légères pulsations ; à la fois large et étroit, calme et mouvementé, comme moulé dans les plis d'airain d'Ithaque et de Céphalonie, ce détroit a les beautés réunies d'une mer, d'un lac et d'un fleuve ; flancs du Néritos, profils de Céphalonie, bois d'oliviers semés çà et là, tout est empreint à cette heure du jour de cette grandeur calme et de cette simplicité grandiose qui caractérisent tout ce qui est grec. Nous voyons fumer à côté de nous les cabanes d'Agianni (St.-Jean) ; c'est ici sans doute qu'était le champ de Laërte, où le vieillard souffrait seul avec une vieille femme qui lui servait à manger et à boire, toutes les fois qu'il s'était fatigué à parcourir sa terre fertile plantée de vignes.

Et nous, ferons-nous comme Laërte ? reposerons-nous comme lui sur le sol d'une vigne fertile, comme nous l'avions fait sur le plateau de Marathia ? Malheureusement nous n'avons point de provisions et la marche a singulièrement aiguisé notre appétit. Tout près de nous est le village de Lefka, bâti en amphithéâtre sur les fertiles terrasses du mont

Néritos et à une certaine hauteur au-dessus de la mer; chaque maison a son champ de blé et son verger d'oliviers et de caroubiers. La nuit est déjà tombée, et il n'est que temps d'arriver. Nous trouvons le pappas du village assis sur un tronc d'arbre près de la chapelle de la paroisse: il nous indique tout près de là le bakal où nous trouvons des œufs, du vin, du pain et des raisins. C'est dans ce village de Lefka que M. Schliemann a accompli un de ses exploits de rhapsode homérique, dont il aime à entretenir ses lecteurs. Avant d'arriver au village, l'heureux voyageur fut entouré d'Ithaciens qui le questionnèrent; pour satisfaire leur curiosité, il leur lut deux cents vers du dernier livre de l'Odyssée, le récit de la reconnaissance de Laërte et d'Ulysse. L'enthousiasme fut immense; on le porta en triomphe au village, où chacun voulait lui donner l'hospitalité. Il dut lire encore à ces fanatiques la moitié d'un livre de l'Odyssée, du haut d'une table dont il s'était fait une tribune. Tout le monde pleura et le voyageur ne quitta ses auditeurs qu'après les avoir embrassés tous. Quant à moi, voyageur sans foi, je ne cherchai point à gagner à Lefka les éphémères lauriers du rhapsode; à moins de choisir son auditoire, on risquerait de voir l'Homère antique aussi peu compris des Ithaciens que la chanson de Roland des paysans normands.

Le lendemain, nous quittons le village de Lefka, après avoir payé quatre drachmes d'écot, comme il convient à de modestes touristes. Au bout d'un quart d'heure, nous distinguons à notre gauche, dans le détroit de Viscardo, un petit rocher blanc flottant, sur l'eau qu'il dépasse à peine ; cet îlot, le seul qui se trouve dans le détroit, porte le nom de *Dascalio ;* on lui donnait dans l'antiquité celui d'Astérie, car on l'identifiait avec l'îlot où les prétendants, placés en embuscade, attendaient Télémaque. Suivant Homère, l'îlot a deux anses ; mais Dascalio n'est aujourd'hui qu'un misérable rocher où l'on ne saurait amarrer une barque. Il faut s'y résoudre ; si les lieux étaient autrefois ce qu'ils sont aujourd'hui, le chantre de l'Odyssée a fait ici œuvre de poète et subordonné la vérité topographique à la vraisemblance idéale.

Nous découvrons bientôt la charmante baie de Polis, qui s'abrite sous une montagne de forme arrondie. La petite baie est à cette saison transformée en véritable port ; une foule nombreuse d'hommes et de femmes sont occupés à charger les barques qui transportent au dehors les raisins de l'île : quelques jeunes gens nous conduisent au pied de la montagne, où le propriétaire des calyvia voisins a creusé des fondations et mis au jour quelques objets antiques, entre autres de grandes dalles qui recouvraient probablement un tombeau. Nous nous contentons de regarder de loin les murs perchés à mi-hauteur de la montagne ; pour Leake, c'est là que trônait Ithaque, bâtie, comme dit le poète, au pied du Néion ombragé. Il faut bien le dire, s'il y a deux Troies, deux Pergames, deux Scamandres et deux Simois, il y a aussi deux villes d'Ithaque, deux forteresses d'Ulysse, deux Aréthuses et deux grottes des Nymphes. Les Ithaciens du nord ou Exoïtes ont l'amour-propre aussi développé que les gens de Vathy ; n'ont-ils pas sinon les meilleurs ports, du moins la plus fertile plaine de l'île, les meilleures oranges et le raisin le plus apprécié? et pourquoi ne revendiqueraient-ils point, aussi bien que les gens de Vathy, le glorieux héritage des souvenirs homériques?

En touristes consciencieux, nous nous résignons à tout voir : ce n'est pas sans peine toutefois que nous trouvons un guide, car la chaleur est déjà accablante, et les Ithaciens prennent depuis le protectorat anglais tout étranger pour un lord cousu de guinées. Ni les Vénitiens, ni les Anglais n'ont daigné doter cette partie de l'île d'une chaussée passable; heureusement le sentier malaisé que l'on suit a quelque peu d'ombrage. On passe d'abord devant les *calyvia*, où devait se trouver dans l'hypothèse de Leake le palais d'Ulysse avec le thalamos visible au loin; peut-être la chapelle voisine de Saint-Elie a-t-elle remplacé un bosquet d'Apollon où les prétendants venaient, suivant le poète, se livrer à des jeux d'adresse. Un peu plus loin et un peu plus haut apparaît un puits creusé dans la roche : c'est l'*eau noire,* le *Mélanhydro,* peut-être la source où se rendaient chaque jour les vingt hydrophores de Pénélope, et devant laquelle Eumée et Mélanthius s'arrêtaient pour invoquer la Naïade du lieu. Bientôt nous dépassons *Stavro,* le village de *la croix,* placé au point de partage des eaux et à l'intersection des trois vallées qui descendent aux ports de Polis à l'ouest, de Frickès à l'est, d'Aphalès au nord-est.

La chapelle de Saint-Athanase, au-dessous du village d'Exoi, est un des points les plus intéressants de l'île ; si Smyrne montre le Mélès, aux bords duquel naquit Homère, si Nio montre son tombeau, les Exoites réclament pour eux l'école où enseignait le poète de l'Odyssée. La chapelle Saint-Athanase ou école d'Homère est élevée sur de fortes assises antiques, sur lesquelles on reconnaît encore la trace des scellements qui liaient la maçonnerie. Ces vieux murs n'ont pas seulement à porter le poids de l'église, ils ont encore à se défendre contre les chênes-verts qui les transpercent de leurs jeunes racines et s'efforcent de faire éclater leurs parements caduques ; le rocher qui soutient tout cet échafaudage de jeunesse et de vétusté est lui-même percé de quelques niches d'où les ex-voto ont depuis longtemps disparu ; des marches d'escalier assez grossièrement taillées descendent dans les vignes voisines, où l'on reconnaît les traces d'un pavé et d'un puits antiques. Ces oliviers, ces chênes-verts, ces vieux murs, ces niches vides, cette chapelle chrétienne héritière d'une gloire disparue, tout cet ensemble forme un de ces tableaux charmants comme la Grèce seule en présente ; malheureusement l'intérieur de l'église a été badigeonné à neuf par les soins du prêtre Vréto, comme nous l'apprend une inscription grecque décernée sans doute à titre de récompense. Que dirait de cette profanation Pallas, l'antique patronne du lieu ?

Après avoir rendu une courte visite au député *Pillikas*, qui fait ses vendanges à Stavro, nous nous acheminons par un mauvais sentier vers le port de Frickès, d'où un caïque part tous les jours pour Vathy, à midi, à 1 heure, à 2 ou à 3 heures, suivant le temps et le vent. Frickès est pour les Exoites l'ancien port de Phorcys, où les Phéaciens débarquèrent Ulysse ; ils ajoutent même que le nom n'a guère changé depuis le temps d'Alcinoüs. Une assez grande activité règne dans l'humble rade, le bakal est plein de gens qui jouent aux cartes, attendent le caïque, ou se livrent à cette passion qu'ont tous les Grecs pour la causerie. Tous ces mariniers ont l'air de fort braves gens, mais ils n'ont guère le respect des usages, ni le culte de la politesse ; ils boivent dans votre pot, chuchotent en vous regardant, vous servent le café dans des tasses non essuyées ou bien vous apportent du vin dans des cafetières. Nous demandons qu'on nous rôtisse un poisson, mais le cafedji juge apparemment que nous ferions mieux de manger plus tard ; au bout de deux heures, rien n'est prêt, et nous avons tout le loisir d'examiner le petit port, qui est une véritable vasque taillée dans le calcaire étincelant. A peine quelques oliviers couvrent-ils çà et là la brillante nudité des rochers ; à droite, c'est-à-dire du côté du sud, le port est barré par une puissante arête qui descend par soubresauts du mont Néritos, et présente une succession de dentelures bizarres ; on croirait voir un monstrueux escalier, ambitieusement entassé par des géants, tant les rochers s'emboîtent étrangement les uns dans les autres ; deux moulins à vent agitant vers le ciel leurs longs bras ajoutent encore à l'étrangeté de ce profil.

Une fois ce promontoire doublé, la mer se fait plus profonde, et notre caïque est bientôt emporté vers Vathy avec une incomparable vitesse ; les mariniers n'ont rien perdu à attendre ; le vent du nord soufflant à notre gouvernail enfle et tord les voiles ; voici déjà le Nériton, puis *Anoi*, le chef-lieu du dème des Néritiens, comme dit la nomenclature officielle; nous nous couchons au fond du bateau pour nous défendre contre le vent et les vagues qui fouettent avec violence notre embarcation ; sans que nos mariniers, à la face hâlée, aient besoin de donner un seul coup de rame, nous franchissons en moins d'une heure les trois lieues qui séparent le port de Frickès de celui de Vathy !

Nos pèlerinages homériques sont terminés ; Homère en main, nous avons retrouvé ses fontaines, ses grottes, ses rochers et ses ruines, enveloppés de cette lumière que la Grèce a gardée à travers tous les âges comme la consolation de sa servitude, en même temps que transfigurées par la brillante auréole des souvenirs. Ce que nous avons fait pour la nature, nous devrions l'essayer pour les hommes ; mais, hélas ! si les paysages restent et si les pierres défient jusqu'à un certain point les injures du temps, les hommes et les mœurs changent.

Que sont aujourd'hui les Ithaciens ? Des parchemins anciens disent que l'île, complétement déshabitée vers l'an 1500, fut, sur l'appel de Venise, colonisée par des immigrants de la race slave ; c'est donc une illusion que de prendre les Ithaciens actuels pour les fils des âges homériques et de leur chercher des traits de ressemblance avec leurs prétendus ancêtres : mais il n'en est pas moins intéressant de les étudier ; si la race est nouvelle, le ciel, les horizons, la mer, le genre de vie, rien n'a changé depuis vingt siècles, et toutes ces mystérieuses influences réunies ont peu à peu imprimé à l'homme nouveau la marque antique. « Les habitants d'Ithaque, dit M. Schliemann, sont francs et loyaux, chastes et pieux, hospitaliers et charitables, vifs et laborieux, sympathiques et expansifs, propres et soigneux. A peine est-on assis auprès d'un Ithacien qu'on connaît déjà toute sa biographie et son histoire. Lorsque, dans mes voyages en Orient, je rencontre un Ithacien et que je lui demande : De quelle partie de la Grèce êtes-vous? il me répond : Par les dieux, je suis Ithacien. Il y a presque dans chaque famille une fille du nom de Pénélope et des fils du nom d'Odysseus et de Télémaque. Jamais je n'ai vu un mendiant à Ithaque. »

Si ce tableau enthousiaste était vrai, il faudrait admettre que les servantes infidèles, le mauvais chevrier Mélanthius et l'insolent Antinoüs n'ont pas laissé de descendants à Ithaque, et que depuis Homère les Ithaciens sont devenus semblables aux Phéaciens d'Alcinoüs, et plus voisins des dieux que des hommes. Toute illusion mise à part, il faut avouer qu'Ithaque et les Ithaciens font une impression favorable sur le voyageur, surtout lorsqu'il sort de la sauvage Epire. Malgré son exiguité, Vathy est une aimable bourgade. Le quai demi-circulaire qui borne le port se transforme le soir en un square animé; les cinq ou six cafés qui s'y échelonnent sont assiégés de consommateurs rangés dans un pittoresque désordre autour de grossières tables de bois; le café, la semada ou orgeat et la bière de gingembre sont les seuls articles de consommation demandés. C'est là que nous nous rencontrons avec un médecin qui parle le français comme un Parisien et avec les deux députés d'Ithaque, dont l'un est un grand propriétaire et l'autre un ancien consul au service de l'Angleterre, puis du royaume hellénique. Entré à l'âge de dix-sept ans dans l'administration du gouvernement protecteur, M. Caravia resta pendant quelque temps commissaire de la douane à Ithaque; puis il fut nommé vice-consul d'Angleterre à Prévéza, à Attalia, à Smyrne, à Yassi; lors de l'annexion des îles en 1863, il donna sa démission et servit le gouvernement du roi Georges en Egypte, à Candie, à Philippopoli, où il écrit des articles remarqués sur le schisme bulgare; nommé successivement à Mansoua, à Rhode, à Jaffa, à Trébizonde, il se garde bien de quitter son Ithaque et se présente aux élections qui suivirent la dissolution de la chambre Bulgaris. Nommé député d'Ithaque avec M. Pillikas, il s'en va mordre au fruit amer de la politique athénienne; deux sessions parlementaires le dégoûtent et lui font regretter la vie indépendante du consul. Trop de députés, trop de fonctionnaires, un suffrage universel vicié et habilement exploité par les intrigants, tels sont les maux dont la Grèce souffre comme tant d'autres pays; elle a en outre deux causes de faiblesse qui arrêtent l'élan de ses progrès: d'un côté, elle souffre du défaut absolu d'industrie et d'exploitation intelligente du sol, dont les corollaires nécessaires sont la pauvreté générale et l'absence d'une bourgeoisie éclairée et indépendante; de l'autre, elle étouffe dans les frontières qu'on lui a assignées et elle se sent à peine le courage de travailler son modeste champ, parce qu'elle se voit injustement frustrée du champ voisin plus grand et plus fertile. Notre député est de ceux qui pensent que l'incorporation de l'Epire, de la Thessalie et des îles donnerait à la Grèce plus de force, plus d'activité sérieuse, plus de stabilité : au lieu d'un seul poumon qui lui permet à peine de respirer librement, elle en aurait deux ; en retrouvant ces plaines nourricières où ont grandi les premiers peuples de la Grèce, elle retrouverait les bras qu'elle a perdus sur le lit de Procuste de la diplomatie ; enfin son humeur vagabonde aurait un heureux contrepoids dans la solidité morale des populations de l'Olympe et du Pinde. Le Grec est de sa nature impatient de ce qui est, sans cesse préoccupé d'un mieux souvent chimérique ; avec la Thessalie, l'Epire et la Crète, il ne serait peut-être pas encore satisfait, mais il aurait du moins la pleine possession de soi, un champ d'activité plus vaste et des frontières plus fortes ; sans doute, on le verrait alors consacrer aux travaux de la paix quelque chose de cette activité fiévreuse qui se consume jusqu'ici en vains désirs et en vagues aspirations.

Les Ithaciens ont, comme les Ioniens en général, bien des traits de ressemblance avec les Italiens ; ils sont décidément moins foncièrement Orientaux que les Grecs du royaume. C'est ainsi qu'on chercherait en vain dans Ithaque les gracieux costumes de la Grèce, les vieillards eux-mêmes ont l'habit franc et ne se distinguent des jeunes gens que par l'ampleur bizarre de leurs couvre-chefs démodés. Les chansons italiennes semblent avoir passé l'Adriatique depuis longtemps et bien qu'Ithaque ne soit point une île musicale comme l'harmonieuse Zante, on y entend toutefois retentir le soir sur les grèves de la mer les mélodies des mariniers italiens. La domination vénitienne a également introduit une plus grande liberté dans les rapports extérieurs des deux sexes ; si les dames Corfiotes ont presque tous les priviléges des Napolitaines, celles d'Ithaque ont encore gardé quelque chose de la réserve timide des femmes du Péloponnèse. On ne voit les jeunes Ithaciennes qu'après la nuit close, lorsqu'elles se promènent sur le quai du port, en compagnie de leur père ou de leur frère; leur toilette est toujours fort simple et il n'y a de brillant en elles que leurs yeux un instant allumés dans la pénombre du soir.

Les Ithaciens sont naturellement d'un caractère sérieux ; ils sont même si sérieux qu'ils en deviennent quelquefois hypocondres ; Ithaque est peut-être avec Céphalonie le pays grec qui paie le plus fort tribut à la folie ; la maison d'aliénés de Corfou est toujours pleine, me dit-on, et Vathy possédait au moment où nous y étions un fou furieux qu'on avait dû enchaîner et confiner dans une masure publique près de la douane. On se demande vraiment pourquoi les Ioniens sont incomparablement plus disposés aux maladies mentales que leurs frères du continent, chez lesquels la folie est une rareté inouïe. L'intempérance est inconnue ici aussi bien que dans le reste de la Grèce et ne saurait rien expliquer ; peut-être faut-il s'en prendre au climat, peut-être aussi les Ioniens ne sont-ils pas aussi réfractaires que les autres Grecs aux passions dévorantes et aux fortes émotions.

Encore aujourd'hui les Ithaciens sont d'excellents navigateurs ; leur marine, favorisée par les guerres de l'Empire, a pris dès le commencement de ce siècle un essor incomparable ; le développement un peu comprimé par le protectorat anglais a repris depuis lors. Les Ithaciens aiment, comme leur ancêtre Ulysse, les lointains voyages et les aventureuses expéditions ; ils ont pour spécialité, non comme la plupart des autres Grecs, le commerce de la caravane, mais le transport des blés à l'embouchure du Danube ; leurs comptoirs sont presque tous à Galatz et à Braïla. Aujourd'hui le Danube voit naviguer sous le pavillon d'Ithaque, non point douze barques pontées comme au temps du divin Ulysse, mais bien vingt à trente grands navires de charge appartenant à des associations coopératives de petits capitalistes qui prêtent leurs économies et de mariniers qui donnent leur travail.

Aimer sans jamais s'attacher, admirer et s'étonner sans jamais s'éprendre, couper sans pitié les fils mystérieux que chaque jour tisse autour de nos cœurs, tel est le triste lot du voyageur ; à cette vie là, on devient fort ou indifférent, on grandit ou on se fane. Après une semaine de pèlerinages homériques, je me sentais lié par une mystérieuse chaîne à ce rocher stérile et nu, choisi par les anciens à cause de cette nudité même pour devenir le symbole éclatant de la patrie. J'aurais voulu pouvoir dire à mon compagnon de voyage : Arrêtons-nous ici et jouissons. Mais le Parnasse nous appelle et le terme de notre voyage est déjà si près ! Au moment de remonter sur l'*Heptanésos*, je cherchais à graver dans mon esprit et dans mon cœur les traits de cette île immortelle, comme on aime, au moment de la séparation à emporter avec soi l'image d'un être qu'on chérit. Heureux ceux qui peuvent bien voir d'un coup d'œil, et qui n'ont pas le temps de laisser quelque chose de leur âme à tant d'illustres reliques ! Pour moi je suis de ceux qui ont besoin de regarder longtemps pour bien voir et d'aimer pour connaître; pour eux, s'intéresser c'est s'émouvoir ; quitter, c'est se séparer, et le souvenir s'imprègne toujours du breuvage amer du regret.

## X

### De Patras à Delphes

La baie de Patras n'a pas beaucoup de rivales au monde : Céphalonie, qui s'élève vers le ciel comme un autel qui fume, la grande lagune où l'on devine Missolonghi et le tombeau de Botzaris; le profil tourmenté des monts étoliens, qui ont l'air de blocs arrachés à un temple colossal, la mer immense qui se ferme vers Naupacte pour se rouvrir en un vaste golfe, puis, sur l'heureuse côte du Péloponnèse, des vignes à perte de vue, des figuiers, des bois d'oliviers et de cyprès, luxuriantes oasis qui contrastent avec l'aspect rébarbatif des montagnes de la rive opposée, tout cela forme un tableau qui n'a pas grand'chose à envier au golfe d'Athènes. Malheureusement, si la commerçante Patras avec ses 30,000 âmes et son port rempli de navires peut servir d'encouragement à ceux qui espèrent en la Grèce. elle ne saurait être un séjour de prédilection pour un touriste; pour nous, elle a trop d'habits francs et trop de comptoirs, trop peu de fustanelles et trop peu de ruines; de plus elle a, à la saison où nous sommes, pour proche voisine la fièvre et pour lot perpétuel une atmosphère embrasée.

Après y avoir passé une nuit d'insomnie, nous nous rembarquions sur le navire de l'*Heptanésos*, qui fait aussi le trajet de Patras à Corinthe. De Patras à Ægium tout est encore nouveau pour moi; ici c'est Naupacte qui échelonne ses maisons grises et ses sombres créneaux sur une colline où croissent pêle-mêle des nopals épineux; plus loin, passé le détroit des Petites Dardanelles, c'est le golfe de Corinthe qui nous berce doucement sur ses flots apaisés. Bientôt paraît Ægium, gracieusement posé sur une haute falaise dont les rouges parois sont rongées par les eaux et percées de chemins couverts. Quelques mois auparavant, j'avais vu le port et les magasins d'Ægium déserts et je n'avais trouvé un peu d'animation qu'autour de l'immense platane qui abrite seize sources légendaires et servit de prison à maint captif turc. Ægium a dans son mouillage toute une petite escadre de vaisseaux anglais qui viennent y prendre des chargements de raisins. La patrie du pudding paie à elle seule en factures de raisins la moitié de ce que la Grèce tire de ses exportations, soit vingt millions de francs; si, par impossible, quelque révolution emportait les puddings, la Grèce, déjà si pauvre, serait du même coup réduite à l'indigence ; heureusement pour elle, les Anglais ne sont guère changeants, surtout en fait de cuisine. Quelques embarcations, qui accostent le navire, emmènent plusieurs passagers et en amènent de nouveaux qu'accompagnent jusque sur le bateau leurs amis ou leurs connaissances ; mais je cherche en vain M. Panagiotopoulos, qui m'avait reçu chez lui lors de mon précédent voyage.

Un coup de sifflet se fait bientôt entendre, et en voguant au large, nous voyons se dérouler devant nous la chaîne des monts achéens, appuyés sur la grande muraille arcadienne que forment l'Erymanthe, les Aroaniens et le Cyllène. La zone des vignes n'a que quelques kilomètres de large, puis des courbes brusquées annoncent le relief puissant des monts de l'Achaïe : par une coïncidence bizarre, ces monts, au pied desquels Ægium sèche ses vendanges, sont comme pétris de ces roches rougeâtres que les géologues appellent conglomérats ou puddings : des gorges transversales assez profondes les coupent de loin en loin et livrent passage à de nombreux torrents, entre autres à ce fameux Crathis qui porte gaîment à la mer l'onde infernale du Styx. La contrée est, comme la Béotie, remarquablement riche en cavernes, qui étaient le siége ordinaire des oracles ; la plus célèbre de ces parages était la grotte de l'Hercule de Bura ; aujourd'hui la plus connue est la *Grande-Grotte,* où est logée l'église du *Mégaspiléon,* le plus grand des monastères du royaume. Au-dessus de la vallée de Mégaspiléon ou de Calavryta s'élèvent des monts à moitié cachés dans les nuages noirs : c'est de là que tombe sur le versant sud le long voile vaporeux du Styx. Le golfe a le même aspect que lors de notre premier voyage : de grandes nuées voilent le Parnasse à la hauteur des *calyvia* d'Arachova ; mais le golfe est relativement calme et le trajet agréable.

Où que vous soyez en Grèce, vous ne voyagez jamais seul, l'histoire et la fiction vous font partout un invisible cortége de dieux ou de héros ; ici sur ce golfe qui portait jadis le nom de Crissa, nous avons pour compagnon Apollon lui-même. Apollon fit la même route que nous, alors que, transformé en dauphin, il conduisait vers le sanctuaire de Delphes un vaisseau étranger monté par des prêtres crétois. O surprise ! au moment où nous sommes nous-mêmes en vue de Delphes, des dauphins nous entourent ; ce sont sans doute de fidèles compagnons de route que le dieu nous envoie pour nous conduire vers ses rivages ; on dirait des coureurs du stade pythique, impatients d'arriver à la borne, tant ils mettent d'acharnement à défier notre vapeur ; mais bientôt, satisfaits sans doute de nous voir sur la bonne route, ils exécutent un dernier bond et disparaissent dans la profondeur de l'eau. Nous stoppons un instant devant Galaxidi. Galaxidi n'a que quelques centaines de maisons, mais une population industrieuse et deux cents petits bâtiments qui font la caravane sur tous les rivages méditerranéens.

La scala di Salona ou l'échelle de Salona (Amphissa) est un pauvre amoncellement de baraques et de magasins ; cette échelle, si insignifiante qu'elle soit au premier abord, n'en dessert pas moins tout le commerce de la Grèce du nord avec le sud; c'est ici qu'aboutit la route commerciale de Salonique à Patras, et c'est à peu près le seul port du royaume où l'on voie de longues enfilades de chameaux, comme dans les environs de Smyrne. Décidément, le chameau n'est pas fait pour la Grèce, et sa disgracieuse silhouette produit un effet étrange au milieu des lignes sobres et sévères du paysage environnant. L'échelle porte aussi le nom d'Itea ; elle le doit à un saule qui abritait dans le voisinage, de concert avec un platane et un peuplier, une source d'eau pure ; aujourd'hui le platane et le saule ont disparu, et il ne reste plus que le peuplier.

La malédiction prononcée par les Amphictyons contre la terre de Cirrha semble encore peser sur cette grève dénudée. Itea, en effet, n'est qu'à quelques minutes des ruines de Cirrha, qui était le port le plus important de toute la contrée. Les Cirrhéens vexèrent les étrangers qui venaient en pèlerinage à Delphes et les soumirent à un tribut. Les Amphictyons intervinrent et sur les instances du sage Solon la guerre fut déclarée aux Cirrhéens par le peuple de l'amphictyonie ; elle dura dix ans, comme les guerres de Troie et de Véies, et se termina par un stratagème assez puéril que rapporte Pausanias. On détourna le canal qui apportait l'eau à Cirrha et on l'empoisonna avec l'hellébore : les habitants, en proie à une violente diarrhée, furent obligés d'abandonner les remparts, qui tombèrent aux mains des assiégeants. La lutte avait été longue et les Amphictyons se vengèrent cruellement : la ville fut détruite, le port comblé, les habitants vendus, leur territoire consacré, selon le vœu de l'oracle, aux dieux adorés à Delphes ; au temps du touriste Pausanias, c'est-à-dire plus d'un siècle après le Christ, la plaine était encore en terrain de pâture et n'avait pas un seul arbre. Pour célébrer la chute de la ville impie, on institua des jeux et on éleva non loin de Cirrha un grand hippodrome ; à Delphes même il n'y avait qu'un stade ; on courait au pied des roches Phédriades, mais on se livrait aux exercices du sport sur la terre maudite de Cirrha.

En Grèce, grâce au caractère tout-à-fait laïque des prêtres et des cultes, les guerres de religion ont été heureusement rares et elles ont toujours été provoquées par Delphes. Cette petite cité, choisie entre toutes par Apollon, formait une sorte d'Etat de l'Eglise et ses prêtres étaient toujours prêts à défendre les intérêts du dieu ; leurs demandes d'intervention n'étaient pourtant pas toujours favorablement accueillies du conseil laïque des Amphictyons, qui représentait les peuples du nord de la Grèce. C'est ainsi qu'on laissa les Locriens d'Amphissa s'établir en usurpateurs sur le sol consacré, y élever des fours à briques et y cultiver des terres. L'invective violente d'Eschine, orateur stipendié par le parti macédonien, força les Amphictyons à voir ce qui se passait et Philippe trouva, grâce à Delphes, un prétexte pour entrer en Grèce et sauver la religion menacée.

La plage d'Itea est toujours encombrée de muletiers et même de cochers, à l'arrivée des bateaux de Corinthe et de Patras ; l'un d'eux se charge de mes bagages jusqu'à Delphes, pour la modique somme de deux francs ; mais mon compagnon et moi nous nous acheminons gaîment sur la grande route d'Amphissa. Cette route, une des meilleures du royaume, est la seule voie carrossable que possède la Grèce du nord, en dehors de l'Attique et de la Béotie ! Au bout de quelques minutes, on arrive à deux promontoires rocheux qui s'avancent à la rencontre l'un de l'autre et forment comme une porte spacieuse au travers de laquelle passe la route. L'un, celui de l'ouest, est la dernière projection du *Kiona* de Locride, la plus haute montagne de la Grèce libre, l'autre, le Mitikas, ou nez, est le dernier cap du Cirphis qui sépare le Parnasse de la mer. C'est ici qu'il faut quitter la route, et c'est ici aussi que commence à se dérouler la plaine bénie de Chryso : représentez-vous un immense fleuve de verdure qui se divise en deux courants et remonte deux longues vallées, celle d'Amphissa au nord et celle du Pleistos ou de Delphes à l'est. Ici l'olivier se partage le sol avec la vigne, dont les grappes déjà mûres sont défendues par des garde-champêtres juchés sur des pigeonniers et immobiles comme des sentinelles ; bientôt l'olivier accapare tout l'espace et enfonce ses troncs bossués par l'âge dans un sol déjà jauni. De même que la vue de la Messénie explique les convoitises opiniâtres de Lacédémone, on s'étonne moins, en voyant cette plaine fortunée, que les Delphiens et les Amphisséens aient été en perpétuelle contestation sur les limites respectives de leur territoire.

Les escarpements du Parnasse, visibles depuis le golfe, se rapprochent, et sur la première terrasse apparaît Chryso, le *village d'or*. Nous laissons à gauche le chemin, et, marchant directement vers le promontoire méridional qui porte les ruines de l'ancienne acropole, nous rencontrons des fours à briques semblables à ceux qui avaient scandalisé Eschine : une ascension laborieuse de quelques minutes nous amène sur l'acropole de Stefani, la *couronne* ; cette acropole, longtemps négligée par les touristes, n'est rien moins que la citadelle de la ville homérique de Crissa, dont il est parlé dans l'Iliade et dans l'hymne qui est adressé à Apollon Delphien. « Et le royal archer Apollon sauta hors de la nef des Crétois, semblable à un astre au milieu du jour, et d'innombrables étincelles jaillissaient de lui, et la splendeur en montait jusque dans le ciel. Et le dieu pénétra dans le sanctuaire vers les trépieds vénérables, et il y mit le feu, manifestant ses signes : l'éclat de la flamme enveloppa Crissa tout entière. Les femmes des Crisséens et leurs filles aux belles ceintures poussèrent des cris au choc de Phébus et une grande terreur saisit chacune d'elles. » Crissa, qui avait précédé Delphes et Cirrha, périt de bonne heure, et Pausanias y passa sans la nommer.

Les murs de la citadelle de Crissa comptent aujourd'hui parmi les plus vénérables débris de l'architecture cyclopéenne de la première époque, telle qu'elle se montre à Tyrinthe ; les matériaux employés sont plus petits. Une chapelle consacrée aux Quarante-Saints s'élève solitaire au bord du rocher et offre un coup d'œil féerique : le regard tombe à pic sur un grand fleuve d'oliviers dont les petites feuilles argentées frissonnent sous le souffle de la brise du soir. Le bois d'oliviers de Chryso es une des merveilles de la Grèce ; c'est pour moi l'image parfaite de ce que devait être un bois sacré de l'ancienne Grèce. Presque partout, sauf à Athènes, vous ne rencontrez plus aujourd'hui que des oliviers isolés luttant péniblement contre un sol caillouteux ; quant au grand bois de Colone, il semble bien artificiel avec ses jardinets et ses cottages, à côté de la forêt de Delphes ; ici vous avez devant vous un peuple innombrable d'arbres, dont chacun, comme les citoyens d'une ville grecque, a son port et son individualité : la forêt tout entière ne forme qu'une immense tenture, qui remplit exactement tout l'intervalle des deux montagnes; elle n'est point complétement silencieuse et ressemble à une agora d'où monte la clameur confuse d'un peuple entier ; des milliers de cigales y jettent leur cri-cri altéré, dont les notes monotones et accumulées forment un concert bizarre qui ajoute à l'impression étrange de l'ensemble. Décidément les cigales ont bien dégénéré, ou bien les anciens n'avaient pas le même goût musical que nous ; la cigale, qui était, grâce à sa face ridée, l'emblème de la vieillesse, personnifiait aussi pour eux la musique. M. Ampère prétend qu'il ne faut point juger des facultés vocales de la cigale par celle d'Italie, celle de Grèce étant incomparablement plus mélodieuse. J'avoue ne pas avoir assez d'oreille pour saisir les nuances entre les différents chants nationaux de cet insecte cher à Minerve.

Chryso, hélas ! ne mérite plus le nom de village doré. L'année 1870, fatale à la France, l'a aussi été à la vallée de Delphes ; tout le bassin du Pleistos a été secoué par un affreux tremblement de terre, qui a jeté bas l'église d'Arachova, tué plus de vingt personnes dans le village, presque anéanti Kastri et causé d'énormes dégâts à Chryso. Heureusement Chryso a gardé ses sources et ses magnifiques plantations, et l'on voit s'élever çà et là des groupes de maisons blanches qui ont sans doute remplacé d'antiques masures de terre, semblables à celles qui composent aujourd'hui le village de Kastri. Si la journée n'était pas si avancée, j'irais voir nos amis de Chryso ; l'année précédente, j'y avais passé deux fois et fait bonne connaissance avec le dimarque et une diserte institutrice de Salonique, alors fort irritée contre les mauvaises langues qui peuplent la *sainte* Crissa, comme disait Homère. Hélas ! les Delphiens avaient déjà cette réputation il y a deux mille ans ! le bavardage a survécu à toutes les révolutions et à tous les tremblements de terre.

A partir de Chryso, le chemin est détestable et s'élève en zig-zags sur ce premier contrefort du Parnasse qui forme les roches Phédriades au-dessus de Delphes ; au-dessus et au-dessous de soi, on entend le grelot des mules qui s'excitent et pressent le pas ; nous rencontrons sur le sentier notre agoyate qui revient de Kastri, où il a déposé nos bagages chez le cafetier Panagioti. Enfin, au bout d'une heure de montée, nous arrivons sur un cap de roches rougeâtres qui porte les fortifications élevées par le général phocidien Philomèle ; au moment où l'on contourne le cap, à l'endroit où le roi Eumène de Pergame, ami des Romains, faillit être

Delphes vu de l'ouest.

assassiné par les affidés de Persée, on aperçoit soudain Delphes, paisiblement assis au milieu de la cavée d'un théâtre naturel, avec ses grappes de maisons jaunes et à demi détruites, accrochées à des terrasses consolidées par la main de l'homme. Au-dessus se dresse la double roche des Phédriades, partagée en deux par une fissure qui s'ouvre un peu au-delà du village ; l'un de ces rochers s'appelle Rhodini; c'est celui de l'ouest, qui portait dans l'antiquité le nom de Nauplia ; l'autre, celui de l'est, se nomme Phlembouco et fait avec le premier un angle assez marqué, il portait jadis le nom de Hyampea. Ce sont ces deux parois perpendiculaires, de quatre cents mètres d'élévation, qui donnent au paysage de Delphes sa physionomie recueillie et sévère. Ces rochers n'ont pas l'aspect de la pierre dure et insensible, ils ont je ne sais quoi d'ému, de souffrant ; on dirait que la vie palpite encore dans leurs nudités tourmentées : de tous côtés apparaissent, entre les couloirs tracés par les eaux, de grandes plaies blanches laissées par les blocs que la colère des dieux détache de la muraille. Au-dessous des gradins qui supportent Kastri, la cavée du théâtre se continue et descend jusqu'à la vallée de Pleistos, où le regard s'arrête quelque temps sur de paisibles bois d'oliviers animés par le bruissement des moulins, pour se heurter ensuite contre une muraille infranchissable qui forme comme le fond de la scène : ce rempart de rochers et de sapins, c'est le Cirphis, où s'aperçoit, dans un creux protégé contre les vents, le village de Cesphina.

Supposez le site de Delphes perdu et oublié ; c'est

ici que le retrouverait infailliblement l'émotion du voyageur. Nulle part l'âme n'éprouve autant qu'ici le saisissement du sublime. Au détour des alonia, vous voyez encore le golfe et la riche plaine de Crissa et toutes les splendeurs profanes du paysage grec; faites trois pas de plus, vous n'avez plus autour de vous qu'une gorge sévère, pensive, où tout a une couleur étrange et mystérieuse, depuis les fauves aspects de la terre jusqu'aux arêtes grisâtres des roches suspendues. Qui n'a vu en réalité ou en imagination cette fameuse statue de l'Apollon du Belvédère, où le dieu est debout, superbe, dans l'attitude d'un héros qui a fini la lutte? sa belle tête chevelue est légèrement tournée du côté d'un invisible ennemi; il semble qu'il achève de percer de ses regards quelque géant terrassé : donnez à cette statue des proportions centuples de la réalité et placez-la au sommet des Phédriades : car c'est ici que vivra à jamais le souvenir d'Apollon, c'est ici que l'on peut s'écrier avec la Sybille de Cumes : Le dieu ! voici le dieu !

Nous sommes encore à quelques centaines de mètres du sanctuaire, mais déjà environnés de tous côtés par des ruines ; c'est ici que s'élevait le faubourg de Pylaea, œuvre des Romains qui y ont amené par de gigantesques aqueducs l'eau du Parnasse; ici, tout près de l'angle du sentier, se trouvait le premier synédrion ou bâtiment du conseil ; c'est dans ce lieu qu'Eschine lança devant les Amphyctions sa célèbre apostrophe : « Voyez, ô Amphyctions, voyez cette plaine mise en culture par les Amphisséens ; voyez ces fourneaux à briques et ces

étables qu'ils y ont bâties. Voyez de vos yeux ce port maudit et abominable entouré de murailles. »
Plus tard le synédrion fut transporté plus près de Delphes, loin de la vue de la mer, et c'est sur les fortes murailles de cet édifice romain qu'est bâtie l'église actuelle d'Hagios Ilias (Saint-Élie), où les Castrites viennent déposer leurs morts. Le rocher qui est au-dessus du sentier et qui porte les remparts sacriléges élevés par le pillard Philomèle a servi de nécropole aux Delphiens de l'époque grecque. On y voit encore de grandes niches ouvertes, dont la plus vaste a été convertie en chapelle par la piété des modernes : mais elle semble un peu abandonnée aujourd'hui, et la lampe sacrée n'y brûle plus devant la madone. A notre gauche, immédiatement au-dessous de la roche de Nauplia, court le Lakkoma : c'est le stade, qui date de la même époque que le synédrion, soit du second siècle après le Christ; c'est la seule ruine bien conservée de Delphes; l'aqueduc romain y passe encore, mais les revêtements de marbre ont disparu et le blé croît dans son enceinte déserte. Au-dessus commence la montée de la Kaki-scala ou mauvais escalier ; ses gradins antiques taillés dans le roc à l'endroit le plus accessible permettent aux Kastrites d'escalader par un sentier tournant la paroi de Rhodini, qui les sépare de leurs champs et de leurs alpages.

Apollon lance ses derniers adieux aux sommets des Phédriades au moment où nous arrivons sur la petite place de Kastri, qui a à peine vingt pas sur chaque côté; cette place, au milieu de laquelle se dresse un fût de colonne surmonté d'une tablette de marbre, recouvre le vestibule même du temple et repose encore aujourd'hui sur le mur pélasgique qui soutenait la terrasse du sanctuaire le plus ancien. Nous entrons dans le petit café de Panagioti qui borde le côté est de la place, et nous nous mettons en quête d'un souper dont nous avons grand besoin après soixante stades de laborieuse ascension. Hélas! nous tombons en plein jeûne, car l'église grecque fait un petit carême de quinze jours avant l'Assomption. Or, le carême grec, comme on sait, n'est pas une plaisanterie; on ne mange pendant toute sa durée ni viande, ni poisson, ni fromage, ni beurre, ni lait, ni huile, ni œufs; si l'on veut être sage, il faut se borner au pain, aux légumes cuits dans l'eau, au caviar et aux olives; l'église grecque, il est vrai, nous laisse libres de manger des grenouilles et des huîtres, mais Delphes n'a vu ni grenouilles, ni huîtres depuis quinze siècles. Didot raconte que, lors du séjour qu'il fit en 1819 au collége grec de Cydonie, il obtint la permission de ne pas s'abstenir d'huile; le Delphien Panagioti fut plus tolérant encore à notre égard et voulut bien nous apprêter quelques œufs. Heureusement, nous sommes agréablement distraits de notre ascétisme forcé par le spectacle que nous offre cette humble échoppe, dont un banc, trois tables entaillées et quelques rayons chargés d'une grossière quincaillerie forment tout l'ameublement. La moitié masculine du village forme une véritable cour autour de nous; ce sont tous des hommes superbes, naturellement élégants de tournure et de démarche, malgré leur fustanelle maculée, et je mettrais bien au défi le plus fervent slavomane de méconnaître en eux les purs descendants des Hellènes. Cette vallée est certainement un des cantons de la Grèce où le vieux sang des Grecs s'est conservé le plus pur de tout mélange. Bien que le café soit trop petit pour contenir tous ceux qui voudraient entrer, personne ne bouscule son voisin, comme on le ferait certainement chez nous. Beaucoup restent debout près de la porte et chuchotent en nous regardant ; les autres prennent place devant la table et se font servir un verre de raki, espèce d'anisette qu'on boit avec de l'eau ; le verre bu, on le rend au cafetier, car en Grèce on ne connaît pas le plaisir d'être attablé derrière la dive bouteille. Les uns jouent aux cartes et se disputent un cornet de lentilles, qui sert d'enjeu. Les plus hardis s'approchent de nous, examinent nos vêtements, nos livres, nos armes, et se décident enfin à nous questionner ; leur plaisir est grand lorsqu'ils s'aperçoivent que je parle grec ; que de choses nouvelles ils vont apprendre ! Le plus satisfait de tous est notre hôte Panagioti ; c'est un type accompli du Grec : haut de taille, élancé et svelte, il est partout à la fois ; sa figure fine et allongée exprime naïvement le plaisir que lui cause l'arrivée de deux étrangers ; des étrangers chez lui, c'est un surcroit d'importance pour sa personne, une fête pour sa curiosité, un profit pour sa bourse ; gloire, nouveauté, profit, que faut-il de plus pour le bonheur d'un Grec ?

Les préparatifs pour la nuit ne furent pas longs ; on approche les deux tables du café, on étend pardessus une couverture, et mon compagnon et moi nous nous couchons fraternellement sur ce grabat spartiate, tandis que de son côté le cabaretier transforme le banc de l'échoppe en lit. La nuit, comme on peut le penser, fut longue et dure ; nous avions beau être dans l'enceinte du temple d'Apollon ; le dieu secourable, qui ne laisse jamais dans le malheur ceux qui l'implorent, ne nous prêta qu'un médiocre appui contre les pythons nocturnes qui déshonorent ses parvis.

## XI

### Séjour à Delphes ; l'oracle et les trésors.

Avant le jour, les portes du café s'ouvraient, et nous quittions avec bonheur notre couche élevée. Bizarre coïncidence ! cette pauvre place où nous faisons, en plein air, nos courtes ablutions du matin, c'est le Vatican de l'antiquité, c'est le vestibule même du temple de Delphes ; c'est ici que l'homme des anciens âges venait s'agenouiller devant l'autel d'Apollon, et supplier le dieu d'entr'ouvrir pour lui la main de ce spectre menaçant qui s'appelle demain. Aujourd'hui comme autrefois, la vie est pleine d'heures où l'ombre est bien épaisse, où la pensée a de mortelles défaillances, où la raison de l'homme et même celle des peuples s'arrête indécise au point où se coupent les routes de la vie et de la mort ! Dans ces heures-là, le Grec courait à ses oracles ;

car, pour lui, le monde était gouverné par des volontés divines qu'on pouvait fléchir, et qui livraient à l'homme leurs secrets. Aujourd'hui, hélas ! les dieux se taisent ; si nous savons que les lois qui nous gouvernent sont bonnes, nous savons mieux encore qu'elles sont inexorables, et, dans notre désespoir, nous nous heurtons sans cesse contre la nécessité au front d'airain.

Aux temps où les tribus grecques étaient agricoles et où leur existence dépendait des nuages, de la foudre et de la grêle, Dodone avait été leur oracle, la divination était alors une sorte de météorologie instinctive qui cherchait à arracher au Ciel des secrets qu'il n'a point encore daigné livrer à la science. Plus tard, quand la société se développa et que les tribus helléniques furent descendues vers le sud, la Grèce vint demander, non plus les secrets du ciel, mais les secrets de sa destinée au dieu brillant de jeunesse et de beauté qu'elle identifiait avec la lumière, qui triomphe de toutes les ombres, et avec la prescience divine, qui voit toutes choses. Des prodiges particuliers semblaient d'ailleurs attester à Delphes la présence des dieux ; une ouverture béante, d'où s'échappaient des vapeurs carboniques capables de donner le délire et d'inspirer de prophétiques incohérences, c'était plus qu'il n'en fallait pour servir de point de départ à l'oracle ; une vierge, assise sur le trépied du dieu et déjà enivrée par les lauriers qu'elle avait mâchés, servait d'instrument passif aux révélations divines. Pendant quinze siècles, suivant l'expression de Sophocle, la voix d'Apollon vibra sur le Parnasse comme une flamme qui brille ; pendant quinze siècles son temple fut, comme la demeure d'un jurisconsulte divin, assiégé par les princes et les peuples, par le pauvre et le riche, par les Barbares comme par les Grecs. Pendant dix siècles au moins, cette voix divine fut aussi écoutée que celle du pontife romain ; mais jamais elle n'édicta d'ordres, et elle ne se fit jamais entendre que pour répondre à ce qu'on lui demandait. Pendant dix siècles, elle fut comme une révélation constante, une parole sainte toujours écoutée avec respect, rarement désobéie, une grande flamme éclairant le simple et le sage. La Grèce, n'ayant pas de livres sacrés, pas de caste sacerdotale, pas de tradition hiérarchique, ne connut jamais l'immobilisme religieux ; l'oracle de Delphes fut comme sa parole vivante, et cette parole nous l'entendons vibrer tantôt forte, tantôt faible, éternelle et toujours nouvelle, à travers les âges, depuis le mythique Œdipe jusqu'aux temps de Julien.

L'oracle, n'intervenant jamais que comme arbitre, ne fit pas l'histoire grecque: mais il la dirigea et l'influença. Il faut le dire à son honneur, il prêcha presque toujours la tolérance, le pardon et la concorde ; et on le vit souvent, malgré les présents des consultants, entre le pauvre et le puissant, prendre Dieu pour juge. L'oracle pardonne à Oreste et à Alcméon, poursuivis par les Furies pour avoir vengé un père sur une mère ; toujours on le voit protéger les suppliants ; à l'envoyé des Sybarites, qui avaient tué un chanteur auprès de l'autel de Junon, il lance cette apostrophe foudroyante : « Eloigne-toi de mon trépied, le sang qui coule de tes mains t'interdit mon seuil de pierre. Je ne te répondrai pas. Tu as tué le serviteur des Muses devant l'autel de Héra sans craindre la vengeance des dieux. Mais le châtiment ne se fera pas attendre et les coupables n'échapperont pas, fussent-ils issus de Zeus. » Interrogée sur le plus heureux des hommes, la Pythie nomma Phémios, qui venait de mourir pour sa patrie. A une question semblable, adressée par Gygès, roi de Lydie, le dieu répondit en nommant Aglaos de Psophis, vieillard obscur qui cultivait un petit champ en Arcadie.

Au point de vue politique, le rôle de l'oracle fut singulièrement difficile : les Grecs étaient si divisés, les haines de parti si violentes, la justice si souvent foulée aux pieds par toutes les factions. Les Doriens de Sparte étaient d'ailleurs les patrons particuliers du temple, et Apollon se trouvait bon gré mal gré plus ou moins solidaire de leur politique. C'est lui qui présidait à la fondation de la plupart des colonies grecques, et qui fixa entre autres l'emplacement fatidique de Constantinople. Il donna aux lois de Lycurgue la consécration de son autorité, et ratifia, par anticipation, l'admiration de la postérité pour la sagesse de Socrate. Il flétrit la conquête de la Messénie par les Spartiates, et triompha de leur répugnance à renverser les Pisistratides d'Athènes. Dans les guerres médiques, l'oracle eut des défaillances ; il eut peur avec la moitié de la Grèce et peignit aux envoyés athéniens les ruines et les dévastations qui se préparaient ; alors, d'après l'avis d'un Delphien, les théores ou députés d'Athènes prirent des rameaux d'olivier et allèrent une seconde fois consulter le dieu en qualité de suppliants. « O prince ! rends-nous un oracle meilleur pour notre patrie, par égard pour ces rameaux de suppliants que nous portons, ou bien nous ne quitterons pas ton sanctuaire, mais nous y resterons jusqu'à la mort. » C'est alors que la Pythie leur parla d'un rempart de bois que Jupiter accordait aux Athéniens pour dernier refuge, et dont Thémistocle sut tirer un si bon parti.

L'oracle lui-même courut pendant cette guerre un grand danger ; les bataillons sacrilèges des Perses, alléchés par les trésors de Delphes, étaient déjà près du sanctuaire de Minerve Pronaea, lorsque le dieu, qui avait interdit toute lutte aux Delphiens, poussa du fond de son temple son cri de guerre ; des rochers se détachent du Parnasse et écrasent les assaillants ; les héros du lieu, Autonoüs et Phylakus, honorés dans des chapelles particulières, se jettent à la poursuite des fuyards et Delphes est sauvé.

A partir des guerres médiques, la politique de la Grèce fut, hélas ! bien troublée, et l'oracle se trouvait tiraillé par bien des ambitions contraires ; en même temps, la foi sincère qui l'avait soutenu s'en allait ; on se mit à corrompre la Pythie, à suspecter et à dédaigner ses arrêts. L'autorité des Amphictyons, gardiens de Delphes, méritait, dans le temps de Démosthène, d'être appelée une ombre ; mais cette ombre fut fatale à la Grèce, car c'est elle qui servit à masquer les projets liberticides de Philippe.

Nous ne saurions trop le répéter, c'est faire preuve

de légèreté d'esprit de ne voir dans l'histoire de l'oracle delphique que l'histoire d'une supercherie réussie ; ayons pour les autres religions la justice que nous réclamons pour la nôtre. La Pythie, les prophètes qui recueillaient les paroles de la prêtresse et les mettaient en vers, les Delphiens et les Grecs crurent longtemps à la révélation d'Apollon, et cette croyance ne périt entièrement qu'avec le paganisme. L'esprit de Dieu souffle où il veut ; il a certainement soufflé à son heure sur Delphes. Aujourd'hui, tout est triste et silencieux dans la vallée, comme au jour où Apollon y descendit pour la première fois ; la caverne fatidique est comblée, les autels sont éteints et enfouis sous les décombres ; mais, pour qui sait écouter, ce silence immense a une voix ; les rochers et les sources nous racontent les siècles écoulés, et sont pour nous la révélation de la vie religieuse de l'ancienne Grèce.

De même qu'à Rome, il y a deux choses bien distinctes, le Vatican et le temple de Saint-Pierre, de même à Delphes, il y avait l'oracle et le temple. Si la voix du dieu s'est abîmée sous la terre, le temple du moins est-il peut-être encore debout ? Le sanctuaire delphique était un des plus beaux de la Grèce ; au siècle de Périclès, on le comparait au temple d'Olympie et au Parthénon. Suivant la légende, la première demeure du dieu avait été construite en forme de hutte avec des branches de laurier venues de Tempé ; la seconde avec la cire et les ailes des abeilles. La troisième était d'airain et fut engloutie dans les entrailles de la terre bien longtemps avant le commencement de l'histoire ; car, au siècle d'Homère, Pytho avait déjà un temple de pierre qu'avaient bâti, sous la direction même de Phébus, les deux architectes Trophonius et Agamède ; là était ce fameux seuil sous lequel étaient enfermées, au dire d'Achille, tant de richesses. Ce temple ayant été brûlé vers 546, on résolut d'en bâtir un nouveau. Le conseil amphictyonique vota trois cents talents, la Grèce entière se cotisa et on eut recours à de véritables souscriptions ; les Delphiens allèrent quêter dans tout le monde connu, et obtinrent du roi d'Egypte Amasis un présent considérable. Le temple fut mis en adjudication et le dieu trouva des entrepreneurs incomparables. En effet, les Alcméonides d'Athènes, qui se chargèrent de sa construction, ne se contentèrent pas de faire la façade de pierre comme le demandait le cahier des charges, ils la firent de marbre de Paros. L'architecte fut Spintharos, de Corinthe, les deux sculpteurs furent des Athéniens. La Grèce venait de fixer le style dorien, et Spintharos de Corinthe n'eut probablement qu'à s'inspirer du temple de Corinthe, récemment élevé, et dont sept colonnes encore debout nous offrent le plus antique échantillon de l'architecture dorienne. Des substructions de l'édifice de Spintharos apparaissent encore aujourd'hui à côté du café où nous habitons ; de plus, M. Foucart, dans ses importantes fouilles de 1861, a exhumé des tambours de colonnes et des chapiteaux qui permettent à l'imagination de reconstruire ce frère aîné du Parthénon, sur un emplacement que couvrent de tristes masures de terre. Tout espoir de retrouver quelque chose de plus que des débris de colonnes n'est heureusement pas perdu ; les masures de Kastri, que l'on finira bien par démolir un jour, recouvrent certainement de précieux secrets ; M. Foucart a même pu en deviner quelque chose ; conduit par un habitant de Delphes, il a pu descendre dans de sombres couloirs qui faisaient partie de l'adyton, c'est-à-dire du souterrain du temple ; les habitants ont affirmé qu'il y en avait d'autres, mais ils ont coupé court aux recherches en comblant le trou par où on était descendu.

Quand on reste quelques minutes en contemplation devant ces cabanes qui trônent fièrement sur le temple d'Apollon où se trouvaient, mêlées à des cratères d'or et d'argent, les reliques qu'adorait la Grèce, l'imagination est saisie d'un singulier vertige ; on se demande si l'œuvre de l'homme n'est pas l'absolu néant, et si tout n'est pas destiné à tomber tôt ou tard dans le gouffre infini d'un éternel oubli. Immortalité d'un homme, immortalité d'un peuple, immortalité des grandes œuvres, ne sont-ce point là des mots vides de sens ? Quoi ! se peut-il réellement que le jour de la destruction vienne pour toutes choses et que les pompeuses basiliques de notre chrétienté moderne, élevées elles aussi avec l'argent de mille peuples divers, soient destinées à être mises en pièces et à dormir de longs siècles, comme le temple de Delphes, sous des masures délabrées ?

S'il ne reste presque rien du temple, et si ce que l'on a ne peut guère servir qu'à compter ce qu'on a perdu, il faut s'estimer heureux de retrouver debout et parfaitement intact un mur qui est l'aîné du temple, puisqu'il en portait toute la masse. Selon la tradition homérique, une foule innombrable d'ouvriers fabuleux avait travaillé aux murs de Delphes, sous les yeux d'Apollon. Qui le croirait ? l'œuvre de ces êtres surhumains est là debout devant nous, immédiatement au sud de la place de Kastri : c'est un mur de 90 mètres de long, formé de pierres énormes unies sans ciment et sans scellement, et dessinant dans l'entremêlement capricieux de leurs jointures des courbes gracieuses qui donnent à la muraille un cachet tout particulier. Mais ce n'est pas tout ; cette muraille, qui servait à maintenir la plus haute terrasse du premier temple et qui a survécu à tous les tremblements de terre, à tous les pillages, et à toutes les destructions, cette muraille est une grande charte d'affranchissement et le plus beau titre d'honneur du dieu de Delphes ; elle est comme le grand livre, encore ouvert pour nous, sur lequel s'inscrivaient tous les contrats de vente que le dieu lui-même passait avec les possesseurs d'esclaves.

Apollon, qui avait servi chez Admète, connaissait pour les avoir éprouvées toutes les douleurs de l'esclavage, et il prit de bonne heure sous sa protection ceux qui avaient souffert comme lui. Le maître qui voulait vendre son esclave au dieu se présentait devant le temple de Delphes, passait près de l'autel extérieur, s'avançait vers la grande porte et restait sur le seuil. Les prêtres venaient à la rencontre de l'esclave qu'on amenait au dieu, et, en présence des sénateurs et d'un certain nombre de témoins, ils remettaient le prix convenu et recevaient le serment des deux parties. Naturellement, c'était l'esclave qui payait au prêtre le prix de son affranchissement, et la vente était fictive. Apollon achetant l'esclave, non pour l'attacher à son sanctuaire mais pour l'affranchir, le dieu était comme le garant du marché et l'inscription gravée sur son temple était pour l'esclave la solennelle attestation de sa liberté. Ce mur, qui est presque beau à force de solidité, est tragiquement lié à la destinée d'Ottfried Müller ; c'est ici au champ d'honneur, devant ces inscriptions qu'il déchiffrait, qu'est tombé, sous l'atteinte des flèches enflammées du dieu de la lumière, ce savant qui fut l'éloquent panégyriste des Doriens et l'ardent négateur du caractère solaire d'Apollon. M. Foucart a été tout aussi persévérant et surtout plus heureux ; secondé par M. Vescher, il a déblayé 40 mètres de la muraille, et copié plus de 500 inscriptions, dont quelques-unes nous font connaître les représentants diplomatiques ou proxènes de Delphes, espèces de nonces du Saint-Siége établis dans toutes les cités du monde grec.

Mais le temple n'était pas le seul grand monument de Delphes ; dix ou douze fois moins considérable que la basilique de Saint-Pierre, il ne pouvait guère servir de musée ou d'entrepôt pour toutes les richesses que la piété, la reconnaissance ou la vanité des fidèles, des athlètes vainqueurs, des États et des princes accumulait à Delphes. A l'époque où Pline l'ancien parle des 3000 statues de Delphes, Néron en avait déjà pris cinq cents, les Gaulois avaient déjà pillé le sanctuaire, et, avant eux, le général phocidien Philomèle avait battu avec l'argent du trésor pour soixante millions de monnaie. Pour avoir quelque idée de ce qu'était le pandémonium des offrandes delphiques, il faut que l'imagination relève tous ces *trésors* de marbre et d'airain où les cités entassaient leurs offrandes, ce trésor de Corinthe entre autres, semblable peut-être à celui de Mynias à Orchomène ou d'Agamemnon à Mycènes, où les rois lydiens déposaient leurs cratères d'or et leurs lions d'argent, il faut qu'elle ressuscite ce portique que la main des Polygnotes avait couvert de peintures, et tout ce peuple de statues où les dieux se mêlaient aux hommes et les graves philosophes aux Vénus et aux Phryné !

Quelques-uns de ces trésors reverront peut-être le jour : les fils de ces Gaulois qui ont jadis ravagé Delphes ont eu, dans notre siècle, la pensée de déchirer le linceul qui recouvre la cité sainte ; mais on s'est heurté à la fois contre l'indifférence du grand public, la mauvaise volonté de la Grèce et l'attachement inébranlable des Delphiens pour leur home. Sans doute, Apollon ne renaîtra à la lumière que lorsque la Grèce aura repoussé les barbares de son sein, comme elle les a chassés de Delphes, lorsque tous les peuples de l'ancienne Amphictyonie seront redevenus libres et égaux. Une seule de ces anciennes offrandes subsiste, c'est un trophée élevé après la défaite des Perses, et ce trophée est entre les mains de ceux qui ont remplacé les Perses ; il est sur la place de l'Atmeidan ou de l'Hippodrome à Constantinople, entre les mains des Turcs ! Mais que la Grèce se console, le trophée lui reviendra avec la victoire et la liberté. A le voir aujourd'hui, à moitié enterré dans le sol, on croirait voir une colonne torse d'airain de six mètres qui irait en s'élargissant jusqu'à son milieu et en se rétrécissant depuis le milieu jusqu'au haut; en y regardant de plus près, on reconnaît les triples replis de trois serpents enroulés. Les têtes ont disparu : l'une a été mutilée par Mahomet II lui-même, les autres se sont perdues on ne sait quand ; la tête mutilée est conservée au musée turc de Sainte-Irène. Les trois queues des reptiles soutenaient un trépied d'or consacré par les Grecs après la bataille de Platées[1]. Oui, ce monument informe est le plus glorieux trophée de la Grèce. On lit encore au travers des replis des reptiles les noms des 31 peuples qui ont chassé le barbare à Platées, et le hasard, si souvent ironique ou injuste, a été juste cette fois en conservant ces 31 noms à la postérité la plus reculée : Lacédémone, Athènes, Corinthe, Tégée, Sicyone, Mégare, Épidaure, Orchomène, Phlionte, Trézène, Hermione, Tyrinthe, Platées, Thespies, Céos, Mélos, Ténos, Naxos, Érétrie, Chalcis, Styra, Elis, Potidée, Leucade, Anactorium, Cythnos, Siphnos, Ambracie, Lepreum. Ces 31 peuples, hélas! n'étaient que la moitié de la Grèce, et combien d'illustres cités, outre Argos et Thèbes, dont ce monument consacre la honte! Honneur aux 31 qui ont expulsé les barbares, mais que la Grèce dorénavant ne jette plus les tristes ombres des discordes civiles sur les plus grandes pages de son histoire.

On a peine à se faire une idée de l'animation que devait présenter Delphes. Les courtes solennités de

---

[1] Voyez Foucart : Mémoire sur les ruines et l'histoire de Delphes. Paris, imprimerie impériale, 1865.

Rome, les fêtes de la semaine sainte et du carnaval, peuvent à peine nous donner une idée des fêtes perpétuelles de la cité grecque. Point de jour où quelque théorie ou ambassade sacrée mêlée de vieillards, de femmes et d'enfants, ne débouchât au contour inattendu des sentiers de Crissa et de Chéronée; pas de jour où ne fumât sur l'autel la victime offerte par ceux qui venaient consulter la Pythie; toujours des drames sacrés représentant les héroïques aventures du dieu, toujours des jeux gymniques, des concours de poésie ou de musique, toujours des voyageurs, des pèlerins et des curieux ; les Delphiens étaient les hôtes de la Grèce entière, et, à ce métier-là, ils étaient devenus quelque peu parasites, bavards et mendiants.

## XII

### Les sources et les bois sacrés

De toutes ses splendeurs, Delphes n'a guère conservé intactes que ses trois sources, qui y répandent, aujourd'hui comme autrefois, leur bienfaisante fraîcheur. La fontaine sacrée, celle qui servait aux ablutions de la Pythie, s'appelait du nom de Cassotis: c'est aujourd'hui la fontaine de Saint-Nicolas; en allant à sa recherche, nous rencontrerons sur notre chemin mainte ruine et maint souvenir, que nous saisirons au passage comme le faisait, il y a dix-sept siècles, le minutieux Pausanias. Elle se trouvait dans le péribole, c'est-à-dire dans l'enceinte même du temple, et arrosait de ses eaux sacrées les fatidiques lauriers de l'immortel bosquet d'Apollon. Le laurier n'est point indigène à Delphes, on le chercherait en vain à l'état sauvage dans cette rude vallée où prospère pourtant l'olivier; aussi la fable disait-elle que les lauriers delphiques qui servaient aux fumigations de la Pythie et au nettoyage du temple, étaient fils de l'arbre transporté de Tempé par la main même du dieu. C'est à cet arbre delphique que les poètes de l'antiquité, surtout les latins, ont cueilli leurs lauriers poétiques, comme ils ont rempli la coupe de leurs vers à la fontaine voisine de Castalie ; aussi ne faudrait-il que médiocrement s'étonner de n'en plus trouver à Delphes !

Nous finîmes pourtant par en découvrir un, près de la source de Cassotis, sur la petite place qui précède l'église d'Hagios Nicolaos ; c'est également dans cet endroit que les ravages du tremblement de terre sont encore le plus visibles. Le petit campanile que les Kastrites se sont construit depuis la guerre de l'indépendance pour y abriter les cloches que l'on n'osait point sonner au temps des Turcs, ne se soutient plus que par un miracle d'équilibre ; les cintres disjoints s'arqueboutent les uns sur les autres, et les cloches délogées attendent, sur un grossier échafaudage de bois, un campanile nouveau. La chapelle, qui est la plus importante de la paroisse, est sans doute bâtie près de l'emplacement du tombeau de Néoptolème, fils d'Achille, assassiné ici-même par le furieux Oreste ; deux colonnes écourtées, où se trouve encore une inscription antique, soutiennent un petit portique qui lui donne une certaine prétention architecturale ; les peintures noircies par les cierges ne valent pas certes celles dont Polygnote avait décoré la grande lesché, c'est-à-dire le grand portique des Cnidiens : mais elles n'en sont pas moins curieuses et mériteraient d'être étudiées par un connaisseur. A gauche de la porte, c'est la représentation du jugement dernier ; voici une colonne de feu à travers laquelle on distingue des jambes, des têtes, des bras d'hommes que l'enfer torture; une main en sort, la main de Dieu peut-être ; elle tient une balance ; dans le même plan que la main et sur le devant se dessinent plusieurs ovales concentriques sur un fond bleu et avec un bord extérieur rouge, sans doute le ciel ou l'œil de Dieu. D'un côté, de petits démons se cramponnent aux chaînes de la balance et à l'un des plateaux ; de l'autre côté, se dresse un groupe d'anges ailés et armés de longues piques, qui cherchent à les frapper. La balance penche décidément du côté des anges, où se trouve probablement une bonne âme ; malheureusement, on ne peut suivre jusqu'au bout le développement de la scène, grâce au mauvais état de la muraille.

Au sortir d'Hagios Nicolaos, nous ne nous attarderons pas à chercher la pierre fétiche qui marquait le centre de la terre, et passait aux yeux des dévots pour être celle que Rhéa avait présentée à son époux Saturne; nous ne perdrons pas non plus notre temps à compter les degrés du théâtre égarés dans les masures qui bordent le chemin ; nous monterons tout droit vers la source de Kerna; nous sommes ici sur les confins de la vie et de la mort, au pied même des roches Phédriades ; quelques mûriers égarés au milieu des décombres de cent éboulements apparaissent comme le dernier effort de la végétation; puis, tout à coup se dresse devant vous la grande paroi, nue comme un athlète antique et rayée çà et là de corniches et de couloirs étroits, hantés par les oiseaux de proie. De grands lavoirs, autour desquels jouent les enfants de Kastri, indiquent de loin déjà la place de la source, qui jaillit de dessous un rocher noir qu'un tremblement de terre suffirait à jeter sur le village. Le rocher est pourtant là depuis longtemps, car il a donné lieu à une légende déjà chantée par Homère. La nymphe de la source ayant trompé Apollon et cherché à l'attirer dans la gorge où reposait le sinistre Python, le dieu irrité lui dit : « Delphousa, il n'était pas dans ta destinée, ayant trompé mon esprit, d'écouler plus longtemps, dans ce lieu désirable, ta belle eau limpide. » Il parla ainsi, et le royal archer Apollon poussa le rocher d'où jaillissait l'eau et en cacha le cours.

La plus poétique des sources de Delphes est sans contredit celle de Castalie ; l'imagination rompue aux métaphores classiques ne sépare point Castalie du Parnasse, et se représente volontiers les poètes sacrés de l'antiquité la plus reculée comme buvant à pleine gorge à cette source divine de l'inspiration. Il faut le reconnaître, ce n'est point là l'idée que l'on doit se faire de la Castalie grecque; Castalie est à l'origine une fontaine servant aux ablutions religieuses des pèlerins, des consultants et des athlètes. La purification par l'eau était une des coutumes les plus intimement liées avec le culte d'Apollon. Apollon lui-même s'était lavé dans le Pénée du meurtre de Python, et on le représentait souvent trempant sa chevelure divine dans l'onde de Castalie, que flanquaient deux grands cratères envoyés par Crésus. Beaucoup sans doute attribuaient à cette formalité une vertu magique; un épigramme ancien met dans la bouche de la Pythie ces belles paroles : « Ne te montre dans le temple du dieu qu'avec un cœur pur, après avoir arrosé tes membres de l'eau virginale ; pour les bons, une goutte suffit, mais pour le méchant, l'Océan tout entier ne saurait le rendre pur. » Gardons-nous aussi de donner au bassin de Castalie le nom de bain de la Pythie comme l'ont fait certains voyageurs anglais. La Pythie, ne se baignait point ici, car, une fois investie de ses fonctions, elle ne quittait plus l'enceinte du temple et n'avait pas besoin de purification. La fontaine de Castalie peut facilement se passer de l'auréole littéraire que lui ont faite Martial, Stace et Ovide ; telle qu'elle est, c'est la plus saisissante des curiosités naturelles de Delphes. Elle jaillit à l'ouverture d'une gorge sauvage taillée par les eaux entre Rhodini et Phlembouko, à l'endroit où les deux parois se rejoignent.

Il n'est pas facile aujourd'hui de se faire une idée exacte de ce qu'était la fontaine elle-même ; chaque année emporte quelque chose de l'antique Delphes. C'est ainsi que Cyriaque d'Ancône a vu encore le théâtre et le stade entiers ; depuis le passage d'Ulrichs en 1838, bien des débris intéressants ont disparu ; depuis 1870, le bassin de l'eau castalienne n'existe plus. M. Foucart, dans son savant mémoire sur Delphes, nous dépeint la source telle qu'elle existait il y a quinze ans : « De près, dit-il, c'est un bassin bourbeux, un mince filet d'eau qui s'échappe d'une vase épaisse.... le rocher a été taillé et aplani avec soin, on y a creusé un bassin destiné à recevoir l'eau et auquel on descendait par quatre marches taillées dans le roc. Au fond de ce bassin, on avait également taillé dans le rocher un petit mur percé de trous qui laissent échapper l'eau dans le réservoir ; dans la paroi du fond, au-dessus du bassin, est une grande niche destinée sans doute à la statue de la nymphe ; de chaque côté, il y a une niche plus petite... ; dans le coin à droite, il y a maintenant une chapelle exiguë ou plutôt une masure de quelques pieds, consacrée à Hagios Johannis ; elle est perchée sur le petit mur dont j'ai parlé et adossée au rocher. » M. Foucart, en parlant de la fontaine ancienne, ajoute quelques mots qui renferment une flagrante contradiction : cet arrangement si simple, dit-il, ne devait pas manquer de beauté ; on dissimulait l'humble origine de la source qui ne tombe que goutte à goutte ; l'eau coulait par six trous à la fois dans le bassin ; et le rocher qui l'encadre lui donne une certaine grandeur. On se demande comment il est possible que l'onde, tombant goutte à goutte du rocher, coule par six trous à la fois dans le bassin. Quoi qu'il en soit, la fontaine n'est presque plus reconnaissable depuis le tremblement de terre de 1870 ; le canal creusé dans le rocher pour amener l'eau de la source est complétement obstrué ; les blocs qui s'engageaient dans une rainure de la roche et formaient une couverte sont tombés dans le bassin et laissent à peine voir les gradins qui descendaient jusqu'au niveau des tuyaux. Quant à la petite église de Saint-Jean, on n'en voit plus que la portion qui était creusée dans le roc, un pan de mur et un tronçon de colonne couvert d'une tablette de marbre servant d'autel. A un fil de fer rouillé est suspendu un verre dans lequel quelque dévote, fidèle aux vieux souvenirs, vient de temps en temps verser un peu d'huile.

La gorge elle-même est restée impénétrable comme jadis ; l'archéophylax persiste à vous y montrer l'*adyton*, qui se trouvait sûrement bien loin de là, dans l'enceinte même du temple; plus loin quelques gradins mal taillés et polis par les boucs qui viennent s'y étendre à l'heure de midi, vous conduisent jusqu'à une porte de rocher derrière laquelle on croit entendre le sourd grondement des Sibylles. La vénération des modernes Delphiens s'arrête à la petite fontaine turque élevée sur les bords du chemin d'Arachova ; on ne peut passer une heure à Castalie, surtout un jour férié, sans voir quelque pauvre femme s'approcher les mains jointes de la source, emporter pieusement quelques gouttes de l'eau bienfaisante ou tout au moins se signer en passant. Deux platanes ombragent aujourd'hui les abords de la fontaine ; ils ont sans doute remplacé un des plus vieux arbres fétiches de la Grèce, celui sous lequel Latone accoucha, suivant une légende.

L'olivier, qui dédaigne absolument les pentes

rocheuses de Chryso et de Pylæa, monte depuis les bords du Pleistos jusqu'à Castalie et dissimule à moitié sous ses mobiles arceaux une grande et curieuse construction, le couvent de la Dormition de la Vierge; ce couvent est en réalité un métochi, c'est-à-dire une ferme qui dépend du grand monastère de Jérusalem, situé à six lieues de là, sur les hauteurs du Parnasse. Pausanias ne s'arrête qu'un instant sur cette pente et seulement pour y chercher quelque reste des halliers où Ulysse fut blessé en chassant le sanglier avec les fils d'Antolycus; le voyageur moderne, moins crédule, vient admirer ici un grand mur hellénique double qui va finir dans le cellier du métochi, des restes de voûte annonçant sans doute une salle de bain et quelques débris de sculpture, dont l'un représente des coursiers peut-être trop vantés, à l'encolure singulièrement épaisse.

Le métochi est le lieu de passage de tous les étrangers qui visitent Delphes. L'hospitalité intéressée du caloyer ne nous avait laissé, l'année précédente, qu'un souvenir peu sympathique; aussi nous contentons-nous cette fois-ci d'accepter une tasse de café que nous offre l'obséquieuse fermière du couvent; nos quartiers sont pris chez Panagioti, dans l'enceinte du temple, et nous faisons la sourde oreille à toutes les insinuations de nos hôtes. Le caloyer, qui personnifie l'ancien Delphien avec toutes les mauvaises qualités que lui attribue la tradition, fait aussi le commerce, à des prix insensés, d'antiquités plus ou moins authentiques. Ce qu'il y a de plus intéressant à voir chez lui est le registre où les étrangers inscrivent leurs noms et qualités, accompagnés de réflexions plus ou moins spirituelles sur Delphes ou ses habitants; ce registre permet de constater que le Parnasse n'est point encore envahi par les Anglais; quelques noms de Suisses inconnus y figurent à côté des élèves de l'école française d'Athènes qui ont précédé ou suivi à Delphes leur heureux compatriote, M. Foucart. Non loin de là, M$^{me}$ Sophie Schliemann rappelle, en quelques mots d'une écriture légèrement mélancolique, qu'elle a visité ces ruines avec son bien-aimé Henri; l'écriture s'est sans doute redressée depuis les fouilles de Troie et de Mycènes. Un mylord, par trop généreux, déclare qu'il est du devoir de tout voyageur qui se respecte de donner une gratification d'une livre sterling à l'invalide qui garde les ruines; un autre s'écrie que les inhospitaliers Delphiens d'aujourd'hui ont bien dégénéré de leurs ancêtres; enfin, un troisième, un Français sans doute, se plaint de voir le registre traversé, au moment où il écrit, par un insecte qu'on ne nomme pas.

L'hiver de 1876 a amené à Delphes bon nombre de visiteurs de distinction; l'humble registre du couvent est enrichi aujourd'hui du nom de ce don Pedro du Brésil qui renouvelle en grand les voyages érudits de l'empereur Adrien. On y lit sur la dernière page cette simple mention : Don Pedro d'Alcantara, comte de Gobineau, Visconde de Bon Rediro, comte Messale, K. Henning, 28 novembre 1876: puis, par une singulière coïncidence, sur la même page, paraît le nom de don Carlos d'Espagne. Lorsque l'empereur Adrien passa à Delphes, les habitants lui décernèrent mieux qu'une inscription sur un registre ; une stèle, qui se trouve encore aujourd'hui dans la gorge de Castalie, atteste les remerciements décernés au restaurateur de la Grèce par les Hellènes réunis à Platée. Il est presque inutile, au sortir du couvent, de se mettre à la recherche des trois temples exhumés en 1838 par les fouilles d'un architecte du gouvernement grec nommé Laurent ; les fragments mis au jour à cette époque sont de nouveau enfouis, et l'on ne reconnaît plus le plan de ce fameux temple de Minerve Pronæa où s'arrêtaient, devant la foudre et les cris de vengeance des dieux, les sacrilèges agresseurs de Delphes. La terrasse pélasgique, que le peuple appelle la Marmaria, brave seule aujourd'hui les injures du temps, et porte maintenant, au lieu du temple, des bois d'oliviers, dont les troncs vigoureux semblent insulter à la caduque majesté des ruines.

Nous ne saurions trop recommander au touriste, amant du pittoresque, l'excursion des Moulins, que l'on fait sans peine en partant des tombeaux qui bordent le chemin ; le sentier descend à droite, au milieu de tout un peuple de sarcophages brisés et renversés ; tous sont simples et dépourvus de sculpture ; un seul couvercle, gisant au milieu d'un champ voisin du sentier, représente une femme couchée et accoudée sur des coussins ; le torse seul est conservé, une des mains semble avoir été enlevée au ciseau. Plus loin, on lit sur une pierre antique un adieu adressé aux mânes d'Agnémon. Arrivé sur la dernière pente, on entend sous ses pieds les pacifiques bruissements de la source de Kephalo-Vrysi, qui sourd au milieu de grands blocs éboulés. Cent pas plus loin, on est déjà au premier des huit ou dix moulins échelonnés le long du ruisseau. Après avoir fait tourner tous ces moulins, l'eau est amenée sur les pentes de la vallée où elle sert à arroser les oliviers. On n'imagine pas de contraste tout à la fois plus surprenant et plus délicieux que celui qu'offre le fond de la vallée du Pleistos en regard de la pierreuse Delphes; là haut, tout est jaune, dénudé et enveloppé d'un mystérieux silence qui aide à l'impression religieuse, mais finit par peser sur l'âme; sur les bords du Pleistos au contraire, tout brille, tout scintille, tout chante ; on y entend toutes les voix, depuis le murmure des cascatelles argentées de l'eau qui court d'étage en étage au milieu des festons des plantes grimpantes, jusqu'au cri de la cigale et au mugissement des lourds marteaux de bois du foulon. Nous trouvons devant le premier moulin quelques hommes occupés à tresser des corbeilles avec des branches d'olivier; l'un d'eux a rapporté de ses voyages en pays lointain la connaissance de l'italien; dans l'intérieur du moulin, un autre Kastrite pétrit un gâteau à l'huile d'olive; il nous invite à en manger dans une heure. Nous acceptons ; pour voir où il le cuira, nous n'avons qu'à le suivre jusqu'à un des moulins inférieurs; ce moulin est un établissement où l'on blanchit la flanelle de laine qui sert à confectionner les vêtements de femmes ; six à sept grands marteaux de bois, mis en mouvement par l'eau, frappent tour à tour l'étoffe, qu'un ouvrier, muni d'un puisoir creusé dans une courge, ne cesse d'asperger d'eau saturée de savon; le soleil se charge du reste de la besogne. C'est ici que notre homme dépose sous les cendres encore tièdes le gâteau qu'il nous propose de partager avec lui. La cuisson est un peu longue et nous avons le loisir de faire le tour de tous les moulins. O surprise ! voici, si nos sens ne nous abusent, une véritable machine à presser l'huile, construite en fer massif, comme le propriétaire se plaît à nous le faire constater à l'aide de notre bâton. Nous parlons de son moulin et nous cherchons à lui faire comprendre qu'il pourrait utiliser encore mieux qu'il ne le fait la force motrice de l'eau; mais le Kastrite doute des lois physiques les mieux établies et ne veut se fier qu'à son expérience. Nous trouvons le propriétaire du moulin le plus éloigné gravement occupé à coudre une odorante peau de bouc pour en faire une outre; près de là se cache une inscription décidément illisible, sans doute quelque funèbre adieu.

Ce paradis de fraîcheur, où l'on entend le bruit des eaux courantes se mêler au tic-tac de l'industrie moderne, garde cependant quelque chose de la sévère poésie des paysages grecs; chaque moulin est doublé d'une chapelle à moitié détruite, bâtie avec de fragiles matériaux mêlés à de solides assises helléniques. Pourquoi, direz-vous, pourquoi tant de chapelles entassées dans ce vallon retiré? M. Foucart suppose, non sans de forts arguments à l'appui de sa thèse, que chacun de ces petits sanctuaires a remplacé quelque édicule antique; seule, la patronne des lieux, Aphrodite, aurait été évincée sans ménagement au profit de sa contre-partie, la chaste Panagia; pour les autres divinités, il n'y aurait eu qu'une légère substitution de nom, qui laissait subsister, sous le voile transparent de l'appellation chrétienne, l'ancienne personnalité divine ou héroïque ; c'est ainsi que saint Elie devenait, sans effort, l'héritier de son homonyme Hélios, le dieu du soleil ; saint Jean, le chasseur, prenait la place de quelque divinité cynégétique telle que Mars ou Adonis ; sur les promontoires, Poseidon était remplacé par saint Nicolas ; de même qu'au bord des sources, Esculape, le dieu guérisseur, cédait sa place aux Anargyres saint Côme et saint Damien, les héros des cures gratuites. C'est en Grèce surtout que le christianisme fut plutôt une infiltration qu'une révolution, et que les dieux anciens ne moururent que pour revivre sous une forme nouvelle.

## XIII

### Le village de Kastri (Delphes) en 1876

La vallée de Delphes est un terrain singulièrement favorable pour une étude de la Grèce moderne et de ses conditions d'existence. Les plus farouches partisans de Fallmérayer nous concèdent eux-mêmes qu'il n'est nul besoin d'allumer ici une lanterne pour trouver un Grec; la population, protégée par ses remparts de rochers, est en somme restée ce qu'elle était il y a vingt siècles. Que la Morée ait reçu une forte infusion de population slave, que les bords du Céphise, ceux du Copaïs et ceux du Ladon soient aujourd'hui entre les mains des fils de Scanderbeg, c'est là un fait certain, mais l'invasion albanaise s'est arrêtée au Parnasse ; elle n'en a pas même effleuré les falaises et l'on peut dire que les provinces encore plus occidentales de l'Etolie et de l'Acarnanie sont, autant que les parages de Delphes, des terres helléniques, restées à peu près vierges de toute invasion. La vallée de Delphes a d'autres priviléges ; quoique bordée de rochers sévères au sud et au nord, elle n'est point stérile ni restreinte, comme tant d'autres localités grecques, à un seul genre de culture ; toute la gamme végétale de l'Europe trouve place entre le lit du Pleistos et le double sommet de la montagne sacrée. C'est d'abord l'olivier cher à Athéné Pronæa, qui monte jusqu'à plus de sept cents mètres et escalade même la pente d'Arachova où le Pleistos prend sa source ; puis viennent, sur les escarpements qui succèdent aux Phédriades, de grands vignobles qui n'enivrent plus de Bacchantes et procurent, hélas ! plus de labeurs que d'ivresses aux pauvres femmes qui les cultivent ; plus haut, ce sont d'âpres nudités, des rochers que recouvre par places une végétation arborescente, pleine d'aromes et d'épines ; au-dessus des rochers s'étend le plateau des lacs, qui se prolonge au milieu de mille accidents de terrain sur une longueur de plus de deux lieues, de Delphes jusqu'à Arachova ; ici nous sommes en pleine montagne, à douze cents mètres au-dessus du golfe ;

c'est ici que le Kastrite vient récolter au mois d'août ses blés et ses lentilles et couper les bois de construction ; enfin c'est d'ici qu'il monte aux grands pâtis du Parnasse.

En somme, la vallée de Delphes est comme un abrégé embelli de la Grèce tout entière, elle a les premiers plans et les lointains horizons, les sources jaillissantes et les pentes brûlées, le fourmillement des bosquets et les reflets métalliques des grandes parois, elle a l'olivier et la vigne, le pin et le froment ; oasis de poésie, elle redisait jadis les péans d'Apollon et les dithyrambes de Bacchus, comme aujourd'hui elle répète à l'envi les chansons du vigneron et celles du pâtre. Et puis, que de ruines pour faire rêver le voyageur ! que d'apparitions pour peupler ces solitudes, depuis les fantômes châtoyants de la légende jusqu'aux statues de bronze de l'histoire ! Partout des promontoires de rochers où l'œil attentif discernerait encore aujourd'hui l'empreinte du trépied qui marquait la limite du territoire sacré ; partout des rochers témoins des luttes de la Grèce contre les barbares, depuis Apollon jusqu'au fils de la nonne, Karaiskakis ; partout des grottes qui vous parlent de Pan, des Nymphes, d'Ulysse chassant dans ces halliers, des Grecs fuyant devant Xerxès et des Klephtes fuyant devant les Turcs ! Oui, s'il me fallait choisir une retraite en Grèce, c'est dans cette vallée que je voudrais vivre, c'est ici que je voudrais voir se dérouler sous toutes leurs faces le drame changeant de la nature et les mille épisodes de la vie populaire.

Si vous voulez voir le Kastrite d'autrefois, le Grec

de la génération des *Turcomaques*, le chef redouté des palikares de la chanson populaire, allez chez le colonel Francos. Ce Francos est un Delphien, et non, comme pourrait le faire croire son nom, un Franc égaré à Delphes et devenu pacha de la vallée. Francos doit son nom à son père, comme nous tous, et son père le devait à ses pantalons de forme franque qu'il avait rapportés des pays étrangers ! Sa maison est immédiatement au-dessous du café de Panagioti, dans l'alignement du mur pélasgique : bien qu'il n'ait aucun titre officiel, je vais lui faire visite pour lui recommander mon compagnon de voyage, que je laissais à Delphes pour quelques semaines. Francos nous reçut fort bien; à le voir, on ne lui donnerait guère ses quatre-vingts ans ; il a la taille droite, un peu courte, l'œil perçant de l'aigle, la grande moustache traditionnelle du palikare et les sourcils épais comme des broussailles. Après avoir bu le café de rigueur, je le mets sur le chapitre de ses campagnes : il me raconte brièvement comment il est parti de Kastri avec une centaine d'hommes pour aller guerroyer avec Grivas, avec le pillard Odysseus et l'héroïque Karaiskakis ; sa chambre est tapissée de panoplies et d'armes antiques dont quelques-unes ont vu de fort près les Turcs. Aujourd'hui le vieillard passe l'été seul avec une servante ; à l'approche de l'hiver, il descend chez son fils dans la tiède vallée d'Amphissa. De la guerre je passai aux antiquités ; car Francos, s'il faut en croire tout ce qu'on raconte de lui, paraît avoir été plus encore l'Attila des antiquités que l'Attila des Turcs ; il fit déblayer après 1840 le mur pélasgique sur une longueur de vingt mètres; puis après avoir usurpé et renfermé dans ses bâtiments une partie du mur qui appartenait au domaine public, Francos se mit en demeure, suivant M. Foucart, d'arracher les pierres, de les briser pour s'en servir comme de matériaux, et de renverser les assises helléniques pour en arracher les scellements de plomb. L'amende qu'on prononça contre lui ne fit qu'exaspérer sa rage de destruction. Naturellement Francos a sa version à lui, il n'a jamais fait, dit-il, qu'user de son droit de propriétaire, son mur est à lui aussi bien au moins que la Grèce appartient au roi; qu'on l'exproprie et il cédera les inscriptions; jusqu'alors personne, pas même le ministre ne pourra les copier. Ce qui lui paraît inconcevable, c'est que les deux Français (MM. Wescher et Foucart) qu'il avait hébergés gratuitement pendant trois mois, aient osé demander au ministre un ordre d'exécution contre lui ! Je cherche en vain à lui faire comprendre que les inscriptions comme celles de son mur n'ont pas de valeur vénale et qu'il pourrait fort bien les laisser copier à quelque Grec érudit, le roi des montagnes secoue la tête et me conduit sur ma demande dans un hangar dont il a toujours la clé sur lui. Ici il m'est permis de voir et non de toucher ; malheureusement, le mur n'est pas, comme se l'imagine Francos, entièrement couvert d'inscriptions et ne promet pas une moisson épigraphique aussi abondante que celle qu'ont faite Ottfried Müller et Foucart. Si Francos malmène un peu les antiquités et les archéologues, il est en revanche fort hospitalier, et après s'être excusé de ne pouvoir loger lui-même mon compagnon de voyage, il s'employa fort activement à lui trouver une demeure convenable.

Nous fîmes encore bonne connaissance avec un autre officier, le sieur G. Botilios; parent de Francos, il devrait porter le même nom ; mais il y a soixante ans, il n'y avait pas de noms de famille en Grèce, et le père de Botilios, frère de Francos, reçut de ses camarades, grâce à sa sobriété exagérée, le sobriquet ironique de Botilios (bouteille); ce sobriquet devint le nom de sa famille. M. Botilios, fils du buveur d'eau, est d'ailleurs un charmant homme, assez instruit pour un sous-lieutenant et fort jaloux de la bonne réputation de son pays. Il est en garnison à Amphissa et vient tous les dimanches visiter sa famille à Kastri, où il s'est bâti une maison de bonne apparence ; quoique parlant assez couramment le français, il vit à l'orientale et mange encore à la turque !

Tout étranger qui passe à Delphes s'abouche nécessairement avec l'archéophylax ou gardien des antiquités; le pauvre vieillard, qui lui aussi a vu dans sa jeunesse les Turcs, est beaucoup moins valide que Francos; il se traîne, la canne à la main, au milieu des murailles antiques et des masures modernes, occupé à examiner toutes les pierres et à interroger tous les recoins de la vallée. Hélas ! de longues semaines se passent sans que personne se montre à l'horizon, mais qu'un chapeau et un habit francs apparaissent au détour de la vallée, l'archéophylax est debout et il arrive en même temps que vous à votre gîte ; on dirait la Prière au pied boîteux s'attachant aux pieds du voyageur. Le cicérone nous invite à monter dans sa cabane, qui est une des moins mauvaises du village ; il a dans sa cour un certain nombre de fragments d'inscriptions qu'il connaît par le menu et qu'il surveille d'un œil jaloux ; nous fîmes par la même occasion connaissance avec sa fille, qui a dans son costume d'apparat quelque ressemblance avec une idole hindoue ; ses mains sont littéralement couvertes de bagues, son front est enfermé dans un pesant diadème, quelques livres de médailles ou floria pendent à son cou, tandis que de grandes plaques d'or faux s'étalent sur sa poitrine et que d'immenses tresses protègent son dos ; quant au corps, il est emprisonné dans deux ou trois tuniques brodées et dans d'invisibles jupons. Tel est le pompeux costume des Dianes de Delphes, les jours de repos bien entendu.

Les Delphiens sont, comme tous les Grecs, plus actifs d'esprit que de corps. On les voit, comme leurs frères, réunis sur la place publique pour deviser des nouveautés du jour, tandis que leurs femmes travaillent aux champs ou chassent les mules dans les sentiers de la montagne. C'est dans ces *agorai* toujours pacifiques que se débattent les questions locales et les grands intérêts de la politique du royaume. Le sujet à l'ordre du jour, lors de notre passage à Delphes, était une de ces questions économiques qui commencent enfin à se poser aux yeux des Grecs et qui devront de plus en plus absorber leur attention, s'ils veulent décidément conquérir leur grade de nation civilisée ; il s'agissait de l'achat d'un moulin à vapeur pour l'huile, d'un de ces atmomyli comme en possède déjà Arachova. Chacun donnait son avis sur le système, sur le coût et sur la pose de la machine, comme s'il eût été au courant de tout ; que les Delphiens se hâtent de réaliser leur bonne intention et qu'ils se mettent ensuite courageusement à construire la route carrossable qui doit relier Arachova à la mer. La Grèce avec son million d'oliviers et ses vastes vignobles sera sur le chemin de la richesse le jour où elle aura partout de bonnes routes, des moulins à huile et des pressoirs perfectionnés.

C'est surtout à l'arrivée d'un étranger que se trahit la curiosité d'esprit du Delphien. Lorsque le Turc voit passer quelque voyageur, il ne le regarde même pas ou bien il lui lance quelque inintelligible malédiction. Le Grec, au contraire, accourt à lui ; l'étranger est pour lui un ami, il est surtout un problème. D'où venez-vous ? que faites-vous ? Combien gagnez-vous en venant ici ? Etes-vous marié ? Que dit-on de la Grèce dans votre pays ? telles sont les questions qui se pressent tout d'abord sur ses lèvres, en attendant que le cours de la conversation en amène mille autres. Le mieux alors est de fermer son cahier de notes, de plier sa carte et de répondre tant bien que mal à ces assauts d'une curiosité méritoire : c'est ce que nous faisions à Delphes ; à ce prix-là nous pouvions à notre tour interroger et écouter, et pour finir, l'on nous gratifiait de quelque tragoudi (chant) ou de quelque air mi-grec, mi-italien, chanté avec l'accompagnement d'une sorte de mandoline allongée qu'on appelle vouthouki.

Après mon départ, mon compagnon de voyage, qui est peintre de profession, eut chaque soir l'occasion d'assister à d'interminables discussions dont il comprenait vaguement le sujet et dont il faisait lui-même le fonds. A-t-il beaucoup d'argent et combien gagne-t-il à faire ses images? telle était la question en litige depuis plusieurs jours, lorsqu'un soir un matelot, qui avait beaucoup voyagé avec les Anglais et par conséquent beaucoup appris, vint expliquer dans l'assemblée émerveillée que l'étranger faisait des panoramas pour les montrer dans les foires des grandes villes; il en avait, disait-il, beaucoup vu où l'on payait dix centimes d'entrée. Figurez-vous, disait-il, qu'il a dans sa boîte toutes les couleurs imaginables, sur quoi un auditeur lui demanda si le peintre avait aussi avec lui de la couleur de tomates!

Si des hommes nous passons aux habitations, le tableau s'assombrit; tandis que Chryso a relevé une bonne partie de ses maisons et a même quelque chose qui ressemble à une rue, les Delphiens se complaisent dans une négligence qui dépasse toute idée; la plupart de leurs maisons n'ont pas été rebâties depuis le tremblement de terre, c'est-à-dire depuis six ans; ce sont des ruines sur lesquelles on a jeté un toit pour les rendre habitables. Du reste, quand l'idée leur en vient, la masure se relève comme par enchantement en quelques jours: ainsi le dimanche, après le dîner, le propriétaire d'une maison voisine de la nôtre s'avise d'enlever les tuiles de son toit avec l'aide de ses enfants et de ceux de son voisin; le lendemain, lundi, le maçon et le charpentier du village viennent et commencent dès l'aube à rebâtir. Les femmes brassent le mortier simplement composé d'eau et de terre et le portent à l'endroit voulu ; le maçon aide le charpentier dans son ouvrage, le charpentier seconde le maçon, le voisin vient donner un coup de main et en huit jours l'étage de la maison est debout et recouvert de l'ancien toit ; le réduit humide où la famille vivait naguère servira désormais d'écurie et de remise.

Pourquoi ces paysans grecs, qui ont tant d'intelligence naturelle, ont-ils si peu d'initiative dans les choses pratiques ? La pauvreté explique un peu, mais ne justifie pas entièrement cet amour de la routine et cette absolue insouciance du bien-être qui caractérise les Delphiens et la plupart des paysans grecs. Le Grec riche et civilisé habite les villes et y fait du commerce, et les villageois laissés à eux-mêmes sont sans doute trop sevrés de bons conseils et de bons exemples. On peut, je n'en disconviens pas, vivre heureux autour d'une table turque de quelques pouces de hauteur, mais à quoi bon coucher sur la terre dure, quand il suffirait d'un peu de travail pour se procurer un bon plancher bien propre et quelque chose qui ressemble à un lit ? Pourquoi aussi se priver, de gaîté de cœur, de vitres aux fenêtres et rester exposé sans défense à toutes les intempéries des saisons ? A part les deux cafés, j'ai à peine compté à Delphes six habitations pourvues de vitres et je me suis un jour fort diverti à observer un gamin qui s'était introduit chez Panagioti et qui manifestait sa stupeur à la vue des vitres en les caressant de ses mains ; de temps en temps pourtant il les perdait un peu de vue, c'était lorsqu'une nécessité plus pressante le forçait de porter ses mains à sa tête.

Je n'ai point vu comment se fait la récolte des olives qu'on abat, dit-on, impitoyablement avec de longues gaules bien faites pour mutiler l'arbre. Ce que je sais, c'est que les moissonneurs et les vendangeurs usent de procédés on ne peut plus primitifs et on ne peut plus dispendieux. Le raisin recueilli dans des paniers est jeté dans un bassin en maçonnerie construit dans la vigne elle-même : là un homme le foule avec les pieds, tandis que le moût s'échappe par une ouverture et va se déverser dans un autre bassin plus petit, ouvert à un niveau inférieur. De là le liquide est transvasé dans des outres, tandis qu'on entasse les gousses encore pleines de jus dans des sacs de cuir qu'on transporte au village à dos de mulet, sans s'inquiéter de tout ce qui se perd en chemin. Là le tout se vide dans un grand tonneau où doit se faire la fermentation, car on ne fait à Delphes que du vin rouge. La fermentation faite, on se sert de ses pieds pour exprimer encore le plus de jus possible. En somme, la seule préparation que l'on fait subir au vin est de le mélanger avec $1/70$ ou $1/80$ de résine. Les Delphiens possèdent aujourd'hui quelques bons tonneaux français, mais ceux qu'ils fabriquent sont véritablement hideux à voir ; ils ne savent pas seulement lier un cercle de bois et se servent, pour fixer les douves, de ficelles et de clous.

La vallée du Pleistos semble éminemment propre à la culture des légumes ; mais c'est à peine si l'on y voit deux ou trois jardinets. Tous les légumes qui se mangent à Delphes viennent d'Amphissa ou d'Itea. Manger des pommes de terre est un luxe,

La bienvenue chez des Grecs de Delphes.

elles coûtent trente à quarante centimes le kilogramme. Demandez aux paysans pourquoi ils n'en cultivent pas ; tel vous répondra qu'il en a planté l'année passée et qu'elles ont très bien prospéré ; un autre prétend qu'il n'en plante pas, parce qu'on les lui volerait ; enfin un troisième avoue qu'il ne savait pas qu'elles pouvaient prospérer à Delphes, mais il fera, dit-il, très prochainement un essai. Il en est de même du coton : beaucoup admettent que Delphes en produirait aussi bien que tout autre endroit ; mais ils se hâtent d'ajouter qu'ils n'en cultivent pas, parce qu'on le leur volerait.

Pour se faire une idée de la pauvreté du paysan grec et de la rareté du numéraire, il suffit d'assister à la paie des impôts ; à cette occasion Delphes reçoit la visite d'un grave monsieur affublé d'un chapeau de paille et d'un habit noir et accompagné de cinq ou six soldats et gendarmes. Le crieur s'en vient se poster chaque soir sur la place publique et rappelle aux habitants leurs devoirs ; le percepteur est visible au café de Panagioti tous les soirs ainsi que le dimanche matin, et se tient à la disposition des contribuables qui viennent un à un apportant dans leur mouchoir le montant de leur impôt ; quelques-uns, hélas ! viennent avec tout ce qu'ils possèdent et s'en retournent avec ce que le spractor leur rend ; beaucoup n'apportent que des pièces d'un ou de deux centimes et le gouvernement est bien forcé de les prendre quand on n'a pas autre chose à lui donner. J'ai vu un de ces pauvres diables qui est venu payer une somme de vingt-cinq drachmes en pièces de un, de deux et de trois lepta. Aussi la perception dure-t-elle bien au moins quinze jours.

La pauvreté est amie du jeûne, aussi les Delphiens jeûnent-ils à peu près quatre mois sur douze ; heureusement il y a de temps en temps des fêtes qui servent à remettre le patient de ses macérations. Hélas ! jeûnes et fêtes conspirent pour appauvrir le paysan et lui ravir le temps et les forces dont il aurait tant besoin ; il y a là un cercle vicieux dont on ne sortira que par une bonne et vigoureuse réforme ; pendant le jeûne, le paysan muse, il est sans force et sans entrain ; puis viennent les jours de fêtes où son estomac se rattrape, sans profit pour le travail du lendemain. La plus belle des fêtes de Kastri est la grande panégyris de la fin d'août, qui a lieu le jour de l'Assomption grecque. La veille de la fête, le couvent de la Panagia est envahi par une grande procession de veuves qui viennent y pleurer leurs défunts époux ; de tous côtés accourent des enfants portant des assiettes remplies de blé bouilli farci de raisins de Corinthe ; ce sont les colyba, l'analogue de ces offrandes de blé et de miel que les anciens devaient aux morts à certains jours ; l'Eglise grecque n'a point aboli cette coutume plus vieille que la Grèce, elle l'a transformée et les colyba se distribuent maintenant aux pauvres et aux amis.

En même temps le village s'anime ; à côté d'un petit café qui est immédiatement au-dessous du nôtre se dresse un figuier sur lequel s'appuient quelques poutres transversales : c'est là qu'on improvise la boucherie ; pour le moment trois moutons y laissent pendre leur dépouille sanglante ; ceux qui les remplaceront sont déjà là et les chiens des environs viennent de tous côtés goûter les prémices de la fête. Le lendemain, dimanche, la messe se célèbre avec grande pompe au couvent et, aussitôt après, le choros commence à déployer sa chaîne multicolore sous les oliviers ; au bout d'une heure et demie, la danse cesse, mais pour recommencer l'après-midi sur la petite place de Kastri : là elle dure sans interruption jusqu'au coucher du soleil. La danse en chœur est une des coutumes les plus caractérisques que les Grecs aient héritées de leurs pères ; ce n'est pas, on le comprend sans peine, notre danse tourbillonnante, où l'homme et la femme dévorent l'espace enlacés par l'amour et enivrés par le plaisir et le mouvement ; non, ici, comme dit M. About, Pierre ne danse pas avec Marguerite, mais tout le village danse avec tout le village. La mélopée monotone du tambourin et le son aigu du flageolet rhythment avec une sage lenteur le balancement des deux chaînes d'hommes et de femmes qui ondulent sans jamais se rompre ; pas un cri, pas un de ces trépignements par lesquels nos paysans donnent essor à leur ivresse ; on le sent, on est en face d'un peuple fait de raison et que de longs malheurs ont rendu grave et pensif jusque dans ses plaisirs. Malgré la rupture du jeûne, tout le monde est sobre, et si le cafetier vend quelques petits verres de raki de plus qu'à l'ordinaire, la fontaine du village a encore plus de chalands que son humble boutique.

Les danses de l'après-midi nous avaient rappelé les antiques chœurs de la Grèce : ce peuple en habits de fête, les femmes aux seins profonds avec leurs stoles traînantes et leurs ceintures voyantes, les hommes avec leur tunique aux plis flottants, les ruines du temple, les grands rochers tapissés de lumière et colorés de lueurs rougeâtres, tout jusqu'à cette colonne grossière simulant l'autel autour duquel tourne le chœur, tout nous avait transportés dans cette antiquité où les Nausicaa venaient danser aux fêtes des dieux, et où les chœurs tragiques déroulaient autour de l'autel consacré à Bacchus les savantes évolutions de la grave *emmélcia* ou danse tragique. Le soir, le tableau est changé, mais il est tout aussi antique de couleurs ; chaque maison est une salle de festin ; le plus pauvre a égorgé l'agneau traditionnel et rempli la gourde ou colocasia et chacun pratique la plus large hospitalité ; le jeûne a été si long et si dur que l'on ne pourrait guère se rassasier chez soi ; aussi va-t-on, de maison en maison, goûter le vin et l'agneau du voisin ; on dirait la fête antique des Théophanies. Notre hôte nous conduit avec lui de porte en porte, de table en table ; partout recommence la dégustation du vin et de la chair d'agneau. Malheureusement nos forces ne sont pas à la hauteur de notre bonne volonté, et nous laissons bientôt le nom suisse exposé à la risée de notre hôte, qui ne comprend pas qu'on ne sache pas mieux faire honneur à une panégyris. Les Grecs n'entendent décidément rien à nos estomacs civilisés, esclaves de l'heure et de l'habitude ; ils en sont encore au régime des compagnons d'Ulysse, qui ne faisaient la cuisine que lorsque le vent les jetait sur une plage et en prenaient chaque fois à leur soûl pour trois ou quatre jours. A dix heures du soir tout est à peu près fini ; il ne serait pourtant point vrai de dire que le combat finit faute de combattants, car malgré les rondes dansantes, malgré les rondes pantagruéliques, tout est calme dans Kastri ; chacun a bu suivant ses forces et obéi au précepte d'Horace : « Ne quis modici transiliat munera Bacchi. »

## XIV

### Arachova et le couvent de Jérusalem.

Que le touriste qui aime les contrastes ne s'arrête point à Delphes. Après Delphes, il faut voir Arachova ; après la Grèce antique, la Grèce moderne. Vous quittez à regret Castalie et le platane d'Agamemnon ; mais, hélas ! voyager n'est-ce pas se condamner à se séparer éternellement de ce qui commençait à vous devenir cher ? Près du temple de Minerve, votre œil cherche à reconnaître au-dessus du chemin les blocs qui vengèrent le sacrilége des Perses ; sans doute, les tremblements de terre les ont peu à peu poussés jusqu'au fond de la vallée ; à leur place gisent de grands quartiers de rochers détachés par le récent cataclysme. Des tombeaux ouverts dans la roche ajoutent à l'impression tragique des lieux ; voici, à côté même du chemin, une grande porte funèbre aux panneaux disjoints ; c'est sans doute l'image de la porte de l'Hadès, ouverte jour et nuit aux sombres légions des morts; un figuier, qui fait éclater la pierre sous la pression de sa jeune sève, semble vouloir achever l'œuvre des tremblements de terre, et lancer à la mort un défi orgueilleux. A quinze minutes de Delphes, le chemin passe à côté d'une tour qui élève jusqu'à trois mètres ses savantes assises helléniques; est-ce un tombeau ou un poste d'observation? il n'y a dans les débris rien qui puisse nous tirer de notre incertitude.

Le sentier, presque aussi pierreux mais moins escarpé que celui de Chryso à Kastri, suit fidèlement tous les promontoires et tous les sinueux replis de la montagne; la pente, aussi raide que celle des vignobles du Léman, est tout entière couverte de ceps bas qui donnent l'excellent vin d'Arachova. Faites à votre guide l'observation que la culture de ces montueux vignobles doit être fort pénible, il vous répondra d'un ton dégagé : Oui, mais ce sont les femmes qui y travaillent. Les hommes devraient au moins se charger de tracer des chemins, puisque les femmes veulent bien vaquer aux durs travaux du vigneron; le sentier, partout mauvais, devient ici si étroit qu'on risque de rouler sur les pentes ou de rester suspendu aux épines des buissons. Enfin se montre, derrière les pointes de rochers, l'imposante bourgade d'Arachova, dont les maisons à toit rouge escaladent en files serrées les pentes du Parnasse; immédiatement au-dessus du village se dressent de grands rochers, émules des Phédriades, tandis qu'au sud les arêtes parnassiques se redressent en pitons isolés.

Mes voyages en Grèce m'ont amené deux fois à Arachova. La première fois, c'était un dimanche du mois de mai 1875. Nous avions visité à la hâte Delphes pendant la journée, et, vers cinq heures du soir, nous faisions notre entrée à Arachova, suivis de deux agoyates que nous avions emmenés de Chryso. De loin déjà, un bruit étrange avait attiré notre attention ; nous nous arrêtons dans une rue montante, devant la maison du dimarque, à qui nous étions adressés ; le dimarque étant absent, on nous conduit dans la demeure d'un notable du village. Un jeune homme d'un type superbe, avec quelque chose de cette morbidezza italienne qui est rare en Grèce, nous reçoit et nous offre de nous conduire au chœur. La place de danse est une plateforme rocheuse située à l'extrémité est du village, dans le voisinage de quelques têtes de rocher au relief accentué ; à mesure que nous approchons, l'oreille perçoit toujours plus distinctement les sons de la musique, tandis que l'œil découvre tout à coup toute une mer chatoyante de costumes blancs, bleus et rouges. Au moment où nous arrivons, tout le village a les yeux fixés sur quatre ou cinq danseurs qui se tiennent par la main, reculent puis avancent, non sans exécuter de gracieuses pirouettes où leur corps semble balancé à la fois par le rhythme monotone de la musique et le jeu de la danse. Quelques jeunes gars assis sur le bord de la plateforme se lèvent pour nous faire place ; l'orchestre est représenté par un tambourin et un joueur de flageolet, qui reprend en sous-œuvre toutes les contorsions du chœur et sollicite, avec une mimique fort amusante, la générosité un peu paresseuse de la galerie. Nous sommes à une fête de noces, où les chœurs d'hommes et de femmes alternent, puis se mêlent l'un à l'autre. On nous montre l'époux, au moment où il prend la tête du chœur; son bonheur lui donne des ailes et lui inspire d'aimables entrechats et des ronds de jambe artistement exécutés. Après la danse de l'époux vient celle de l'épouse; pâle comme une Caryatide, elle porte sur la tête une sorte de tiare, et sur la poitrine le grand pectoral des jours de fête; ses pas sont timides et mal assurés, mais son maintien est digne. Notre hôte, assis à nos côtés, nous rend attentifs aux diversités de costumes et aux mille détails du spectacle; quand je l'entends parler de la nymphe ou mariée du jour, des parthenoi ou vierges, que je lève les yeux sur les rochers habités par les Muses ou que je les abaisse sur le golfe de Corinthe, je me demande presque si je suis de mon siècle et si je ne me trouve point transporté comme par enchantement dans les premiers âges de la Grèce.

Quand le chœur est fini, notre hôte nous conduit consciencieusement sur les trois collines de la bourgade, et, avant tout, sur l'acropole qui porte l'église de Saint-Georges. L'église, absolument ruinée par le tremblement de terre qui a coûté la vie à vingt-six Arachovites, se relève du milieu de ses décombres plus belle qu'auparavant; de grandes yeuses l'abritent contre les souffles glacés du Parnasse; tandis que, du côté du sud, la vue, dégagée par l'effondrement du mur d'enceinte, s'arrête au milieu des brumes du soir sur les masses violettes du Chelmos et des Aroaniens. Pour nos guides, le monde finit à la vallée de Delphes, et aucun d'eux n'est familier avec les noms des massifs arcadiens, qui leur apparaissent aussi distinctement que les Alpes aux habitants du Jura. Dans les rues d'Arachova, les chants n'avaient point cessé; çà et là nous rencontrions des groupes de jeunes filles se tenant par la main et dansant au son des chansons; quelques-unes d'entre elles, blondes comme Vénus et grandes comme Pallas, nous frappaient par leur idéale beauté, et nous semblaient être un chœur de nymphes descendues du Parnasse pour célébrer quelque poétique fête. Revenus chez notre amphytrion, nous trouvons la grande chambre de la maison envahie par les belles danseuses d'Arachova: au premier rang brille la fille de la maison, que la présence des étrangers rend doublement timide. Pendant la soirée, j'eus le loisir d'examiner son costume, composé d'un gros par-dessus fort élégant et d'une longue chemise bouffante très fine, ouverte au col, à longues manches pendantes et imitant les plis d'une stole antique; sur le devant du corps tombe un gros tablier rouge en laine épaisse, attaché plus bas que la taille par une large bande d'étoffe voyante; cette bande joue un rôle considérable dans le costume de la femme, c'est elle qui indique son état civil; est-elle demoiselle, le bandeau est rouge: lorsque le jour de l'hymen luit pour elle, il se teint en bleu. Il ne manquerait plus aux garçons, pour être bien renseignés, qu'une bande d'étoffe dont la largeur fût proportionnée à la dot des filles, mais ce progrès se réalisera peut-être un jour; en attendant, les candidats au mariage peuvent trouver quelques renseignements utiles dans les *chrysaphia* ou plaques de métal précieux dont les femmes couvrent leur poitrine aux jours de fête, et dans les *floria* ou médailles dont elles se font parfois des diadèmes. Je ne sais si je me trompe, mais il me semble qu'à Arachova les vieilles filles sont plus rares que chez nous ou du moins qu'elles se montrent moins en public; nombre de jeunes personnes, encore jeunes et fraîches, déjà parées de la ceinture d'Hyménée, vous disent assez que les mariages sont précoces dans ces heureuses montagnes.

Au moment où la nuit tombe, les visiteurs s'en vont, et mon hôte me demande si j'ai faim. Décidément, l'hospitalité grecque trahit de tout autres mœurs que l'hospitalité suisse; en Suisse, vous n'avez pas dit vingt mots à votre hôte que vous avez déjà goûté, de gré ou de force, son vin et son pain; en Grèce, à part le café, on ne vous offre rien jusqu'à la nuit close, et on ne s'informe de votre appétit que lorsque le sommeil est prêt à vous saisir. En attendant le régal du soir, nous causons, mon hôte et moi, du glorieux passé de la Grèce et de ses aventureuses destinées. Mon interlocuteur a lu Paparrigopoulo et son histoire de la nationalité grecque; il a entendu parler de la ville antique d'Anémoréia, qui occupait probablement les croupes aériennes du Parnasse arachovite; il voudrait beaucoup que son village natal échangeât son nom suspect de slavisme contre l'ancien nom grec. « Oui, sans doute, lui dis-je, il est doux, quand on est Grec, de faire revivre les noms antiques des bourgades et des cités; mais, ce qu'il faut avant tout pour le bonheur et la grandeur de l'Hellade, c'est du travail, c'est le bruit de la pioche et de la charrue, le bruit des aqueducs, le lourd mugissement des chars, la mélopée des machines et des battoirs; il faut que la Grèce se fasse boutiquière, qu'elle vende plus qu'elle n'achète, suivant le précepte de Caton; il faut que sa devise soit : toujours plus de vin, toujours plus d'huile, toujours plus de coton, de soie et de laine ; le travail acharné, voilà le seul avenir pour votre pays ! »

Mon hôte m'approuve et presse les apprêts du souper; il se place à table à côté de nous, prononce le sacramentel *Kalôs orisate*, avant lequel il serait malséant de mettre la main sur les mets; puis, saisissant non point une coupe mais une grosse gourde, il fait, en notre honneur, les premières libations; il prononce encore une fois le salut de bienvenue et nous tend la gourde; nous buvons à notre tour, non sans lui souhaiter également une bonne santé. L'hospitalité de notre hôte devient de plus en plus généreuse, et accumule sur notre plat des morceaux d'agneau et de fromage qui ne laissent pas de nous effrayer. Tout en mangeant, nous ne pouvons nous empêcher de prêter quelque attention à la jeune intendante qui entre et sort sans mot dire et attend en silence les ordres de son frère. Après le souper, la jeune fille étend par terre quelques draps; l'opération finie, nous attendons que l'hôte nous souhaite le bonsoir et se retire; mais non, l'usage grec veut que l'amphytrion assiste au déshabillé de ceux qu'il reçoit chez lui; nous comprenons et nous nous exécutons; la jeune fille, simple comme une vierge antique, se tient en dehors de la chambre et nous apporte ensuite de l'eau fraîche pour la nuit; puis, fidèle aux règles de l'hospitalité grecque, notre amphytrion ne nous quitte que lorsque nous sommes tant bien que mal installés pour un sommeil de quelques heures.

Lorsque j'entrai à Arachova pour la seconde fois, par un beau dimanche du mois d'août 1876, tout plein des souvenirs de l'an passé, je prêtai avidement l'oreille à tous les bruits de la vallée, mais en vain : le tambourin et le flageolet sont muets; les ruelles sont animées, comme un an auparavant, par le gracieux mirage des costumes du pays, mais la saison des jeux, des ris et des danses semble passée; le beau mois de mai n'est plus et l'août est venu, emmenant danseurs et danseuses vers la montagne; d'ailleurs, comment avoir le cœur à la danse, quand on a devant soi la perspective de quinze jours de moisson, qui seront, par surcroît de malheur, quinze longs jours de jeûnes? Nous mettons pied à terre à l'entrée du village et suivons le dédale des rues que traversent des filets d'eaux courantes; quelques jeunes femmes se lèvent pour nous faire honneur quand nous passons. Arrivés au magazi, nous y trouvons notre amphytrion de l'an passé; malheureusement sa maison est en réparation, et d'ailleurs nous préférons, pour être plus libres de nos mouvements, faire appel, pour quelques jours, à l'hospitalité moins désintéressée du cordonnier Panagiotis.

Au bout de quelques minutes, nous sommes installés dans une chambre haute; un grossier balcon de bois nous permet d'aspirer à pleins poumons la fraîcheur du soir; tous ces toits rouges coiffés d'un panache de fumée et échelonnés sur des pentes nues, les grands bastions de rochers qui surplombent de trois côtés la romantique bourgade, la bienfaisante fraîcheur de l'air, tout nous rappelle notre patrie et nos grands villages alpestres assis sur le penchant des monts. A peine sommes-nous arrivés, que Panagiotis s'est déjà emparé de nous; nous le suivons au café où il nous fait servir des rafraîchissements; nous revoyons des lieux connus, l'acropole de Saint-Georges avec son église bientôt achevée, les pitons de rochers, la place de danse. Panagiotis, qui se prévaut auprès des Arachovites de notre présence chez lui, devient de plus en plus importun. J'ai dit, à propos de Corfou, que les cicerones sont rares en Grèce, et que c'est même un des charmes d'un voyage en Orient que de pouvoir se promener de Janina à Patras, d'Athènes à Sparte, de Thèbes à Missolonghi, sans jamais se heurter contre la déplaisante figure de ces parasites; hélas! Panagiotis, sans être cicerone de profession et sans avoir jamais été à aucune école de facchinis italiens, atteint du premier bond à toutes les rouerics du métier, et nous ne nous débarrassons pour quelques instants de ses importunités qu'en lui répétant plusieurs fois de suite que nous tenons à être dans nos courses tout seuls, mais absolument seuls; sur quoi Panagiotis nous regarde avec de grands yeux. Dieu sait quel soupçon traverse son esprit! Nous revenons au logis enchantés, non point de notre guide, mais d'Arachova; oui, c'est bien là la Grèce nouvelle, telle que je la rêve, des bourgades riches de vin et d'huile, d'industrieuses ménagères filant elles-mêmes leurs vêtements et les beaux tapis de leurs demeures, partout de blanches maisons de pierre avec un jardin comme décor, de poétiques rochers comme abri et de lointaines échappées sur les golfes et les mers; puis, dans les jours de fête, des danses et des chants, des chants anciens et des chants nouveaux; car, n'en déplaise aux détracteurs de la Grèce moderne, le Parnasse n'est pas sans voix, ni Arachova sans Muses. Soyez roi comme Othon, et au retour d'une ascension sur le Parnasse, vous serez, comme lui, reçu par des chœurs de jeunes filles et de charmantes chansons improvisées par les Muses du village.

Ce soir-là, Panagiotis nous régale d'un plat de lentilles et de quelques œufs cuits dans l'huile; puis, en se pinçant le bras d'une façon fort significative, il nous conseille de nous étendre plutôt sur le balcon en plein air que dans la chambre déjà fort occupée qu'il veut bien nous louer!

Le matin, nous disparaissions de bonne heure à la barbe de notre hôte. A partir d'Arachova, la vallée du Pleistos se fait triste et solitaire; plus de vignes, plus d'arbres; l'on ne voit guère autour de soi que des galets qui resplendissent au soleil. Notre courage se fond bien vite dans cette gorge, où tout semble plongé dans une somnolence éternelle; voici pourtant un moulin qui converse bruyamment avec le Pleistos; ici, du moins, la Naïade du Pleistos chante encore, dissimulée sous un berceau de peupliers, mais la chanson joyeuse expirera bientôt sur ses lèvres au milieu des rochers desséchés ! A gauche, la ville antique d'Æolidai a laissé quelques ruines sur un mamelon de broussailles; à vingt-quatre siècles de distance, ces ruines nous parlent encore des Perses et de leurs fureurs sacriléges ; car Æolidai avait été détruite par la colonne de barbares envoyée contre Delphes, et elle n'a pas été rebâtie depuis. On se sent presque mal à l'aise un peu plus loin dans le solitaire dervéni ou défilé de Ziméno ; les rochers du Parnasse et du Xero-Vouni ont des attitudes si fières et si sauvages, la gorge est si pleine de mystère et de silence, que l'on songe involontairement à ces klephtes qui ont continué si longtemps dans ces gorges les traditions du barbare Odysseus. N'est-ce pas près d'ici qu'Odysseus fit assassiner par ses palikares ses anciens compagnons Palascas et Noutzos, et ne sommes-nous pas tout près du tombeau du chef de gendarmerie Mégas, qui succomba dans une lutte meurtrière contre le klephte valaque Davélis ? Que le voyageur se rassure pourtant, la Grèce souffre de bien des misères, mais elle a rejeté de son sein le banditisme, et le silence de ses gorges et de ses montagnes n'a plus rien de menaçant pour le voyageur.

A l'endroit où le défilé qui était plat devient rocheux, s'élève le khani de Ziméno, grand rectangle de bâtisses au travers duquel passe le chemin ; devant le khani, un ruisseau murmure sous l'ombre des saules; ici Apollon doit s'avouer vaincu, car nous sommes au mois d'août et le ruisseau trottine gaîment au milieu d'une large bordure de gazon.

Plus loin, la gorge s'incline un peu et garde son aspect rébarbatif; çà et là, quelques chênes épineux, mais partout des pierres, des contreforts rocheux couronnés d'une pellicule de verdure; à droite, le Xero-Vouni ou Cirphis tout drapé de noir; à gauche, les parois calcaires du Parnasse fort semblables à nos pitons des Basses-Alpes. Le chemin pavé que nous suivons avec précaution, de peur de faire une chute, est un héritage des Turcs, qui avaient voulu relier par une route à leur façon leurs résidences favorites de Livadie et de Salona. Depuis longtemps les pluies ont lavé le sang qui teignit tant de fois cette route tragique, car c'est ici qu'Odysseus arrêta les Turcs; les retranchements qu'il avait élevés sont encore visibles et ressemblent à ces clôtures de pierre qui séparent les alpages de nos montagnes.

Cet Odysseus, fils du klephte Androutzos et d'une mère albanaise, était le type de ces hommes de désordre qu'un peuple qui s'insurge peut bien utiliser au moment du danger, mais qu'il doit rejeter de son sein quand la lutte a cessé. Elevé à la cour d'Ali de Janina, Odysseus n'avait que trop bien profité des leçons de perfidie et de cruauté que lui donnait chaque jour ce Jugurtha albanais. Quand l'insurrection grecque éclata, Odysseus et ses palikares prirent pour quartier général les gorges de l'Œta et du Parnasse; aujourd'hui héros, demain parfait scélérat, il ne voyait dans les Turcs que des hommes à piller. Il avait, dit un poète satirique de ce temps, la mine sauvage d'un klephte, des yeux de renard, la morgue d'un Osmanli, les tempes rasées, les babouches rouges. Insurgé contre le gouvernement d'Athènes, il fut vaincu, lui et sa bande, emmené à Athènes et enfermé sur l'acropole. Un matin, on le trouva mort sur les rochers, où, disait-on, il s'était tué en voulant s'évader. On montre, au-dessus de Vélitza, la caverne béante où il avait enfoui ses trésors, et, au-dessus d'Arachova, les rochers où il aimait à planter sa tente. Ces meurtres et ces rapines n'ont point fait tort à la mémoire d'Odysseus auprès des chantres populaires, qui le célèbrent comme le type accompli du héros; la foule ne voit jamais qu'une face des hommes : elle a idéalisé Odysseus, parce qu'elle reconnaît en lui ce développement extraordinaire des instincts personnels qui caractérise le chef grec.

Après avoir dépassé le khani de Bardana, ombragé par de grands arbres, nous arrivons à la Schisté, au fameux triodos ou carrefour des trois chemins. Ici se dresse la figure tragique d'Œdipe, qui, au retour de Delphes, avait tué en cet endroit son père Laïus qu'il ne connaissait point. « C'est dans la terre de Phocide, dit Sophocle; une double route se joint là, venant de Delphes et de Daulis; c'est là que devant moi un héraut parut, et monté sur un char que traînaient des chevaux, un vieillard tel que tu le décris. Ils s'avançaient. Et hors de la route, le conducteur du char et le vieillard lui-même violemment m'ont voulu chasser. Je frappe, dans ma colère, celui qui me repoussait; le vieillard qui me voit, saisissant l'instant où je me rapproche du char, de deux coups d'aiguillon me touche sur la tête. Il reçut plus qu'il n'avait donné; car, au même moment, frappé du bâton qui armait cette main, renversé sur son char, il roule à mes pieds et je tue tout ce qui l'entoure. » Peu m'importe que la nouvelle science mythologique prouve qu'Œdipe est le Soleil, et qu'il n'a jamais tué autre chose que l'obscurité de la nuit, comme elle prouve que Prométhée n'a jamais souffert les tourments décrits par Eschyle, et qu'il n'est à l'origine que l'inventeur du promatha ou instrument à faire le feu; l'humanité n'en persiste pas moins à se retrouver dans ces expressifs symboles, elle se reconnaît, aujourd'hui plus que jamais, dans cet infortuné qui connaît tout, sauf sa propre destinée, et qui marche les yeux fermés au-devant d'inévitables catastrophes !

Entre les chemins qui se rencontrent ici, nous prenons celui de gauche qui mène à Daulis (Daulia) en serrant de près les escarpements du Parnasse; après avoir traversé un col et quelques hauteurs rocheuses, nous sommes sur un plateau qu'animent des moulins mus par l'eau du Céphise. L'aqueduc gémit sous le poids des figuiers et des amas de verdure qui le recouvrent; combien nous aimerions à tremper dans l'eau courante nos pieds endoloris et à rafraîchir notre tête embrasée sous les arceaux verts où chantèrent jadis les rossignols de Daulis ! Mais non, il faut braver le soleil, le jeûne et la fatigue, il faut marcher, marcher toujours et accomplir sa destinée. Voici la plaine de Béotie qui se découvre devant nous vers l'est, rayée çà et là de larges ombres par le jeu capricieux des nuages qui flottent dans le ciel. Tout près de nous s'élève un rocher solitaire qui porte les ruines de l'antique cité thrace de Daulis, le berceau du mythe de Philomèle, de Progné et de Térée. Philomèle est restée aux bosquets d'alentour et jette aux rochers du Parnasse sa plainte éternelle sur la mort de cet Itys qu'elle a tué de ses propres mains ; s'il faut en croire Pausanias, l'hirondelle Progné aurait fui les lieux témoins de sa honte ; aujourd'hui du moins elle semble y être revenue, car l'oiseau du printemps n'est point rare sur les rochers de Daulis. Le moderne village de Daulia est à quelque distance de l'antique acropole et plus près de la plaine : ses deux cents maisons à toit rouge, rebâties depuis la guerre de l'indépendance, dorment paisiblement à l'ombre des oliviers, des grenadiers et des vignes ; à cette heure de midi où tout retient son souffle, on n'entend que le cri du coq qui semble le seul être vivant du village. Nous descendons au magazi pour nous restaurer ; mais, hélas ! il faut nous contenter de raki et de ces inévitables pastèques dont nous faisons une consommation abusive depuis quelques semaines.

Revenus sur le plateau des moulins, nous apercevons devant nous, sur une première plateforme du Parnasse, le grand couvent de Jérusalem, dont la façade égayée de volets verts semble nous lancer du haut des rochers je ne sais quel hospitalier appel. Au bout d'une heure nous avons dépassé les métochia ou dépendances du couvent, brûlées lors de la guerre d'indépendance, et nous escaladons des rochers où passent quelques sentiers de brebis ; enfin voici le monastère lui-même, le grand chemin que nous avons manqué et de larges abreuvoirs. Nous entrons dans la cour, et comme Thémistocle chez Admète, nous prenons place en l'absence du maître, non point toutefois sur le foyer, mais sur le puits. Les chiens nous jettent des coups d'œil peu rassurants; mais nous voyant déjà dans l'enceinte, ils s'abstiennent d'aboyer. Enfin la porte qui s'entrebâille nous laisse apercevoir, *horresco referens*... une dame, puis un moine ou caloyer qui nous fait signe d'entrer. Nos yeux ne nous ont point trompés, la dame que nous avons cru voir est une véritable dame, une Athénienne, femme d'un officier en garnison à Livadie. Je me rappelle avoir lu dans les *Excursions en Grèce* de Ross, que la reine Amélie, voyageant avec le roi Othon, fut fort déconcertée certain soir qu'elle heurta avec son auguste époux au couvent d'Hosios Loukas en Phocide. Le roi fut reçu à bras ouverts, mais la reine étant femme ne pouvait, suivant la règle monastique, entrer dans le couvent. La subtilité grecque vint toutefois à son secours et lui ouvrit les portes du saint édifice: le prieur se souvint que le roi, suivant l'église byzantine, est prêtre, et la reine elle-même considérée comme prêtresse put à ce titre forcer la consigne. Le couvent de Jérusalem, on le voit, suit une règle moins cruelle à l'endroit du beau sexe. Le monachisme d'ailleurs perd chaque jour du terrain en Grèce; un grand nombre de couvents ont été sécularisés, les autres sont préoccupés uniquement de faire valoir les terres qui leur restent, et quelques-uns même, comme le nôtre sans doute, sont déjà entre les mains de ces prêtres séculiers qui peuvent être mariés et qu'on appelle pappades et non calogeroi. Les moines ont fait leur temps en

Grèce comme ailleurs : si, dans la Grèce proprement dite, ils n'ont jamais été des lumières et des flambeaux de science, ils ont du moins toujours tenu bien haut le drapeau de la croix et du raïa ; leurs murailles grises ont presque toujours été des forteresses entre les mains des Klephtes et de sûrs asiles contre les Turcs. Aussi l'histoire donnera-t-elle une place aux caloyers à côté des bandits héroïques dont ils ont été souvent les heureux complices dans des temps où la patrie n'était point encore née : mais elle ne gémira point de leur disparition que rien ne saurait désormais conjurer. A l'heure qu'il est, les monastères sont d'agréables surprises pour le voyageur qui parcourt la Grèce sans courrier et sans matelas : Vourkano, Mégaspiléon, Phonia, Scripou ont été pour moi autant d'étapes charmantes ; un panorama toujours splendide, un repas solide, une conversation d'ordinaire intéressante et un bon matelas, tels sont les trésors que les couvents grecs réservent au voyageur fatigué : c'est plus qu'il n'en faut pour qu'il pardonne sans peine aux caloyers leur existence parasite et leur nonchalance par trop affichée.

Le père Grégoire et le père Dimitri ont, comme tous les caloyers grecs, des barbes splendides et une physionomie imposante ; ils ont de plus le bon esprit de nous conduire sur un balcon de bois ouvert sur Daulis, sur la Béotie, l'Eubée et l'Attique. Tout autour de nous règne une joyeuse activité qui contraste avec le silence des gorges de Bardana : au-dessous de notre galerie ce sont des lapins et des pigeons chers aux divinités de l'amour qui s'ébattent dans leur volière et que les chiens de chasse des caloyers contemplent d'un œil où se peint la concupiscence sans espoir; plus loin se voient, dans les jardins qu'abritent de grands peupliers, des escouades d'ergatès qui travaillent à la terre au milieu du mouvement des troupeaux et du concert harmonieux des clochettes : de tous les points de la forêt débouchent des processions de paysans venus de Daulia pour faire leurs provisions de bois. La chaleur est tombée, et la fraîcheur du soir a rendu à nos sens la paix, et à nos membres leur élasticité habituelle : c'est le moment de la promenade. Le père Grégoire et l'Athénienne nous conduisent au milieu de magnifiques sapins, le long d'un rocher qui disparaît sous d'épaisses toisons de lierre : çà et là s'ouvrent dans la roche des antres où la campanule détache ses dés d'azur sur le vert luisant de l'arbuste cher aux Bacchantes qui hantaient ces lieux. Mais le charme idyllique ne domine jamais longtemps dans les paysages grecs; nous atteignons bientôt un cap de rochers où de gros blocs battus par la foudre éveillent l'image de la mort et de la désolation. Le site au reste est un vrai belvédère et le panorama de ceux qu'on voudrait fixer à toujours dans son imagination pour le contempler dans les heures d'ennui ou de découragement.

Derrière nous se voit le couvent, dont le nom palestinien résonne si bizarrement dans des gorges où vit encore le souvenir des Bacchantes; vu d'ici, il semble écrasé par trois puissants chaînons qu'unit le col qui mène à Arachova. Ces abruptes ne sont pas nus et désolés comme les Phédriades de Delphes, un riche vêtement de verdure et de buissons couvre leurs flancs et l'on peut même distinguer vers le nord, du côté de Dadi, une véritable forêt alpine pleine d'ombre et de mystère. Les sapins n'ont point ici les formes élancées et sévères qu'ils ont chez nous; ils sont au contraire branchus, touffus, arrondis en cintres majestueux; leur beauté est plus opulente et moins grave. L'orient, plus illuminé par le couchant que les gorges du Parnasse, nous offre le plus merveilleux panorama qu'on puisse rêver; le premier plan est un plateau ondulé et rocheux, vert mais sans futaies, qui s'incline du côté de la plaine jusqu'à l'acropole de Daulis et au village moderne de Daulia; au milieu de ce plateau l'œil suit avec amour le sinueux filet d'argent qui fait bruire les moulins et s'en va grossir au loin le Céphise; puis vient la grande et large plaine béotienne avec ses champs moissonnés et ses verts espaces plantés de coton. Ouverte seulement à l'est sur la Phocide et à l'ouest sur le lac Copaïs, elle est bordée de collines où les acropoles antiques trônent au-dessus des villages modernes blottis à leurs pieds. Voici d'abord, du côté sud, Hagios Vlasis, pauvre village de huttes au pied de l'antique Panopée; plus loin Kapourna, la patrie de Plutarque, qu'on devine derrière une colline qui se rase; sur le côté nord s'aperçoit distinctement Scripou, la vieille Orchomène des Minyens, enveloppée par les sinuosités du Mélas et du Céphise. Bien au-delà de Daulis le Parnasse se relève en escarpements subits où se montre Livadie dont la grandeur est tombée avec les Turcs; plus loin se dresse l'imposante carrure de l'Hélicon, rival malheureux du Parnasse ; l'œil irait sans peine jusqu'à Thèbes, si les bizarres dentelures du mont Phacas ne la dissimulaient aux regards ; quant à Athènes, l'on ne peut que la pressentir derrière les montagnes bleuies par l'éloignement. Au reste, l'Eubée nous dédommage presque des monts de l'Attique ; elle nous apparaît baignée de cette lumière douce et violette où la nature qui s'endort semble mettre toute son âme.

Ici chaque nom réveille un grand souvenir, et malgré les barbares, malgré les longs siècles d'ignorance, chacun de ces hameaux a conservé quelque œuvre d'art qui lui rappelle sa grandeur passée. Scripou a le trésor de Minyas, Romaiko la fameuse statue archaïque d'Ulysse reconnu par son chien, Kapourna le lion qui immortalisa la triomphante défaite des Grecs battus mais non domptés par Philippe. Seul sur cette arête isolée du Parnasse, loin du bruit des hommes et bercé par le tintement lointain des clochettes qui est comme le chant naturel des montagnes grecques, je n'ai qu'à prêter un instant l'oreille pour entendre la grande voix de la légende et de l'histoire : voici devant moi le pays des industrieux Minyens, habiles à creuser des canaux et à prévenir les inondations ; voici le sentier que suivait Apollon lorsque, sorti de Panopée où il venait de frapper le géant Tityos, insulteur de Latone, il s'acheminait vers Delphes où l'attendaient une nouvelle lutte et un nouveau triomphe ; c'est aussi devant ce rocher qui noircit dans la nuit que passa Œdipe, chargé de la malédiction du parricide. Après le cortége des dieux et des héros, je vois défiler devant moi toutes les grandes figures de l'histoire : Léonidas passa non loin d'ici avec ses trois cents ; cette arête où je suis a sans doute servi de refuge aux Grecs, épouvantés par la masse d'hommes que Xerxès jetait sur la Grèce; elle a vu défiler les Perses, ivres d'une sacrilége fureur, elle les a vus revenir pâles de terreur et chargés du courroux des dieux. Hélas ! si les corbeaux du Parnasse se sont souvent rassasiés des festins que leur préparait l'épée vengeresse des Léonidas et des Aristide, combien plus souvent encore ne se sont-ils pas repus du sang des Grecs versé par d'autres Grecs ! Toute cette plaine de Béotie a été un perpétuel champ clos pour les ambitions fratricides de Sparte et d'Athènes, qui s'y sont vingt fois mesurées sous Périclès et sous Alcibiade ; cette plaine a vu Xénophon tirer l'épée contre sa patrie, Démosthène fuir devant Philippe ! Bientôt Sylla y vainc l'Orient ligué sous Mithridate ; mais à ce moment la Grèce ne s'appartenait plus et déjà tombaient sur elle les ombres de cette longue nuit de dix-huit siècles qui lui donne le droit d'espérer le retour du soleil et de la vie. Combien de fois le Parnasse n'a-t-il point dû frémir à la vue de ces hordes de Bulgares, d'Avares, de Slaves et d'Albanais, qui auraient étouffé la Grèce, si la Grèce pouvait périr ! et comment son front de marbre ne s'est-il point voilé à la vue du Turc, si longtemps assis à ses pieds comme le spectre hideux de la destruction !

Au moment où nous regagnons le couvent, les feux du soir s'allument dans la plaine du Copaïs et la fumée monte lentement en colonnes d'encens vers le ciel assombri par la grande silhouette du Parnasse; à notre arrivée nous trouvons le repas servi; mais quel repas ! des aubergines et des légumes cuits dans l'eau et pour nous autres hétérodoxes deux ou trois œufs ! Si les bons vieillards jeûnent, ils ne prient guère, et le soir nous les voyons se reposer des fatigues du carême... en jouant plus d'une bruyante partie de cartes.

## XV

### Ascension du Parnasse

Vous souvenez-vous, lecteur, du Parnasse que Raphaël a peint au Vatican dans la chambre de l'école d'Athènes? Une colline verdoyante, quelques arbres épais, de frais cours d'eau, des temples, des statues, Apollon assis et devisant, sa lyre à la main, les Muses, ses compagnes, suaves figures qui rappellent les Psyché; à leurs pieds les poètes Homère, Virgile, Ovide, Dante, docte et sainte assemblée des plus beaux génies que le monde ait salués, puis, sur toute cette scène idéale, une lumière plus empourprée que la lumière grecque, sans doute celle que Virgile rêvait pour ses Champs-Elysées.

Est-ce bien là, me demanderez-vous, est-ce bien là le Parnasse de la réalité? Non, le Parnasse de Raphaël est plus beau, plus idéal, plus fleuri que le vrai, il est surtout moins rocailleux et d'un abord bien plus aisé ; mais s'il est doux de se laisser bercer par des fictions plus délicieuses encore que la plus belle des réalités et d'errer en esprit sous les bocages de lauriers avec les sages de tous les temps, c'est quelque chose aussi que de gravir une fois les âpres sommets du vrai Parnasse, de s'asseoir sur son trône brisé et de s'enivrer de la poésie silencieuse de ses rocs découronnés et veufs de laurier.

Les froides allégories de l'école classique, au lieu dé grandir le Parnasse, l'ont rapetissé: la double colline de J.-J. Rousseau a 7000 pieds de hauteur et dresse ses parois presque à pic depuis le bord de la mer : six heures de marche pénible suffisent à peine pour en atteindre le sommet depuis Delphes. Les Delphiens prétendent qu'on peut cheminer à dos de mulet jusque près de la cîme ; mais on doit bien quelques égards au Parnasse, et plutôt que d'invoquer le secours d'un Pégase rétif, je suis décidé à gravir à pied la poétique montagne.

L'ascension, pour être faite commodément, demande deux jours. Le premier, nous nous rendons de bon matin aux Calyvia d'Arachova. Est-il possible de nier les progrès de la sécurité publique en Grèce, quand on songe qu'il y a trente ans le Parnasse était encore un repaire de Klephtes, tandis qu'aujourd'hui nous nous mettons en route pour le gravir avec une canne dans une main et une couverture de laine dans l'autre ? Après avoir suivi pendant trois quarts d'heure un sentier à la fois rocailleux et glissant, nous arrivons sur le bord du plateau des Calyvia, situé à plus de 1200 mètres d'altitude. Les Calyvia ne sont point des chalets suisses tout pleins de l'appétissante odeur du laitage, ce sont de grossières masures de pierre, servant d'abri aux travailleurs qui labourent, ensemencent et récoltent les champs de la montagne. Au printemps de l'année précédente, nous avions trouvé le plateau tout humide encore des neiges de l'hiver; aujourd'hui tout est jaune et fendillé par l'éclat du soleil. Au milieu du plateau se dresse tout un campement de moissonneurs, car à Arachova on fait la moisson comme on fait en certains pays la vendange : c'est une fête à laquelle chacun prend part : hommes, femmes, enfants circulent pêle-mêle au milieu des gerbes d'or et l'on dirait que la moitié de la bourgade s'est transportée ici. Des gourbis en planches, couverts de branches de sapin et pittoresquement disposés par groupes, forment tout un village de tentes vertes. De tous côtés ce ne sont que des clameurs et des scènes de cirque : d'énormes monceaux de gerbes étalées sur le sol forment comme autant d'arènes circulaires où galopent des escouades de chevaux borgnes et efflanqués; dans l'Eubée on se sert de traîneaux montés par un gars aussi bruyant qu'un cocher de cirque; ici le sabot des chevaux qui tournent autour d'un pieu central est chargé de la besogne du repiquage : Homère revenant sur le Parnasse n'y retrouverait pas même le fléau qu'il met entre les mains de ses laboureurs. La Cérès éleusinienne pourrait s'indigner elle aussi de voir ses dons méprisés par les descendants de Triptolème; comme à Apollonia, le zéphir se charge à lui seul de séparer la paille du grain et de dispercer au loin le froment nourricier. Je suis convaincu que la Grèce pourrait ensemencer toutes les terres labourables qu'elle laisse en friche avec ce que lui fait perdre le mépris qu'elle professe pour les instruments aratoires les plus simples.

Au milieu des gourbis s'élève une cahute de planches : c'est la cantine du camp; on y débite du raki, du pain, du fromage de brebis et ces éternelles pastèques sans lesquelles nous mourrions de soif et de faim ; quant aux lentilles et aux tomates crues qui faisaient les délices des gourmets d'Arachova, elles ne nous inspiraient qu'une profonde répugnance. La société est plus variée que les mets : ici le palikare aux longues moustaches est assis à côté de l'étudiant d'Athènes, revenu au village natal où il a soin d'échanger la jaquette de drap contre le costume de ses pères.

Le plateau est environné de toutes parts d'une enceinte de hauteurs rocheuses richement boisées de sapins noirs : c'est sur une de ces pentes que s'ouvre la grotte corycienne que venaient jadis visiter en foule les pèlerins de Delphes. En se dirigeant vers le nord, on traverse le plateau dans toute sa longueur jusqu'à un petit lac qui se dessèche en juin : c'est ici que commence une laborieuse ascension au travers des broussailles et des pierres roulantes : on se demande où le guide va trouver la caverne ; enfin, après avoir bien examiné les lieux, il avise un rocher percé d'une ouverture triangulaire. Nous sommes devant les quarante salles ou Sarantavli, comme disent les Grecs modernes. « Des cavernes que j'ai vues, dit Pausanias, celle-ci m'a paru la plus digne d'être visitée, et il cite les plus célèbres qu'il a explorées en Grèce et en Asie. Mais l'antre corycien, ajoute-t-il, surpasse en grandeur tous ceux dont j'ai parlé, et l'on peut en parcourir la plus grande partie sans lumière. La partie supérieure s'élève suffisamment au-dessus du sol ; l'eau qui vient des sources dégoutte surtout du haut, de telle sorte que dans toute la grotte on voit sur le sol les traces de ce suintement. Les habitants du Parnasse regardent cet antre comme consacré aux nymphes coryciennes et à Pan. » Une inscription ancienne, aujourd'hui disparue, dédiait en effet la caverne à Pan et aux nymphes, il n'y a donc aucun doute à avoir sur l'identité de Sarantavli et de la grotte corycienne. L'entrée de la première chambre a été obstruée pendant la guerre des Turcs par les réfugiés arachovites : il faut se baisser pour pénétrer dans la grotte. Dès l'entrée, le toit se relève et la salle s'arrondit en une grande chapelle gothique de quatre-vingt mètres de long, aux voussures un peu déprimées : on y trouve partout ces stalagmites dont parle Pausanias, éclairés d'une demi-lumière dont les teintes vertes et roses leur donnent l'aspect le plus pittoresque : partout aussi pendent au rocher des auvents de marbre et de grandes tentures blanches qui ont le velouté du champignon et la dureté de la pierre. « Dans ce demi-jour mystérieux, dit M. Foucart, le bloc du fond semble un autel qui supporte les divinités adorées dans cette retraite ; de chaque côté de l'autel se dressent d'autres groupes de statues fantastiques, si vivantes, si hardies dans leurs poses, qu'on les prendrait pour des hommes saisis au milieu de l'action et pétrifiés par un prodige. Nulle part l'illusion n'est aussi forte et ne s'empare aussi vivement de l'imagination ; l'autel, les divinités sont encore à leur place, il semble que la foule bruyante des adorateurs de Bacchus va reparaître et reprendre les sacrifices et les chants, un moment interrompus. »

Pour passer de la première chambre dans la seconde, il faut se déchausser et franchir un seuil de rochers glissants et humides: on se trouve alors devant une grande façade noire qui sert de registre aux visiteurs de la grotte; ces graffiti, dont quelques-uns sont princiers, nous font remonter jusqu'en 1836 et ne manquent pas d'intérêt. Je retrouve mon nom intact gravé sur la roche une année auparavant: depuis lors, les pèlerins n'ont pas dû être nombreux et le registre ne s'est guère enrichi. Le guide, à notre retour dans la grande salle, ne nous fait pas grâce des coups de pistolet obligés dont la détonation produit réellement un effet de répercussion étonnant; nous laissons à notre homme nos cierges qu'il s'en ira offrir à quelque chapelle du voisinage, et nous quittons, vers midi, cette grotte qui ne vaut pas, dit-on, celle de l'Adelsberger; mais celle de l'Adelsberger n'a jamais été consacrée à Pan ni aux nymphes, elle n'a pas abrité, il y a vingt-cinq siècles, les concitoyens de Miltiade et de Léonidas, et elle ne s'ouvre point en face du Parnasse au double sommet.

L'air est d'une lourdeur intolérable, et la sieste s'impose à notre lassitude; de pesants nuages tournoient autour du Parnasse ou Liakoura et menacent de l'envelopper d'un diadème de pluie et de froidure: c'est au mois d'août surtout que l'on peut répéter le mot de Byron : Qui a jamais vu Liakoura sans voile ? Mon compagnon renonce dores et déjà aux honneurs de l'ascension et s'endort sous un gourbis. Pour surcroît de malheur, les guides sont fort rares, car tout le monde est occupé et le Grec n'a guère l'humeur aventureuse de nos clubistes; il faut avouer d'ailleurs que le jeûne n'est pas fait pour la développer. A trois heures, ma résolution est prise; je ne veux point quitter le Sinaï grec sans l'avoir gravi, et je braverai les nuages et les feux qui embrasent ma tête et font fléchir mes jambes. Enfin, un pâtre, doué d'une figure plus ou moins honnête, s'offre à me conduire. Le prix longuement débattu, nous partons.

Nous traversons tout d'abord, en droite ligne, les livadia ou prairies d'Arachova, que les fées malignes de la montagne semblent avoir à plaisir parsemées de milliers de petits cailloux aigus; mon pied se froisse à chaque instant sur ces pierres que les larges babouches de mon guide foulent impunément. Pour surcroît de malheur, mon homme veut bien me conduire, mais il refuse de me rendre les services de porteur, parce que nous n'en sommes pas convenus à l'avance. Les dernières masures du hameau d'été sont derrière nous, et nous recommençons à remonter un large sillon boisé où serpente un sentier de bûcheron. Déjà épuisé par les fatigues des jours précédents, je m'arrête tant et si souvent que mon homme impatienté consent à me débarrasser de mon fardeau. De grands bois d'épicéas emplissent la gorge d'ombres épaisses, tandis que çà et là se dresse quelque grand genévrier solitaire, que le peuple décore du nom de cèdre; de temps en temps aussi, mon guide quitte le sentier pour aller prélever son tribut sur quelque champ de lentilles, car les lentilles du Parnasse sont aussi célèbres dans la vallée de Delphes que ses lauriers dans la poésie classique. Une fois le sillon gravi, on traverse quelques ravins boisés et on se trouve au pied de la grande croupe qui forme la masse du Parnasse. Ici plus d'arbres et plus de sentiers de dévêtissement; il faut marcher sur le roc dur et tranchant et profiter des ressauts inégaux que vous offre la pente. Mon guide a le pas désespérément rapide; si l'ère des klephtes n'était point définitivement close, je l'aurais soupçonné de ne se sentir en sûreté que dans l'Aire du diable, entre les deux sommets du Parnasse. J'ai beau prouver à mon homme que le soleil est encore haut et que nous avons du temps avant la nuit, il continue à monter, et je n'ai d'autre ressource que de le suivre *longo sed proximus intervallo* en enviant, à part moi, ses jambes, et en rêvant aux invraisemblables ébats des Thyades.

Enfin, après trois heures et demie d'ascension ininterrompue, nous doublons le piton rosé du Gerontovrachos (Roche des vieillards) et nous entrons dans un grand cirque pierreux; des aboiements furieux retentissent aussitôt de toutes parts; ces aboiements, c'est le salut, c'est la délivrance. La cabane de pierres du berger n'est pas loin; d'ici je la vois adossée au rocher; le berger, enveloppé dans sa grande cape de laine, prépare sur le foyer installé en plein air le mets du soir; ce mets, c'est la dromési, du pain noir délayé dans de l'eau. Un peu de raki apporté d'Arachova, du pain, du fromage frais, de l'eau glacée et un peu de dromési composent tout le menu de mon dîner, mais qu'importe! l'ascension est presque terminée et demain je toucherai au but sans effort. Un froid piquant fond sur la montagne avec l'obscurité et le feu devient un agréable compagnon de veillée. Enfin, je m'étends à quelque distance de l'âtre dans un réduit sans toit; mais le froid et, Dieu me pardonne! des insectes aux instincts par trop klephtiques m'empêchent de fermer l'œil et me donnent tout le loisir de méditer sur mes illusions perdues et les vicissitudes d'un voyage en Orient; à mesure que je vois descendre les étoiles vers le piton de Gerontovrachos, le baquet qui me sert d'oreiller me semble toujours plus dur, les pierres sur lesquelles je suis étendu toujours plus gênantes; de temps en temps, un des chiens du berger vient me flairer avec une familiarité cynique; heureusement, le chien, en Orient, est élevé dans les principes de l'hospitalité: une fois sous le toit du maître, je suis un hôte qu'on doit respecter, et un simple oxo! crié d'une voix impérieuse, suffit pour me débarrasser de ses importunités.

A deux heures et demie, nous sommes debout; le berger est loin et dort sans doute sous quelque rocher; je ne puis, à mon grand déplaisir, lui témoigner ma reconnaissance pour son hospitalité; j'aurais aimé aussi repasser plus tard dans sa hutte, peut-être alors m'eût-il chanté quelque antique tragoudi, car les bergers du Parnasse ne sont pas seulement hospitaliers, ils sont connus au loin par leurs chansons; leur langue a conservé, comme leurs superstitions, un cachet antique, et l'on entend résonner dans leur bouche des mots qui étaient déjà vieillis du temps de Sophocle et de Platon. L'obscurité est complète; la marche d'abord facile devient de plus en plus pénible; après avoir franchi le col du Gerontovrachos, nous descendons dans l'*aire du diable;* le ciel qui blanchit jette à peine un peu de lumière sur ce champ sinistre, où les néréides et les loups garous appelés vroukolakas viennent danser leurs rondes infernales; à cette heure indécise, les rochers entassés pêle-mêle dans le fond de l'excavation prennent des attitudes sinistres et des teintes de linceul; la montagne semble avoir été fendillée et labourée en tous sens par d'effroyables convulsions; pas un seul bloc intact, tout est percé de crevasses où le pied fausse et se perd. Surtout à cette heure, l'aire du diable fait songer plutôt au terrible Charon des chansons grecques qu'au radieux Apollon. Bientôt une pente raide se dresse devant nous, c'est le sommet de Liakoura. Quelques minutes d'effort et nous sommes au but. Un pâtre valaque ou karagouni, à la face halée, s'estompe vaguement tout près de nous dans la brume matinale; je lui offre une goutte de raki et en échange il calme ses chiens. Cinq minutes après, je poussais un long soupir de soulagement, j'étais sur Liakoura, sur le sommet où Deucalion aborda avec son arche, et je n'avais plus qu'à attendre le lever du soleil.

Je tiens mes regards fixés sur l'Eubée, car c'est

là qu'il va paraître. Le ciel, encore pâle et froid, est rayé de zones violettes, roses et bleues ; toute la Grèce apparaît comme noyée dans une vaste pénombre; la Thessalie, la terre des mythes, est enveloppée de ténèbres; le golfe de Corinthe frissonne dans la brume comme une plaque de métal refroidi; les montagnes de la Locride et de l'Etolie dressent, à la même hauteur que le Parnasse, leurs têtes dépouillées; c'est l'image de la nuit divine, de la nuit mythique qui enveloppa la Grèce pendant de si longs siècles. Du côté de la mer pourtant, l'obscurité est moins poignante et la mer Egée s'argente de molles blancheurs; c'est d'ici que viendra la clarté qui illuminera l'Hellade. Enfin, un point rouge surgit tout à coup et un foudre lumineux perce les profondeurs du ciel. Les zones de l'horizon rougissent aussitôt et leurs écharpes de feu enserrent de plus en plus la ceinture de ténèbres qui flotte encore au ciel; l'œil contemple sans frayeur le roi du jour, car il sort à peine de son berceau; mon guide se met à chanter quelque informe péan et les oiseaux de proie qui tournoient autour de Liakoura saluent de leurs cris perçants le nouveau-né-seul, l'antique Péloponnèse se complait dans l'ombre et ses cîmes dépouillées semblent se refuser à saluer l'astre du jour; mais lui aussi finira par s'illuminer, car le ciel dessine déjà, du côté du sud et de l'ouest, un grand hémicycle rose. Enfin, le soleil prend toute sa force et son rayonnement; sorti de son berceau, il étrangle les serpents de l'obscurité et verse sur la mer des sillons d'or. Apollon est vainqueur; d'un bond il s'élance sur l'Olympe et sur les montagnes habitées jadis par les dieux ; puis, peu à peu il descend vers les sommets peuplés par les humains et découvre à l'œil les glorieuses cités où l'obscurité des premiers âges a fait place à la bienfaisante lumière des arts et des lettres. A cette heure matinale où le ciel ne tient en suspens que de légères vapeurs lentement exhalées du fond des plaines, la Grèce apparaît d'ici comme une carte d'un relief immense. Du côté du nord-est, c'est tout un gracieux enchevêtrement d'îles qui scintillent et de promontoires qui projettent au loin leurs languettes de feu : c'est la Grèce maritime du nord où commence le rayonnement de la civilisation grecque ; c'est le nord de l'Eubée, c'est Scyros, c'est Sciathos, c'est la grande chaîne du Pélion enveloppée par les eaux que sillonna Jason ; au-delà des espaces argentés de la mer Egée, c'est le mont Athos qui apparaît comme une borne plantée à l'extrémité de l'horizon. Vers le nord, c'est le double alignement des chaînes thessaliennes du Pinde jusqu'au majestueux Olympe devant lequel s'efface le Pélion esclave ; plus près l'Othrys, où combattirent les Géants, marque la fragile frontière du royaume et se continue à l'ouest jusqu'au pyramidal Veloukhi, où se noue le réseau des chaînes grecques. A l'ouest, se hissent les sommets calcaires du Xéro-Vouni et du Kionas qui dépasse de quelques mètres le Parnasse ; plus loin s'accusent les bizarres dentelures du Voidhio étolien. Je cherche en vain à mes pieds Arachova et Delphes, que cache le col qui unit le Gerontovrachos au Lyhéri ; le regard saute au sud jusqu'aux oliviers de Chryso, jusqu'à Galaxidi et aux flots encore blanchâtres du golfe de Corinthe, dont on suit les contours gracieux de Naupacte au rocher d'Acrocorinthe. Si l'on se tourne du côté de l'est, on est comme suspendu à vol d'oiseau au-dessus de la plaine du Céphise; six arêtes curieusement dentelées vous porteraient d'un bond jusqu'à Vélitza. Au-delà du golfe de Corinthe, ce n'est qu'une forêt de pitons et de cîmes dépouillées : vers l'occident, l'Erymanthe, plus près de nous, les Aroaniens qui voient naître le Styx, puis le double sommet de Ziria, derrière lesquels se devinent les vallées de la bucolique Arcadie, et à l'autre fond du tableau, le pic aigu du Taygète. Quelle joie pour le voyageur que de reconnaître, du haut de ce sommet olympien, les montagnes qu'il a péniblement gravies, les vallées qu'il a suivies pendant de longues journées, les ruines où il a rêvé ! Quel enchantement pour l'homme qui sent l'idéal, que d'embrasser d'un seul coup d'œil, dans leurs vives oppositions de formes et couleurs, les montagnes qui ont vu marcher les dieux, et les cités qui ont vu naître les héros de la poésie et des arts. Athènes seule manque au tableau; les Grecs s'en dédommagent en découvrant, dans les vapeurs de l'orient, Constantinople et ses sept collines; c'est qu'ils regardent, dit M. About, avec les yeux de la convoitise. M. de Châteaubriand, dit-on, aimait à emporter comme souvenir un peu d'eau de tous les fleuves qu'il passait; pour moi, je me contente de quelques fleurs cueillies au hasard; à cette saison, les pâturages pierreux du Parnasse ne sont point sans verdure, les arénaires, les thyms, les séneçons et les saxifrages émaillent les rochers de taches fleuries.

Tout le monde sait que ce n'est pas chose facile que d'atteindre les hauteurs du Parnasse, aucuns soutiennent qu'il est plus difficile de s'y tenir une fois qu'on y est monté; pour moi, je fis l'expérience qu'il est plus ardu encore d'en descendre. Jusqu'aux Kalyvia tout marche bien: je m'y installai à la cantine, sur un tronc d'arbre fraîchement équarri, et je m'y restaurai de mon mieux: car je n'étais point encore au bout de mes fatigues, et mon compagnon de voyage m'attendait le soir à Delphes. Vers quatre heures, je me décidai à partir; on m'offrit un guide que je refusai, parce que je connaissais le chemin pour l'avoir fait l'année précédente. Je traverse gaiement la foule des moissonneurs, bientôt je passe au pied de la grotte corcyrienne, puis devant une source qui a gardé le nom antique de Phrias, inconnu dans le reste de la Grèce, et devant les cabanes d'été des Kastrites: le terrain est boisé et coupé de ravins où croissent pêle-mêle des pins branchus et tordus, fort peu appréciés par les anciens. Une gorge profonde s'ouvre dans la direction de Delphes; je m'y engage en suivant un sentier qui se perd bientôt; la prudence me commandait de rebrousser chemin, mais la pente est si raide, et d'ailleurs la gorge n'a, au premier abord, rien de trop rébarbatif; elle va sûrement déboucher dans le voisinage de Delphes, et qui sait si ce n'est pas là le chemin le plus court sinon le plus facile?

Tantôt je suis le lit desséché du torrent qu'encombrent de gros quartiers de blocs, tantôt je me hasarde à suivre quelque piste de bûcheron qui s'efface bientôt sous la feuillée. Le soleil n'est pas loin de se coucher, et je voudrais à tout prix sortir du ravin avant le crépuscule; enfin, j'aperçois une échappée qui donne sur la vallée; malheureusement le lit du torrent se dérobe en même temps à mes pieds et s'abaisse par des soubresauts effrayants. Il ne me reste plus qu'à escalader les rochers qui sont à ma droite; la tâche n'est pas facile; tous mes membres sont baignés de sueur, la fatigue et l'excitation font fléchir mes jambes; quand je me cramponne à un rocher, le paquet que je tiens à la main m'abandonne, et lorsque j'essaie de le ressaisir, les pierres qui se détachent sous mes pas roulent avec des saccadements sinistres dans l'abîme du torrent: heureusement de gros poiriers sauvages accrochés aux rocailles dissimulent la rudesse de la pente. Enfin, après bien des efforts, j'atteins la crête de Rodini. Je me crois sauvé; Delphes est à mes pieds, à un jet de pierre, et la roche me semble, au premier abord, assez praticable. Je me dévale sans trop de peine par un couloir semé de corniches; hélas! l'illusion n'est pas longue. Je suis dans la gorge précipiteuse de Castalie; le couloir que je descends aboutit à une pente qui conduit elle-même à une formidable paroi; les pierres qui roulent ne m'indiquent que trop la route que je suivrais. La gravité de ma situation m'apparaît dans toute sa force; au bas du couloir, sous mes pieds, se montre la fontaine de Castalie.

Du haut de mon rocher, j'entends parler et je puis même compter les femmes qui viennent puiser loin du village une eau préférable à celle de Kerna;

mais, hélas! Castalie ne m'envoie aucune inspiration et ne me rend ni la force qui me manque, ni le jour qui disparaît. Il ne me reste plus qu'à appeler au secours; je crie longtemps sans que personne m'entende; enfin j'observe un certain mouvement autour de la source, et bientôt un homme me hèle et me demande si je ne puis réellement pas descendre. Je le supplie de venir jusqu'à moi, mais bientôt je n'entends plus rien, et je me crois condamné à passer la nuit sur la corniche de rochers où roulaient jadis les corps des sacriléges et les blocs lancés par Apollon. Enfin, commé la nuit était complétement close, je perçois à quelque distance les pas d'un homme, puis ses cris d'appel; bientôt nous sommes deux sur la corniche. On s'imagine sans doute que mon premier soin fut de serrer mon libérateur dans mes bras; hélas! j'allais peut-être le faire, lorsqu'il me dit: Combien me donneras-tu pour t'avoir tiré de ce mauvais pas? Après avoir un peu marchandé, nous tombons d'accord sur le prix du sauvetage, et une fois le flanc de la gorge gravi, nous commençons la descente la plus périlleuse que j'aie jamais faite, car il s'agit de se dévaler en pleine obscurité le long de Phlembouko, en évitant les couloirs par trop perfides et les pierres roulantes; heureusement les ténèbres nous voilent un peu l'horreur des abruptes. Mon libérateur a bien garde d'oublier qu'il est en Grèce; dans la situation où nous sommes, un homme du nord se tairait; le garde champêtre de Delphes (car c'est à lui que j'ai affaire) se livre à des exercices d'éloquence singulièrement inopportuns; il m'insinue que je serais mieux chez lui que chez le cafetier, qu'il est le meilleur guide du pays et que sa mule monte jusqu'au sommet du Parnasse; bref, au moment où je mets le pied à Delphes, son prestige de libérateur est singulièrement compromis; et en lui payant le prix convenu pour sa peine, je lui adresse devant tous les autres Grecs une petite mercuriale qu'il écoute en serrant dans sa main la pièce que je venais de lui donner. Son nom de Christodoulos (serviteur de Christ) est un texte tout trouvé: le cabaretier applaudit à mes réflexions sur les premiers devoirs d'un véritable chrétien vis-à-vis des voyageurs égarés, et tout le monde se sépara pour aller rejoindre qui sa grossière couverture, qui son lit de ramilles, qui sa table de sapin. Cent fois pendant mon sommeil je refis avec toute espèce de variantes plus ou moins terribles mon escapade de la veille, et le lendemain je ne pouvais faire dix pas dans Delphes sans rencontrer une femme qui me demandait d'un air plus ou moins malicieux des nouvelles de la roche Phlembouko; plus tard, le lieutenant Botilios vint me dire qu'il avait appris que je m'étais égaré dans les rochers et qu'il me priait de ne point juger tous les Grecs d'après Christodoulos. Je me consolai sans trop de peine de mes mésaventures par l'idée que je connaissais maintenant mieux que personne la gorge de Castalie et les rochers d'Apollon, et que je laissais aux Delphiens un souvenir plus durable que la plupart des touristes de passage. Si l'on fait encore des mythes à Delphes, j'aurai l'honneur d'y figurer, et l'on me citera longtemps en exemple à tous les voyageurs qui seraient tentés de se promener sans guide dans les environs de Delphes.

## XVI

### Athènes ancienne et moderne

Pour la plupart des voyageurs, Athènes est la première étape de leur tour en Orient; pour nous, au contraire, ce sera le terme de nos pérégrinations à travers l'Epire et la Grèce. Que le lecteur se rassure toutefois; notre dernière étape sera courte, et, faute de temps et d'espace, notre visite à Athènes ne sera guère qu'une courte visite de bienséance.

Il y eut, dit Sainte Beuve, il y eut une fois dans le monde une race heureuse, héroïque, à qui il a été donné de prendre la vie par son plus noble côté, de suivre au soleil la vertu, la gloire, et durant des siècles, d'y rester fidèle, depuis l'Achille d'Homère jusqu'à Philopœmen. Sur cette terre de force et de franchise, on aimait hautement ses amis, on haïssait ses ennemis sans détours, on louait avec générosité ses adversaires; il entrait de la grandeur naturelle en toutes choses. La santé de l'esprit et du corps s'accordaient et ne se démentaient pas. Et puis, on mourait comme on avait vécu; le javelot était reçu aussi hardiment qu'il était lancé; la beauté de la mort chez les Epaminondas égalait et couronnait la splendeur de la vie. Sans doute, nous ne savons pas tout; à cette distance bien des dessous échappent, et la lumière de l'ensemble voile les inévitables ombres. Mais ce qu'on peut dire en toute certitude, c'est que pareille race en de pareilles conjonctures ne s'est jamais retrouvée depuis. La force humaine déployée alors seulement dans toute son énergie et toute sa grâce, a toujours paru refoulée sur elle-même et l'âme humaine s'est repliée ».

Cette race généreuse, héroïque, tout éprise de grandeur et de beauté, c'était sans doute la race grecque dans son ensemble, mais c'était surtout le peuple d'Athènes, qui a imprimé sur toutes ses productions le sceau de cette douce sérénité, de cette harmonieuse grandeur qu'on appelle l'atticisme. L'âme d'un Athénien était tout autrement faite que la nôtre ; sous quelques rapports nous valons mieux, nous n'avons plus d'esclaves et plus de gynécées, nous commandons en maîtres à la nature, nous sommes devenus savants, mais le bonheur a fui loin de nous ; nous comprenons le monde, mais nous ne savons plus le goûter, nous savons ce qu'ont fait nos pères, mais nous ne savons plus agir nous-mêmes ; chaque cité, chaque tribu ressemble aujourd'hui à un peuple divisé contre lui-même ; nous suivons seuls et tristement notre chemin, sans savoir où nous allons ; nous avons des désirs infinis et nous sommes sans forces; aujourd'hui nous renions Dieu, demain c'est nous-mêmes que nous renions ; comme des esclaves révoltés nous faisons le vide dans le ciel, et lorsque nous avons disséqué, analysé et reconstruit l'univers suivant ce que nous appelons la raison, nous y mourons d'ennui ou de désespoir.

Aussi Athènes est-elle de toutes les villes du

monde la plus difficile à comprendre pour nous autres modernes. On dit que l'empereur Adrien, entrant dans la ville de Thésée, déposa à la porte de la cité sainte la pourpre du César romain ; nous devrions faire comme lui et pouvoir laisser aux portes d'Athènes le fardeau importun de notre vaine grandeur ; mais, hélas ! nous sommes tristes et Athènes ne fait que sourire, nous sommes vieux et Athènes ne nous parle que d'insouciance et de jeunesse divine. Rome dit quelque chose à tout le monde, parce que Rome c'est la grandeur, la force, l'éternité; qu'on le veuille ou non, la force subjugue ; mais la grâce, l'harmonie ne s'imposent qu'à celui qui vient au-devant d'elles.

Aussi ne voit-on aujourd'hui que des voyageurs *revenus* d'Athènes. On ne peut pas aujourd'hui faire décemment son tour d'Orient sans y toucher barre. Mais quoi ? on arrive dans une méchante gare, on trouve une ville aussi petite qu'un faubourg de Constantinople ou du Caire, et des bâtisses modernes sans grandeur : partout des têtes de rochers rousses et pelées comme le front d'Héraclite; point de bois, ni le palmier du sud, ni le sapin du nord, point de grands cafés ni de théâtres, aucune de ces distractions que l'on va chercher dans les grandes capitales; un peuple qui s'occupe peu des étrangers et a le tort d'éveiller par son nom seul des illusions trop souvent déçues ; on passe une ou deux heures à l'Acropole, on fait une course en voiture jusqu'à Eleusis, peut-être monte-t-on au Pentélique avec ou sans escorte pour voir l'Attique tout entière, et on revient en Europe, disant qu'on ne croit plus à la

Grèce, qu'Athènes est une méchante petite ville, que les Athéniens sont de vains discoureurs, que l'Attique est un désert hanté par des Klephtes, et qu'en fait d'antiquités on n'y voit que des temples éventrés et des statues sans tête !

Et cependant, de toutes ces vierges immortelles qui ont conduit le chœur de l'humanité et qui s'appellent Babylone, Thèbes, Jérusalem, Athènes et Rome, Athènes est sans contredit la plus grande et la moins profanée. Athènes a été le cerveau du monde et les Athéniens les propagateurs ardents et les apôtres de la pensée et de la liberté. Le salut d'Athènes menacée par les guerres médiques alors qu'elle n'avait pas accompli sa tâche, a été le salut de la liberté humaine menacée par la barbarie ; plus tard, quand la ville de Minerve fut gonflée de pensées sublimes et de grandes visions, sa mort à la liberté fut la rançon d'une civilisation nouvelle. C'est Athènes qui a mis parmi les dieux la Persuasion et la Pitié, l'une qui est maîtresse des esprits et l'autre qui est maîtresse des cœurs. A Rome, je vois partout des amphithéâtres où l'on immolait à une plèbe infâme des âmes et des corps d'hommes ; ici à Athènes, je vois le théâtre où Sophocle a fait monter l'homme sur le piédestal d'une grandeur toute morale ; non, Athènes n'a pas eu une gloire, ni même un plaisir qui n'ait été pour l'avenir un bienfait et qui ne nous demeure comme un immortel héritage ; aucune ville du monde n'a fait l'homme si grand, parce qu'aucune n'a mieux senti ce qu'il y a de divin en nous.

Athènes enfin a eu le privilége de se conserver

presque intacte : en Italie toutes les ruines du paganisme ont été pétries par la main puissante des Césars et des pontifes pour faire à la Rome nouvelle des murailles dignes d'elle, toutes les ruines païennes se sont christianisées de gré ou de force, et l'on ne reconnaît qu'à grand'peine, dans cet amalgame confus de tous les âges, les apports et les pensées de chaque siècle. La Grèce, au contraire, s'est survécu à elle-même ; tandis qu'ailleurs on mourait pour revivre, seule elle prolongeait avec opiniâtreté son existence immortelle ; aussi aucun pays du monde n'a-t-il conservé autant que la Grèce sa physionomie antique et ses traits distinctifs : entre les portiques de l'Académie et l'université moderne, il n'y a rien : Botzaris fait suite à Epaminondas et Miaoulis à Thémistocle. Le peuple grec parle, à peu de chose près, la même langue qu'il y a vingt siècles ; il a aujourd'hui le même programme. les mêmes aspirations qu'au temps de Cimon et d'Alexandre, et les Perses, devenus les Turcs, n'ont fait que changer de nom. En Italie, la couche romaine a été recouverte par les alluvions des siècles chrétiens ; en Grèce, les tempêtes et les bourrasques des invasions n'ont rien laissé sur le sol antique que la trace dévastatrice de leur passage.

Pour retrouver la vieille Athènes, il suffisait que le roi Othon prît Patras, Corinthe ou le Pirée pour en faire sa capitale, et achevât d'ouvrir le tombeau où dort la ville hellénique, au lieu de le sceller à tout jamais. On ose à peine se représenter ce que seraient devenus les abords de l'Acropole, si on les avait fermés aux brocanteurs de maisons pour les livrer aux amants de l'antiquité ; les temples, les sanctuaires, les tambours de colonnes gisant à terre ou sous le sol se seraient peu à peu relevés et Athènes serait devenue une Pompéi grecque, où l'on aurait pu se promener sous des bois sacrés et au milieu des portiques. Aujourd'hui ce rêve est à jamais relégué dans le domaine des chimères ; il faut se résoudre à entendre dans la vieille Athènes les clameurs confuses et les bruits discordants de la vie moderne, mais ces clameurs ont aussi leur éloquence ; car elles sont les cris joyeux de la Grèce qui recommence une nouvelle vie.

Aucun paysage ne répond mieux que les environs d'Athènes à l'idée que nous nous faisons de l'atticisme et de cette beauté parfaite que les Grecs semblent avoir atteinte. Assurément j'aime fort les vallons et les lacs de la bucolique Arcadie, je goûte plus que personne la grandeur sauvage et romantique du Styx, du Chelmos ou de la Néda ; je m'extasie devant Sparte, cachant ses maisons rustiques dans des forêts de mûriers, au pied de ce sombre Taygète qu'on dirait coulé dans l'airain ; mais aux sources jaillissantes, aux ruisseaux murmurants, aux chemins montants bordés de haies vives, aux sombres précipices et aux chutes bruyantes des cascades, je préfère la grâce des lignes, la variété des teintes, la diversité harmonieuse des formes, cette sérénité radieuse, en un mot, qui caractérise le paysage athénien.

Représentez-vous un vaste portique enfermé entre trois murailles naturelles, ou, si vous aimez mieux, une plaine se relevant insensiblement pour rejoindre les montagnes qui lui servent de bordure : du côté où se levait le char de l'Aurore, l'Hymette aimé des abeilles, avec sa croupe bleuâtre et ses flancs sillonnés de gorges légèrement boisées, au nord le fronton hardi du Pentélique, tout chargé des blessures qu'y a faites le ciseau de Phidias, puis le Parnès avec ses profils heurtés et ses gorges précipiteuses ; à l'ouest la longue chaîne de l'Ægialeus courant en droite ligne vers la mer et interrompue en face d'Athènes par le défilé de Daphné où passait la procession d'Eleusis; au sud, la mer, ce véritable dieu de la Grèce, qui circulant, pénétrant d'anse en anse, de golfe en golfe, éveille partout avec le spectacle de l'infini contenu entre deux rives de marbre, le sentiment de l'ordre dans la grandeur. Au milieu de la plaine, mais plus près de l'Hymette, s'élèvent un grand nombre de collines de l'aspect le plus différent, quelques-unes isolées, les autres se reliant entre elles par des cols plus ou moins bas, dans la direction du Pentélique ; en dehors du rayon d'Athènes, l'Anchesme ou Turco-Vouni, qui s'élève en gradins ; plus près d'Athènes cet étrange Lycabette, énorme casque de pierre si curieusement déchiqueté qu'on dirait que Minerve a laissé tomber en cet endroit, non point une colline comme le raconte la légende, mais sa propre coiffure ; enfin, au sud de la ville moderne, l'Acropole avec ses grands rochers rougeâtres aux angles vivement taillés et aux curieux affouillements, l'Acropole avec ses temples dont le faîte et les colonnades se dressent vers le ciel par dessus les murs de Thémistocle et de Cimon, tandis qu'autour de cette sublime citadelle se déroulent en demi-cercle une suite de collines plus basses, humblement inclinées vers la divinité qu'elles adorent : ici la butte arrondie du Musée, fière de ses ruines romaines et se rattachant au Pnyx que signale la tribune de Démosthène; plus à droite, le coteau des Nymphes, qu'un observatoire semble vouloir consacrer aujourd'hui à la muse Uranie; sur le devant, l'Aréopage vengeur avec ses nudités taillées en escaliers et en gradins et ses noires crevasses que hante le souvenir des Euménides.

L'espace qui réunit ces collines n'est point comme à Rome un sol plat et marécageux : partout des accidents de terrain, des mamelons, des tertres et des vallons, des enfoncements et des saillies qui semblent reproduire tous les aspects variés du génie des Hellènes ; rien de rude, rien de brusque, rien de heurté comme sur les rives du Tibre romain ; on dirait un bas-relief de Phidias suspendu dans l'atelier du Créateur. L'attitude plastique des moindres saillies de rochers et la perfection du modelé des collines ne peuvent se comparer qu'avec l'harmonieuse distribution des teintes du paysage; à l'échelle habilement ménagée des formes répond une échelle de tons doux, argentés et lumineux, passant du clair au sombre sans la moindre secousse, sans la moindre discordance, sans ces teintes criardes dont la végétation encombre souvent nos paysages. Les rochers, d'un gris-argent, parsemés de taches d'un rouge ferrugineux passant au cadmium, sont émaillés de poterium et de thyms d'un gris bleuâtre qu'interrompt d'endroit en endroit le vert à la fois tendre et foncé des pins; çà et là apparaît la terre dont les tons d'un rouge jaune singulièrement chaud s'harmonisent admirablement avec la mobile verdure des jeunes blés ; dans la plaine se déroule en replis gracieux une forêt d'oliviers, qui paraît sombre en comparaison des teintes merveilleusement diaphanes des collines et des blancheurs éblouissantes de la moderne cité de Minerve. Parfois un jet de fumée sortant des usines du Pirée semble vouloir ternir cet admirable ciel, mais un petit coup de vent suffit à disperser la sombre vapeur et rend au ciel d'Athènes ses yeux d'azur.

Ce que la nature avait écrit de toute éternité sur le front des collines et dans le bleu du ciel, l'homme l'a réalisé sur cette colline qui attire de tous côtés l'attention et qui semble placée comme à dessein au milieu de la plaine et des collines qu'elle commande par son relief puissant. L'antiquité s'est révélée à nous sur deux collines : le Capitole de Rome et l'Acropole d'Athènes. Dieu avait dit à l'une : Toi, tu porteras la foudre et le tonnerre, et les hommes te contempleront avec effroi depuis l'extrémité du monde ; tu seras le trône de la force et de la victoire. A l'autre il avait dit : Toi, tu seras le berceau des arts, le sanctuaire et le joyau d'un peuple libre, tu seras la colline de l'idéal. Le Capitole a perdu sa puissance et sa foudre, il éveille en nous la commisération qui s'attache aux grandes infortunes; l'Acropole, elle, est restée debout avec son diadème de marbre et la ceinture de monuments attachés à ses flancs.

Cette colline, qui pour le voyageur ordinaire n'est qu'un grand bloc de rocher de neuf cents pieds de long sur trois cents de large, surmonté de quelques colonnes mutilées, est pour tout homme qui pense un inépuisable sujet d'études, un monde étrange où la sensation artistique et la méditation fouillent avec délices les fabuleux lointains de l'idéal et du passé. Sinaï auguste où se sont révélées les divinités du panthéon athénien, l'Acropole est aussi le témoin et le dépositaire fidèle de toute l'histoire d'Athènes. Cette colline a vu le premier olivier sacré et les premiers rois autochthones de l'Attique, élèves des dieux et dieux-mêmes; elle a porté les lourdes maisons des Eupatrides qui gouvernaient du haut de leur donjon une peuplade craintive, elle a vu Pisistrate encourager la construction de ce grand temple qui a précédé le Parthénon et annoncé au monde l'avénement des arts; après avoir vu ses murailles tomber sous les coups des Perses et éclairé des lueurs de l'incendie la flotte vengeresse qui mouillait à Salamine, elle a vu le peuple libre de Périclès soulever de ses bras nerveux le marbre de Phidias et s'élever à lui-même un monument aussi immortel que les poèmes de Sophocle ou d'Homère; puis, témoin de toutes les douleurs et de tous les triomphes du peuple, sanctifiée par les prières d'un Socrate, d'un Platon et d'un Phocion, souillée par les débauches d'un Démétrius ou les fureurs d'un Sylla, longtemps protégée contre les barbares par sa beauté même qui leur inspirait une religieuse terreur, elle a partagé dans la suite toutes les hontes de la Grèce; tour à tour défigurée par les ducs d'Athènes, souillée par les harems des agas et les mains iconoclastes des janissaires turcs, mutilée par dix bombardements et par des rapts répétés, elle n'est plus aujourd'hui qu'un poème brisé où l'œil suit avec amour la cadence des vers et des lignes, sans jamais épuiser leur sens à demi caché; maintenant du moins, les canons, les redoutes, les minarets turcs et la grande tour franque ont disparu et l'Acropole rendue à elle-même élève vers le libre ciel de la Grèce des bras libres de chaînes.

Les anciens qui s'approchaient d'une source consacrée ou de quelque autre endroit vénéré n'avaient garde d'ouvrir la bouche : toute parole humaine eût été sacrilége; c'est encore l'attitude que l'on prend involontairement, lorsque l'on monte quelqu'un des sentiers tournants qui convergent vers la moderne entrée de l'Acropole. La terre sacrée ne commence pas à l'ancienne porte du fort, mais dès le pied même de la colline. Le roc, que couronnent encore les assises du mur improvisé par Thémistocle, est percé de toutes parts d'excavations, de grottes, de couloirs, d'où s'échappe, du milieu des débris antiques ou des édicules modernes, le double parfum des mythes païens et de ces légendes chrétiennes qui consolaient la Grèce de sa servitude. Quelques pas après être entré, on reconnaît sur le roc de la colline les marques qui y furent imprimées par le pied des Pélasges et le sabot des victimes du sacrifice, puis on salue en passant l'entrée de l'Acropole qui fut découverte par M. Beulé; c'est une belle porte dorique située dans l'axe central des Propylées, flanquée de deux tours qui sont les véritables fortifications de l'Acropole; ce ne sont malheureusement pas des monuments antiques, mais des restaurations hâtives du siècle de Valérien faites avec des matériaux anciens et dans le plan de l'architecte Mnésiclès. C'est ici que l'on s'engage sur le grand escalier de marbre qui, dès le siècle de Périclès, recouvrait comme d'un tapis flamboyant toute cette portion de la colline ; chacune de ses marches mutilées vous rapproche du Parthénon et vous élève au-dessus de l'Aréopage, de la plaine et de la mer de Salamine. A votre droite se dresse timidement sur une haute terrasse, au pied de la grande tour franque, le petit temple d'Athéné Victoire ; on dirait une nymphe debout à côté de quelque Gargantua gothique ; à l'heure où j'écris, le Gargantua a disparu, mais la jeune nymphe n'a point retrouvé les frises qui ornaient sa robe de marbre. Si nous faisions à l'Acropole une visite dans toutes les formes voulues, nous nous arrêterions à la 64ᵉ marche de l'escalier devant l'avenue de colonnes ioniques qui mène à l'une des cinq portes du mur des Propylées ; nous payerions là notre tribut d'admiration à ce chef-d'œuvre de l'architecture civile des anciens Grecs; mais l'architecture n'est à nos yeux vraiment grande que lorsqu'elle interprète, comme dans le Parthénon, la pensée religieuse de tout un peuple.

Le Parthénon ! ce nom dit tout ; même dépouillé de ses grands frontons d'azur qui nous montraient d'un côté la naissance de la jeune déesse qui incarne la sagesse divine, de l'autre le triomphe qu'elle remporta sur le dieu de la mer, même dépouillé de ses triglyphes qui racontaient à tous les yeux la grande fête des Panathénées où la cité tout entière, parée de ses habits de fête, montait vers sa patronne bien-aimée, même coupé et éventré en deux par les bombes de Morosini, même mutilé par ce lord Elgin qu'on a appelé Erostrate II, le Parthénon n'en est pas moins le plus grand et le plus simple, le plus audacieux et le plus parfait des monuments qu'ait élevés la main de l'homme. Le jour où le Parthénon était achevé, l'humanité avait fait le plus beau de ses rêves. Combien une église gothique avec ses mille arceaux archevêtrés, ses longues grappes de clochetons, ses figures tour à tour compassées ou grotesques, paraît tourmentée et impuissante à côté de ce Parthénon, où toutes les lignes sont si claires, si sobres, si unies, où la pensée perce à travers la pierre comme l'inspiration divine à travers les yeux d'azur d'Athéné ! Qu'on ne vienne point nous dire que l'art grec n'est si simple, si limpide et si transparent, que parce qu'il ne dit rien et n'éveille point dans l'âme la sensation de l'infini. Le Parthénon, qu'on a cru longtemps soumis à la ligne droite géométrique, aspire lui aussi à monter vers le ciel, et il se trouve qu'aucune de ses lignes n'est de niveau avec la terre ! Ces colonnes progressivement décroissantes et rendues plus sveltes encore par ces cannelures qui, augmentant leur surface, paraissent la diminuer, toutes ces colonnades, comme les quatre murs de la cella, s'inclinent légèrement vers l'intérieur et semblent partir de la terre pour aller se rejoindre dans l'espace et graviter vers un centre placé à une hauteur infinie, et avec elles votre regard et votre pensée s'élancent dans le ciel et y continuent le poème de marbre ébauché sur la terre. Ces colonnes de trente-cinq pieds produisent le même effet que nos entassements gothiques avec leurs pilastres gigantesques et leurs triples étages de colonnettes; mais ici point d'effort, point d'aspiration douloureuse, vous montez avec ces aériennes colonnes sans que cette ascension vers le divin vous rejette dans le néant.

A côté de ce Parthénon, qui résume sous sa forme abstraite et éternelle la beauté du paganisme antique, se dresse le temple d'Erechthée qui incarne en lui les légendes locales et les traditions athéniennes. L'Erechtheum, flanqué de la tribune des Caryatides au sud et d'un beau portique ionien au nord, était le véritable reliquaire d'Athènes, consacré à Minerve Poliade, patronne de la ville, et à Pandrosos, sa première prêtresse et nymphe de la rosée: il renfermait, outre les sanctuaires des deux personnalités divines, les tombeaux de Cécrops et d'Erechthée, un autel de l'Oubli, élevé en mémoire de la réconciliation de Poseidon et d'Athéné, un Mercure de bois dont on dissimulait la nudité sous des amas de feuillage, l'olivier sacré, peut-être le père de tous les oliviers de l'Attique, une lampe à mèche d'amiante qui brûlait éternellement, enfin le puits d'eau salée, ou, comme disaient les Grecs, la mer qui avait surgi sous le trident de Neptune. L'Erechthéum est une énigme architecturale, et les profanes comme nous feront bien de s'arrêter devant ce portique des Caryatides qui est tourné du côté du Parthénon, chef-d'œuvre tendant la main à un autre chef-d'œuvre. Ces nobles créatures, la poitrine un peu effacée, se courbent légèrement sous le poids de l'entablement que supportent les tresses

L'Acropole (côté sud).

de leur chevelure enroulée en forme de coussin. La tête sérieuse et calme, le cou ferme et solidement attaché, le sein dégagé, le buste ample et droit, le genou le plus rapproché du centre de l'édifice projeté en avant, donnent une des plus belles lignes que puisse suivre l'œil d'un artiste. Les Caryatides sont des Nausicaas de marbre et nous font sentir comment le panagisme de Phidias comprenait la virginité de ses prêtresses et de ses déités.

Ici, en face du Parthénon et de l'Erechthée, nous pouvons, sans trop d'efforts, nous refaire l'âme d'un Athénien du cinquième siècle avant notre ère. Pour lui, comme pour le chrétien du douzième au seizième siècle, la religion était toute la pensée, toute la vie, tout le sentiment; partout le surnaturel et le miracle, partout des personnes célestes, ou plutôt le ciel tout entier descendu sur la terre; des images divines entourées d'un culte: des temples ornés par les arts, des chants, des pompes, un riche et puissant sacerdoce, des sacrements, des mystères, des pratiques pieuses de toute espèce, toute fête consacrée par la religion, des asiles, des jugements de Dieu, des trèves de Dieu, des divinations, des oracles et des révélations constantes de la divinité à l'homme; déjà ici-bas, l'Athénien vivait d'une vie qu'il pouvait croire divine, et lorsqu'il avait tour à tour servi sa patrie comme sacrificateur sur l'Acropole, comme orateur au Pnyx, comme soldat sur la flotte, comme chorége au théâtre, comme archonte au prytanée, il savait qu'il avait assez vécu, et il n'ambitionnait plus qu'une mort glorieuse, comme celle de cet obscur cavalier Dexiléos tué à Corinthe et honoré d'un monument funèbre que l'on va voir au Céramique.

Cette heureuse harmonie, qui enveloppe comme un réseau l'ancienne civilisation grecque, n'est pas, tant s'en faut, le caractère dominant de l'Athènes d'aujourd'hui. Aucun pays d'Europe n'a autant changé en ce siècle que la Grèce, aucune ville n'a crû avec une rapidité aussi hâtive qu'Athènes. Les villes américaines du Far West sortent de terre en un jour et comme d'une seule poussée; mais là, la terre est vierge et sans passé. L'Athènes de ce siècle a grandi au milieu des décombres turcs, francs et helléniques et sur une terre vieille de 3000 ans; le costume moderne, qu'elle a endossé avec tant de précipitation, ne la recouvre qu'à moitié et cadre mal soit avec les guenilles qu'elle portait il y a quelques années, soit avec les bijoux dont Phidias la décorait il y a plus de 2000 ans. Athènes, placée au point de contact des civilisations musulmane et chrétienne, n'est ni une ville orientale comme Brousse, ni une ville occidentale comme Genève; elle tient de toutes les deux, comme elle tient par moitié de l'antique et du moderne. Rome, qui est de toutes les villes occidentales celle où le passé a la plus grande place, a son histoire à elle entre les Césars et Pie IX, elle n'a jamais cessé de vivre et de se transformer; à Athènes, au contraire, toute vie indépendante a fini avec le paganisme et l'art antique; le siècle de Périclès vient se heurter contre le siècle des chemins de fer, et la Grèce moderne, qu'elle ne l'oublie jamais, bâtit sa maison à côté du Parthénon.

Tantôt le souvenir antique prête à la réalité présente je ne sais quelle grandeur touchante, tantôt, au contraire, l'hiatus immense qui sépare les deux mondes, ou l'imitation souvent maladroite du passé, ne laisse place qu'à la satire ou à d'amères récriminations. Il est certes assez plaisant, quand on descend de l'Acropole, d'entrer dans le café de Périclès, ou, au retour du Pnyx, d'aller se désaltérer avec l'excellente bière de Vienne que Démosthène débite dans la rue de Phocion; ces rapprochements-là n'ont rien que de divertissant; mais je pardonne moins volontiers aux Athéniens d'avoir consacré à la muse d'Offenbach le jardin des Muses de l'Ilissus où rêvait Platon, et je n'ai fait que rire à leurs jeux olympiques de 1875, où des athlètes vêtus d'un pantalon de coutil s'évertuaient, dans le stade d'Hérode Atticus, à jeter des disques de bois sur la tête des spectateurs. Ces ridicules-là ne doivent pourtant point nous faire fermer les yeux sur les immenses progrès réalisés dans Athènes depuis le commencement de ce siècle, et cela plus par l'initiative particulière que par l'habileté du gouvernement; partout s'alignent de nouvelles rues; partout se dessinent des boulevards et de beaux édifices destinés peut-être aux riches Hellènes revenus de l'étranger; ce qui était encore, il y a vingt ans, un affreux fossé, est devenu aujourd'hui une magnifique avenue américaine ombragée de poivriers et bordée de maisons et de charmants cottages.

Châteaubriand ne reconnaîtrait plus dans l'Athènes de 1876 dix masures de la Settinié qu'il visita en 1806; l'ambassadeur qui, il y a quarante ans, fut obligé de passer la nuit dans un pauvre hangar du Pirée, aurait sans doute quelque peine aussi à s'accoutumer aux hôtels de la place de la Constitution; quant à M. About, le plus spirituel des détracteurs de la Grèce, il ne pourrait plus guère aujourd'hui, comme en 1853, appeler la capitale de la Grèce un Quimper-Corentin, et l'on pourrait le mettre au défi de citer dans sa Lorraine ou dans toute la province française une ville aussi aimée de Minerve.

Aussi bien noblesse oblige; Athènes, redevenue la capitale de ces Grecs qui sont restés le peuple le plus intelligent du monde, est redevenue aussi la docte Athènes, comme au temps d'Horace ou de Périclès. A Constantinople, vous avez bien loin à courir pour trouver un livre, et vous chercheriez en vain une bibliothèque publique pour y travailler; le musée lui-même n'est pas beaucoup plus accessible que le harem du Grand-Seigneur. A Athènes, au contraire, les seuls monuments modernes que vous puissiez admirer sans arrière-pensée sont des sanctuaires de l'étude; le palais du roi est une grosse caserne à fenêtres rares et mal percées, écrasant un portique dorique tout honteux de se trouver si près du Parthénon; la nouvelle église métropolitaine est d'un style si éclectique qu'elle en perd toute individualité; le bâtiment de l'Université est, au contraire, un chef-d'œuvre d'architecture pratique et un modèle réussi de l'architecture polychromée. Le portique qui décore l'édifice est agréablement teinté de rouge; les imposles des pilastres et la grande salle de l'aula sont tout émaillées de grecques, de volutes, d'oves et de rais de cœur multicolores. Lorsque l'on inaugura l'Université, qui fut dotée non par le gouvernement mais par les souscriptions de la nation tout entière, le vieux klephte rebelle Colocotronis prononça ces paroles frappantes : « Voilà un palais qui donnera quelquefois de l'embarras à celui du roi; mais c'est lui qui dévorera la Turquie, et il fera plus pour la patrie que nous autres klephtes ignorants n'avons pu faire avec nos fusils. » La prophétie du klephte arcadien n'est pas encore accomplie jusqu'au bout, mais elle le sera dans peu. C'est dans ce palais que l'hellénisme fourbit les armes avec lesquelles il va tenter la lutte contre le colosse osmanli; les lettrés qu'Athènes envoie dans les provinces turques sont comme autant d'éclaireurs et de hérauts d'armes qui vont préparer le champ de bataille. Sur les 1300 étudiants qui fréquentaient l'Université en 1875, un bon tiers venait des provinces esclaves, comme disent les Grecs; de 1840 à 1867, l'Université d'Athènes avait conféré le diplôme d'avocat à 5 Thraces, 6 Macédoniens, 15 Epirotes, 3 Thessaliens, 6 Ioniens; celui de médecin avait été donné à 13 Thraces, à 13 Macédoniens, à 34 Epirotes et à 20 Thessaliens. A Avlona, à Janina, en Thessalie, à Sigée près de Troie, partout nous avons rencontré des médecins ou des avocats qui ont fait leurs études à Athènes, et qui étaient tout autant d'ardents propagateurs de l'hellénisme et de la *grande idée*. Sans doute, les provinces turques et le royaume lui-même auraient plutôt besoin de pionniers que d'apôtres, d'ingénieurs plutôt que d'avocats; mais il n'en faut pas moins convenir qu'il y a dans cet entraînement de la jeunesse vers les hautes études des signes évidents d'une vitalité puissante et d'un réveil prochain. Ce qui donne encore plus de signification à ces heureux symptômes, c'est que les étudiants d'Athènes sont bien réellement les représentants du peuple; nulle part en Europe on ne voit les professions libérales se recruter aussi généralement qu'en Grèce dans les classes les moins privilégiées de la société; et nulle part non plus on ne voit autant d'étudiants vivant de leur travail comme de leur unique ressource. M. About raconte que des valets de chambre athéniens se trouvent tout à coup passés docteurs au grand étonnement de leurs maîtres; j'ai lu moi-même dans maints journaux d'Athènes des avis insérés par des étudiants qui désirent entrer comme domestiques dans une maison, à la condition de pouvoir consacrer leurs loisirs à l'étude. J'ai également connu un avocat d'Athènes qui avait chez lui un étudiant en médecine de troisième année payé à raison de 25 drachmes par mois pour tenir les écritures de la maison et faire toutes les commissions, sauf celles du bazar. Comme dit l'auteur de la Grèce contemporaine, on ne connaît guère à Athènes le type de l'étudiant qui n'étudie pas.

Si l'Université, qui porta longtemps le nom d'Othon, est bien plutôt l'œuvre de la nation que celle du gouvernement, l'école supérieure des demoiselles doit avant tout son existence à la générosité du médecin grec Arsakis, dont elle a pris le nom. La femme grecque est une excellente ménagère; mais ce n'est point assez : il faut qu'elle soit une excellente mère, c'est-à-dire une bonne éducatrice de ses enfants, et elle ne peut le devenir qu'en s'instruisant. L'Arsakeion, où des centaines de jeunes filles reçoivent l'enseignement des professeurs de l'Université, est un puissant levier de progrès dans cette Grèce dont l'éducation morale a besoin d'être refaite; si l'Orient musulman a été perdu par la polygamie, l'Orient chrétien sera sauvé par les institutrices et par les mères de famille; c'est ce que la Turquie hellénique elle-même commence à comprendre: on nous annonce que le Dr Maroulis vient de fonder à Serrès une école normale de filles, où il explique à ses élèves le Nouveau-Testament dans la langue originale, ainsi que les traités de Xénophon et de Plutarque sur l'économie domestique et l'éducation des femmes!

Le statisticien aurait fort à faire de dresser une liste complète de toutes les créations d'utilité publique et de toutes les œuvres pieuses que la générosité hellénique a semées à profusion dans la capitale de la Grèce; observatoire, gymnase, école de théologie, musées, hôpitaux, orphelinats, bâtiments pour l'exposition des jeux olympiques, Athènes a toutes les institutions qui font la gloire d'une grande capitale, et, ce qui est plus méritoire, elle les doit non pas aux contributions forcées des citoyens, mais à la louable munificence des Hellènes, qui honorent leur patrie à l'étranger par leur activité féconde et leur remarquable aptitude aux affaires. De même que l'Athènes de Thémistocle ou de Périclès devait sa grandeur au patriotisme de ses enfants qui mettaient une noble émulation à s'acquitter bien au-delà du strict devoir des prestations que leur imposait la cité, ainsi la Grèce d'aujourd'hui peut montrer avec orgueil à ceux qui doutent d'elle les preuves d'affection passionnée que lui donnent ses enfants dispersés sous les cieux les plus lointains. Malheureusement, le gouvernement seconde mal cette généreuse ardeur ; certaines créations font double emploi, d'autres pourraient être étendues et mieux utilisées; mais, comment demander aux gouvernants de la Grèce de songer à autre chose qu'à leurs déplorables intrigues ?

Athènes, qui a depuis longtemps des philologues, des médecins, des archéologues, des juristes et même des théologiens distingués, fait aussi, depuis quelque temps, de louables efforts pour former des artistes. C'est là, en effet, un des côtés les plus faibles de la culture hellénique. Les fils de Phidias n'ont pas encore reconquis leur place dans la république des arts. Athènes, à côté des ruines de Périclès, n'a à montrer à l'étranger que quelques vieilles églises byzantines plus curieuses qu'imposantes, et sur la route d'Eleusis à Daphné quelques débris de l'architecture franque; tous les monuments passables qu'elle possède ont été construits dans ces dernières années par des étrangers; quant aux Jeux olympiques, ils n'offrent guère jusqu'ici, en fait d'art, que des expositions de peintures ridicules. On a cependant réalisé dans ce domaine aussi quelques progrès; la sculpture, pour laquelle les Grecs modernes ont constamment d'excellents modèles sous les yeux, promet de retrouver, dans un avenir rapproché, quelque éclat dans le pays qui fut son berceau; la peinture, encore trop peu comprise, commence à être enseignée avec soin dans une section de l'école polytechnique; les professeurs sont deux Grecs; l'un, qui enseigne dans les classes inférieures, a étudié en Italie; l'autre, qui se voue plus spécialement à la peinture, est sorti des écoles allemandes; 50 élèves fréquentent les différentes classes de l'école; tous les quatre ans a lieu un concours dont le lauréat est envoyé dans la capitale de la Bavière aux frais de l'école; tout ce que produisent les élèves rappelle d'ailleurs la technique de l'école de Munich; quelques-uns travaillent assez bien, mais seulement le portrait; malheureusement, les musées, qui pourraient mettre sous leurs yeux quelques-unes des œuvres principales des maîtres d'Occident n'existent pas encore, et ce n'est pas assez de ne voir que les œuvres de son maître ou quelques rares tableaux apportés à Athènes par les riches Hellènes qui viennent s'y fixer.

L'étranger, qui vient à Athènes pour y étudier l'antiquité, trouvera de précieuses ressources dans deux instituts archéologiques fondés par la France et par l'Allemagne. Je ne sais rien de plus délicieux qu'une bibliothèque en Orient, et particulièrement en Grèce; telle page qui vous paraissait froide ou inintelligible dans votre cabinet d'Occident, telle recherche archéologique qui vous semblait diffuse ou ennuyeuse, prennent tout à coup vie lorsqu'on les lit sur place, et là où l'on avait peine à comprendre, on *voit*. L'école allemande, installée dans la rue du Stade, a débuté par un coup de maître en prenant possession d'Olympie; mais l'école française, en avance de 25 ans sur sa rivale, a pour elle

18

le lustre des services rendus; installée aujourd'hui au pied du Lycabette dans un véritable palais bâti aux frais de la France et placée sous la direction habile de M. Albert Dumont, elle travaille avec une louable ardeur à rendre à l'archéologie française le rang qu'elle allait perdre. Bien que les commencements de l'école aient été difficiles et les tâtonnements un peu longs, elle peut être justement fière de ses anciens élèves, dont beaucoup sont devenus des maîtres dans la science. Tous les amis de la Grèce connaissent les découvertes de M. Beulé sur l'Acropole, celles de MM. Foucart et Wescher à Delphes, les travaux de MM. Garnier sur Egine, Mézières sur la Thessalie, Fustel de Coulange sur l'île de Chio, Girard sur l'Eubée, Lévêque sur Délos, Georges Perrot sur l'île de Thasos, Léon Heuzey sur le mont Olympe et l'Acarnanie, et Albert Dumont sur la Thrace.

Si nous quittons la région de l'art et de la science pour entrer dans le cœur de l'Athènes moderne, nous serons quelque peu surpris de nous trouver en face d'une ville de tournure germanique. Si Munich, grâce à ses monuments prétentieux, a un faux air d'Athènes, Athènes, à son tour, a emprunté quelque chose à Munich et aux résidences germaniques; les maisons sont peu élevées, faites généralement pour une famille, souvent recouvertes d'un crépissage coloré; la vie de famille y est aussi intime et aussi dissimulée que dans les bourgades germaniques. Mais que les Français se rassurent: si Athènes a quelque chose de la simplicité bourgeoise des villes d'Allemagne, si l'Université elle-même est pour l'organisation une imitation de Tubingue ou de Halle, en revanche, les cafés, les magasins à la mode, les signaux des troupes, le code et les institutions judiciaires sont empruntés à la France, et les toilettes viennent de chez la célèbre dame Lizier; si le bas peuple comprend l'italien, toute la haute société parle français, même depuis la guerre.

Pour qui vient des villes d'Occident, dont les rues ne sont guère qu'un lieu de passage où l'on se coudoie sans se parler, l'Athènes moderne est pleine de surprises; comme dans toutes les grandes villes de l'Orient, la vie s'épanche et déborde dans la rue tandis que les femmes gardent les silencieux intérieurs. Athènes toutefois n'est point affairée comme Liverpool ou Bruxelles, ce n'est point non plus une cité criarde et oisive comme Naples, c'est une ville où il y a plus de cafés que de magasins, où on lit beaucoup et où on cause plus encore. Les anciens Athéniens, s'il faut en croire Démosthène, se promenaient toute la journée dans les rues, toujours affamés de nouveautés, toûjours prêts à recueillir et à propager les bruits les plus étranges : Quoi de nouveau ? se disaient-ils l'un à l'autre. On ne compte aujourd'hui pas moins de 50 journaux jetés en pâture à cette curiosité héréditaire de l'Athénien qui veut trouver dans son journal, non-seulement les nouvelles du jour, mais aussi les bruits de la ville, les faits et gestes de toutes ses connaissances et amis; beaucoup de ces feuilles à un sou ressemblent sans doute aux feuilles d'automne qu'emporte le premier aquilon, mais elles reparaissent en végétations toujours nouvelles, parce qu'elles satisfont un besoin instinctif des modernes Athéniens. L'esprit d'un Grec n'est jamais oisif, et bien que le gouvernement fasse tout son possible pour servir à souhait leur impatience de nouveautés, jamais les ministères ne tombent assez vite au gré des beaux discoureurs du café de la Belle Grèce ou du trottoir de la rue d'Hermès; sans doute, là aussi, comme au temps de Démosthène et de Philippe, on s'occupe souvent du géant du nord et on n'épargne point au voisin malade les souhaits d'une mort prochaine; heureusement pour les Grecs modernes, le Grand-Turc est bien décidément plus malade que ne l'était Philippe, mais alors comme aujourd'hui, il y aurait mieux à faire que des souhaits.

Pendant mon séjour à Athènes, il n'était bruit partout que du ministère Bulgaris, de la Chambre illégale, des décrets votés par elle et contre-signés par le roi. Bulgaris passait à ce moment-là pour le chef d'un parti rêvant le renversement de la Constitution et l'intronisation du gouvernement personnel. A la fête du 4 avril, qui commémore le commencement de la guerre d'indépendance, le roi George fut très froidement accueilli par la foule, qui faisait haie depuis la place de la Constitution jusqu'à la métropole; quelques étudiants poussèrent même des cris séditieux. Après la fin de la session illégale, les députés rentrèrent chez eux, accueillis, dit-on, par les huées de leurs électeurs et flétris du nom de stilites (littéralement les hommes du pilori). En même temps, des corps d'avocats rédigeaient des consultations fort peu gouvernementales sur les lois du pseudo-parlement, et les journaux conjuraient le vieil amiral *Canaris* de lancer son brûlot vengeur sur le système Bulgaris. Sur ces entrefaites, nous partîmes d'Athènes pour Sparte; à Sparte, nous retrouvâmes la même agitation; enfin, arrivés sur les bords du Ladon, nous apprîmes de la bouche des paysans la chute du ministère et l'appel de Tricoupis. La crise avait duré plusieurs semaines, mais nulle part il n'y eut de troubles sérieux, bien que la situation fût des plus tendues et mît en cause la personne même du roi. S'il nous fut impossible, malgré toute notre bonne volonté, d'apercevoir, même de loin, la silhouette redoutée d'un de ces klephtes grecs qui font, dit-on, de la politique à coups de fusil, nous ne réussîmes pas davantage à nous éclairer sur les principes en jeu dans ce grand débat entre la majorité de la nation et une Chambre appuyée apparemment par l'autorité royale. Les triumvirs de la coalition anti-ministérielle, Zaimis, Deligeorgis, Coumoundouros, représentaient bien chacun, comme on le vit aux élections, un groupe d'électeurs; mais quel principe chacun d'eux personnifiait-il? personne ne put nous le dire. Les partis en Grèce ne sont pas encore nettement dessinés, et, grâce à ces instincts helléniques qui mettent toujours l'homme avant l'idée, grâce aussi à l'absence de castes, il n'y a guère au Parlement grec que des *démagogues* dans le sens antique du mot, c'est-à-dire des conducteurs de la foule.

J'ai beau chercher, je ne trouve, en Grèce, ni socialistes, ni whigs, ni tories, ni libéraux, ni cléricaux. Le paysan grec, qui vit de peu, est égalitaire, mais non point communiste, comme tant de paysans slaves; tout ce qu'il réclame est un allégement des impôts et une distribution plus équitable des terres domaniales enlevées aux Turcs; de plus, il ne sépare point, comme le paysan de l'Occident, la cause de l'église et celle de la patrie; quoique fort dévot et fort superstitieux, il n'a pas ce fanatisme sombre qui semble une fiévreuse émanation de la campagne de Rome, et la dévotion n'est souvent chez lui qu'à la surface. La bourgeoisie n'existe guère en Grèce: elle est presque uniquement composée de fonctionnaires plus ou moins faméliques, auxquels se rattachent des marchands riches ou en train de le devenir; trop peu nombreuse aujourd'hui pour être forte, trop peu riche pour être enviée, cette classe se développe peu à peu et deviendra, sans aucun doute, une des plus solides assises de l'hellénisme; car elle seule peut servir de ferme soutien à la monarchie constitutionnelle, qui ne sait guère aujourd'hui où plonger ses racines dans le sol encore trop mouvant de la démocratie grecque. Ce dont on peut être sûr, c'est que cette bourgeoisie ne sera point ce qu'est, dans certains pays d'Occident, la haute bourgeoisie, la dernière citadelle des idées les plus vieilles et des croyances les plus surannées; l'éducation que reçoit le Grec est, au contraire, essentiellement libérale et nationale. Si l'on peut souhaiter à la Grèce une classe moyenne plus nombreuse et plus forte, on ne doit point s'attendre à y voir naître une aristocratie ou une dynastie indigène. De tous les pays de l'Europe, la Grèce est avec la Turquie le plus étranger aux institutions et aux préjugés aristocratiques; tous les Grecs sont sortis également nus et pauvres des mains ottomanes, et le régime de la liberté ne saurait relever ce qu'a nivelé un esclavage plusieurs fois séculaire. Le Grec est d'ailleurs, en vertu de sa nature même, foncièrement égalitaire et fort peu accessible au sentiment du respect; les Phanariotes venus de Constantinople n'ont pas réussi et ne réussiront jamais à former dans le royaume ni une aristocratie de naissance, ni une aristocratie de gouvernement. On a aussi fait la remarque fort juste que le Grec se soumettait plus facilement à un étranger qu'à un de ses compatriotes. La Grèce n'a eu, pendant notre siècle, qu'un régent de sang grec, Capodistrias, et elle l'a tué. Cette absence complète de castes sociales et de luttes de principes est sans doute un privilége précieux pour ce pays; mais, d'un autre côté, l'uniformité des vues a ouvert la porte à la multiplicité des intérêts personnels, et il serait bon pour la Grèce que le développement de la civilisation tendît à donner plus de force aux intérêts conservateurs et un plus naturel aliment aux luttes des partis. Cette fatale prédominance des intérêts privés n'est certes pas chose nouvelle dans la vie politique de la Grèce, on l'observe dans toute l'histoire ancienne d'Athènes; mais que les modernes Athéniens n'oublient pas que les intrigues politiques sont plus dangereuses aujourd'hui qu'autrefois, parce qu'elles portent sur une plus grande surface et remuent toute la foule des travailleurs aujourd'hui libres, jadis esclaves et indifférents aux luttes des cités; qu'ils n'oublient pas surtout que dans l'Athènes d'Aristide, de Cimon, de Périclès, les *chefs du peuple* duraient plus que ne durent aujourd'hui vingt ministères réunis, et qu'ils représentaient un certain idéal politique et une conception particulière de la cité!

## XVII

### Grecs et Turcs

Il y a plus de quatre siècles que les pays grecs ont été conquis par les Turcs, et aujourd'hui, comme il y a quatre siècles, les vainqueurs et les vaincus forment deux camps absolument séparés ; si l'on excepte quelques milliers de Crétois convertis à l'islamisme par les conquérants, il n'y a eu apostasie ni d'un côté ni de l'autre, et la fusion des races est aujourd'hui aussi peu avancée qu'au premier jour. Il n'en est pas de même dans d'autres provinces du Balkan : là les Turcs ont rencontré des nationalités moins vivaces, moins développées, et ils ont réussi à rattacher à leur foi et par conséquent à leur cause deux millions à deux millions et demi d'Albanais, de Serbes et de Bulgares. En Grèce, au contraire, l'église orthodoxe et la culture grecque ont été aussi peu entamées par l'islam que l'islam n'a été entamé par elles. Des deux côtés même ténasité, même répulsion. Aussi bien l'histoire ne nous montre-t-elle pas deux peuples aussi opposés dans tout leur être intime que les Grecs et les Turcs ; leur seule ressemblance est dans la force de résistance qu'ils opposent à tous les éléments étrangers. L'un, le Grec, est individualiste à outrance, égalitaire, amoureux du changement et du mouvement, épris de la science, du beau langage, de la dialectique fine et serrée, moins sensible au mérite moral qu'à la culture raffinée de l'esprit ; l'autre est encore tout imbu des idées patriarcales de patronage et d'autorité, fortement attaché à la tradition, ennemi par instinct de toute nouveauté, étranger à toute idée d'humanité et de patrie, uniquement dirigé par ses conceptions religieuses: aux yeux des Turcs, le Grec est un jongleur habile, un giaour sans foi et sans parole; aux yeux des Grecs, le Turc est un kondroképhalo (une cervelle épaisse) et un contempteur fanatique de la Panagia. Entre ces deux races dont l'une a donné au monde ses plus grands penseurs, tandis que l'autre, absolument étrangère à tout progrès et à toute vie intellectuelle, n'a jamais brillé que par ses qualités militaires, l'antipathie est absolue et la lutte à mort inévitable.

Les Turcs des basses classes sont naturellement hospitaliers, naturellement dignes dans leurs manières, sérieux et probes ; mais ils ne *vivent* pas et vont au-devant d'une disparition prochaine : la polygamie, la guerre, l'infanticide, la misère surtout prélèvent sur eux un tribut annuel si fort que le gouvernement a toutes les peines du monde d'opérer le recrutement ; incapables de soutenir le combat pour la vie, ils sont mal venus de revendiquer le maintien d'une suprématie qui n'avait d'autre raison d'être que cette vitalité qu'ils ont perdue. Quant aux gouvernants turcs, ils ressemblent, suivant l'expression d'un Anglais, à ces poissons qui ont été faits par la nature pour vivre au fond de l'eau et qui ne peuvent supporter de s'élever à la surface ; dès que le Turc sort de la tranquille atmosphère de la civilisation patriarcale et primitive, il dégénère, se corrompt moralement ; une fois le frein de la loi religieuse brisé, il ne connaît plus ni honneur, ni vertu, ni patriotisme, il n'a plus souci que de remplir son harem, de braver le Koran en buvant avec excès et de voler ses administrés ou, comme dit pittoresquement le raïa, de *manger* beaucoup. A l'heure qu'il est, l'Osmanli d'Europe est placé devant un dilemme dont les deux termes aboutissent tous deux à la mort : ou bien il se civilisera et cessera complétement d'être Osmanli, ou bien il résistera et alors il succombera plus sûrement encore dans sa lutte contre la civilisation et contre une majorité qui devient chaque jour plus forte. Au temps de la guerre de Crimée, on pouvait encore conserver des illusions sur le sublime portier de Constantinople ; on vantait de bonne foi son sérieux, sa probité stoïque, son courage militaire, son attachement à la religion et à la patrie : mais aujourd'hui la probité turque n'est que trop jugée, et il faudrait être bien crédule pour croire encore à la perfectibilité d'une race qui a donné le triste spectacle d'un fol orgueil uni à la plus fatale insouciance. L'heure des réformes salutaires nous paraît donc passée et tous les délais de grâces épuisés ; la condamnation de la domination turque en Europe est irrémissiblement prononcée et la civilisation occidentale, qui a déjà enfoncé les portes de la vieille Stamboul, n'a plus le temps d'attendre paisiblement que le Grand Turc la leurre encore par des promesses qu'il est, dit-il, forcé de violer.

Si l'orient grec ne doit pas rester turc, peut-il, doit-il devenir grec, et l'hellénisme est-il de taille à recueillir la succession de ces Osmanlis qui sont aujourd'hui trop près de la civilisation pour pouvoir vivre à leur aise en deçà du Bosphore? Il y a cinquante ans, l'Europe presque tout entière s'écriait avec le poète: En Grèce! en Grèce! adieu vous tous, il faut partir! La patrie de Léonidas et de Miltiade se réveillait et étonnait une seconde fois le monde par ses exploits; le temps des héros antiques et des bardes recommençait : Psara, Hydra, Missolonghi semblaient renvoyer au monde les échos formidables des combats de Marathon, de Salamine et de Platées. Les amis de la liberté voyaient dans le soulèvement des Grecs la résurrection d'un peuple qu'on croyait mort; les poètes entrevoyaient Apollon délivré de ses chaînes et s'élançant, la lyre en main, vers les glorieux sommets du Parnasse, tandis que les âmes pieuses saluaient avec bonheur le triomphe de la croix sur le croissant. C'était en 1825, l'esprit humain secouait ses chaînes; on croyait alors à la liberté et à tous les sentiments généreux et on n'était point frappé de ce marasme qui flétrit notre génération.

Hélas! le lendemain des jours d'enthousiasme fut triste. On avait cru naïvement restaurer l'Hellade de

Périclès et l'on n'avait tiré de l'abîme du malheur qu'une Grèce barbare, ensanglantée et mourante; enfin, comme si cet infortuné pays n'était point déjà assez accablé, la diplomatie l'étendait sur le lit de Procuste et lui coupait ses articulations et ses bras. La Grèce s'appuie au nord sur les plaines nourricières de la Macédoine, de l'Epire et de la Thessalie, au sud elle a pour piédestal la grande île de Crète, la patrie de l'antique Minos. Si on voulait faire revivre l'Hellade européenne, il fallait ne point l'arrêter à cette ligne aussi fragile qu'arbitraire qui relie les golfes d'Arta et de Volo, il fallait lui donner tout au moins les frontières du Pinde et de l'Olympe qu'elle avait déjà dans les âges homériques. En refoulant la Grèce libre sur les îles les plus rocheuses et dans les cantons les plus âpres, l'Europe lui mettait une camisole de force.

Comment s'étonner après cela que cette Grèce, mutilée par la diplomatie, troublée par le triste héritage des siècles de servitude, encore toute saignante des coups de fouet de vingt maîtres divers, n'ait marché pendant trente ans que d'un pas chancelant et mal affermi dans la voie du progrès où la conduisait la main timide et inexpérimentée d'un prince étranger? Pendant la période épique de gloire et de luttes, l'enthousiasme universel de l'Europe avait évidemment placé les Grecs sur un piédestal trop élevé; quand vint la période de reconstitution, avec ses lenteurs et ses tâtonnements inévitables, quand il fallut sur une terre de sang et de violence reconstruire les villes, replanter les oliviers brûlés par Ibrahim, creuser des ports et élever de toutes parts avec les matériaux informes de la barbarie l'édifice nouveau d'une civilisation supérieure, on vit reparaître tout naturellement les vices inhérents à la race grecque, aggravés de ceux qu'avaient enracinés vingt siècles de servitude. Notre génération n'aime pas à être trompée, et quand elle vit que la Grèce nouvelle ne recommençait pas les siècles d'Aristide et de Périclès, elle passa sans transition de l'excès du dithyrambe à l'excès du dénigrement et de la satire. Du milieu des phalanges savantes de l'Allemagne on vit se lever un homme qui, prenant le ton d'un hiérophante, se fit fort de prouver à l'Europe, au lendedemain de Navarin, qu'il n'y avait plus de Grecs en Grèce et que les défenseurs de Missolonghi n'étaient qu'un ramassis de peuples hybrides, un détritus informe déposé en terre classique par les invasions slaves et albanaises. Vingt ans plus tard, un jeune et spirituel pamphlétaire, un moment égaré à l'école française d'Athènes, prenait à partie avec une pétulance plus gauloise que chevaleresque les travers des Grecs, les ridicules de leur cour et leur incorrigible versatilité ; sur la foi de la spirituelle charge du Roi des montagnes, l'Europe put croire un instant que la Grèce moderne est un véritable coupe-gorge, une terre de Fra Diavolo, où le brigand retiré des affaires fait une bonne fin en devenant ministre.

M. About, c'est là du reste un mérite qui se rencontre très souvent sous sa plume, avait fort bien su saisir le *moment psychologique :* en 1854, l'Orient était, comme aujourd'hui, ébranlé dans ses fondements ; une moitié de l'Europe allait, disait-elle, défendre sur les bords du Bosphore le sultan et la la liberté. A la Grèce anarchique on opposait volontiers la Turquie rajeunie et régénérée, on occupait Athènes et on proclamait de toute part la banqueroute de l'hellénisme ; le grand poète Lamartine lui-même, reniant les enthousiasmes de sa jeunesse, appelait le généreux mouvement des philhellènes une croisade mythologique et la bataille de Navarin le feu de joie des Moscovites...

Mais la réflexion et le temps sont de grands juges ; la science contemporaine a prouvé que Fallmerayer n'avait pas même reculé, pour la défense de ses thèses slaves, devant la falsification des textes, et elle est disposée à reconnaître aujourd'hui dans les Grecs modernes des descendants authentiques des anciens Grecs, des héritiers de leur langue et de leur génie, au même titre que les Français sont, même après les invasions romaine et germaine, les fils directs des vieux Gaulois. D'un autre côté, les lois fatalement logiques de l'histoire ont suivi leur cours depuis vingt ans : tandis que les massacres des Maronites, les insurrections de la Crète, de la Bosnie et de l'Herzégovine, les atrocités de Bulgarie, la débâcle financière de 1875, l'incapacité et la rapacité manifestes de l'administration ottomane, les incessantes révolutions de palais qui minent sourdement l'édifice de la Turquie, montraient à l'Europe qu'on avait eu tort de faire fond sur la perfectibilité des fils du harem, le royaume de Grèce, lui, avançait d'un pas toujours plus décidé dans la voie du progrès ; les écoles, en particulier, prenaient un essor admirable, bien digne d'un peuple qui est la personnification vivante de l'intelligence. La Grèce, en 1830, ne comptait que trente-neuf écoles helléniques, soixante-onze écoles populaires et environ mille élèves ; aujourd'hui, soit en 1874, elle possède avec les îles Ioniennes 1394 établissements d'instruction publique avec 93,588 élèves ! Les gymnases où l'on fait du latin et du français sont au nombre de treize et sont fréquentés par 2460 élèves ; puis viennent les écoles helléniques secondaires, qui donnent une éducation nationale à 7640 élèves ; les écoles primaires ne comptent pas moins de 63,156 garçons et 11,405 filles ; on peut évaluer en outre à une centaine le nombre des établissements privés. Si cette réjouissante statistique nous montre qu'il y a encore bien des efforts à faire pour mettre les écoles des filles à la hauteur des écoles des garçons, elle nous montre aussi que la Grèce moderne, toute pauvre qu'elle est, reste à quelque degré fille de ce Platon qui disait que le propre du Grec est la recherche du savoir.

On ne se contentait pas d'établir des écoles, on bâtissait 100,000 maisons, on mettait en culture des millions de stremmes de terre en friche ; on jetait les fondements de trois grandes villes : le Pirée, Syra, Patras, qui ont déjà pris à l'heure qu'il est une place fort importante dans le commerce méditerranéen ; enfin on doublait peu à peu les exportations. Malgré tous ces efforts, il reste encore énormément à faire pour civiliser le royaume. La Grèce n'a que cinq cents kilomètres de chemins carrossables et huit kilomètres de voie ferrée, elle a plus de la moitié des stremmes de ses terres labourables qui restent en friche et qu'on ne peut exploiter faute de voies de communication suffisantes; malgré tous les essais isolés de réforme, le paysan persiste à se servir de la charrue homérique, à mettre de la résine dans son vin et à ne rien faire pour rendre son huile digne de l'exportation : aussi la Grèce, si peu peuplée qu'elle soit, ne suffit point à se nourrir elle-même, et malgré la richesse de son sol elle est restreinte à l'exportation du raisin de Corinthe, tandis qu'elle pourrait, avec un peu d'industrie, fournir à l'étranger des quantités énormes de coton, de vin, de soie et d'huile.

Autant le paysan grec est routinier et peu industrieux, autant le marin est admirable d'audace et d'activité; c'est lui qui couvre l'énorme déficit que présentent les productions agricoles et industrielles. La Grèce a 6000 navires de commerce et un tonnage supérieur à celui de la Russie; ses caboteurs sont les premiers de la Méditerranée et montrent une intrépidité au-dessus de toute épreuve; on les a appelés avec raison les voituriers de la Méditerranée, car on les voit dominer dans toutes les échelles du Levant, depuis Damas et Alexandrie jusqu'à Odessa et Taganrog, où ils ont entre leurs mains le monopole des transports de blé. Le caravi ou le caïque grec mériterait à tous les égards de devenir l'armoirie de la Grèce : il personnifierait mieux que tout autre emblème son génie aventureux, sa puissance d'expansion, sa mobilité, les gloires de son passé et les promesses de son avenir. Combien de fois, emporté au milieu des mers par un caïque grec, soit que le vent gonflât la voile et permît aux mariniers de s'envelopper de leur manteau et de s'endormir dans le fond de la barque, soit que la mer paresseuse les contraignît au dur travail du rameur qui ronge le cœur des hommes, combien de fois me suis-je cru sur une nef homérique, en voyant blanchir à l'horizon quelque cap d'Ithaque ou d'Egine ! Sur notre caïque les matelots s'appelaient frères, comme s'appelaient jadis entre eux les compagnons d'Ulysse ; le capitaine y discutait avec ses subalternes comme avec ses égaux et l'on faisait aussi appel au sort pour décider du poste que chacun occuperait. Le nautonnier d'aujourd'hui fait ses prières à Saint Nicolas, comme celui d'autrefois à Poseidon ou à Eole ; il craint les mêmes promontoires, Malée et les Acrocérauniens, et souhaite les mêmes vents : le jour, le vent du nord, l'embatès le soir. Heureusement, il n'a plus la tentation, comme autrefois, d'ouvrir les outres de la cale pour y chercher les trésors du chef : car aujourd'hui les gains amassés pendant les longues courses sont de droit partagés entre tous les matelots et personne ne revient dans sa terre natale les mains vides.

On ne connaît pas assez en Europe ces associations coopératives des marins grecs, où se révèle si bien le génie démocratique et industrieux des insulaires de la Grèce. Quand un capitaine ou un marin expérimenté possède au moins cinq cents écus, il se réunit à d'autres marins, à des charpentiers, cordiers, marchands de bois et autres fournisseurs, et grâce à leurs efforts réunis, un bâtiment est bientôt mis à flot. Tout le matériel employé étant estimé, ainsi que la main d'œuvre, la valeur du bâtiment est connue et chaque fournisseur et travailleur reçoit un titre égal à la part pour laquelle chacun a concouru. Le salaire des journées des charpentiers et autres ouvriers est presque toujours laissé à la grosse comme emprunt à la charge du bâtiment et prend part aux bénéfices du voyage ou est payé par le capitaine, qui reçoit une part équivalente à la propriété du bâtiment. On procède de même pour les dépenses de vivres : on emprunte une somme qui ne dépasse jamais la valeur du bâtiment, à vingt ou trente personnes, artisans et marchands, qui unissent leurs épargnes ; cette somme prend également part aux bénéfices du voyage. On s'en va charger des blés en Russie ou prendre d'autres cargaisons ailleurs, et le tout est transporté et revendu dans les autres ports de l'Europe. Après deux voyages de quatre à cinq mois, les bénéfices couvrent la dépense faite pour la construction du bâtiment, et la part de chaque matelot peut s'élever jusqu'à neuf cents francs. Comment s'étonner que les insulaires grecs, naturellement braves et résolus, élevés à cette école moralisatrice d'une si touchante et si généreuse solidarité, aient donné au monde des hommes comme Tombazis, Canaris, Miaoulis ? Comme Thémistocle, le Grec d'aujourd'hui peut répéter avec orgueil : Grande est la suprématie de la mer ! c'est à elle qu'il doit sa liberté, c'est à elle qu'il doit de pouvoir payer à l'Europe tout ce que l'Europe lui vend, c'est à elle qu'il devra un jour la grandeur la plus sûre de sa patrie renaissante. Strabon ne dit pas assez quand il dit que le Grec est amphibie; médiocrement attaché au sol et au labeur journalier et monotone du paysan, le Grec est au fond, comme Achille, comme tant de ses héros mythologiques, un fils de la mer bleue.

En somme, si nous cherchons à rassembler nos impressions à l'endroit de ce royaume de Grèce qui est aujourd'hui un des points vitaux de la grande question d'Orient, nous nous trouverons quelque peu embarrassés, car il n'est aucun pays dont on puisse dire autant de mal, aucun qui donne autant de motifs d'espérance. Le royaume de Grèce a dû la sympathie de l'Europe et par conséquent son indépendance au prestige de la Grèce antique; mais ce bouclier qui l'a protégé contre les hordes musulmanes est devenu aujourd'hui un glorieux fardeau qui l'écrase. Plus savante et plus développée que la Serbie, la Grèce indépendante est jugée avec plus de sévérité, parce qu'elle est la Grèce; on la met en parallèle non pas avec ce qu'elle était au sortir des mains des Turcs, non pas même avec la Turquie actuelle, mais avec la Grèce de Périclès qui a mis six siècles à franchir les étapes qui séparent Homère de Phidias, ou même avec les pays de l'Occident dont la civilisation a demandé pour s'achever autant de générations que la Grèce n'a mis d'années à devenir ce qu'elle est. Pour être équitable envers le royaume, il faut moins tenir compte de ce qui lui manque que de ce qu'il a acquis; pour excuser les laborieuses évolutions de la politique grecque, il faut songer que ce pays, administré à la turque, peuplé de Grecs, d'Albanais et de Valaques, avait à passer du régime de la force sous le régime de la loi, du régime féodal sous le régime moderne; enfin, pour bien juger de l'avenir de la Grèce, il faut se dire que sa brillante activité intellectuelle atteste une vitalité capable de survivre à bien des crises.

La plus fatale de ces crises est sans aucun doute le défaut d'esprit politique dans la masse des électeurs grecs, et comme conséquence la prédominance funeste des intérêts de quelques-uns sur les intérêts de la nation. Le politicien grec mérite une bonne partie des flétrissures dont l'histoire a stigmatisé les hommes du Bas-Empire ; le sentiment de l'indépendance, qui est la marque de noblesse de la race grecque, devient chez lui de l'égoïsme réfléchi ; la finesse et la souplesse de l'intelligence, pour laquelle le Grec n'a point son égal, ne sert qu'à ses intérêts et qu'à ses passions ; le tourment du mieux, qui est la maladie des grands peuples et des grandes âmes, devient chez lui la maladie de l'intrigue ; et l'instinct d'acquisivité, auquel la Grèce doit tant de ses progrès, prend chez lui la forme de la plus honteuse cupidité. Rien de plus écœurant que de voir le microscopique budget de la Grèce, l'argent du pauvre paysan auquel on refuse tout ce qui pourrait alléger ses charges, jeté en pâture à des coalitions de ministres, de députés et de fonctionnaires faméliques ! Comment continuer à espérer, me direz-vous, en un pays où l'infernale sarabande des intérêts et des passions personnelles fait si prestement défiler les ministères qu'un diplomate étranger a pu, suivant un mot qui a fait fortune, acheter une dinde sous un ministère, la plumer sous un autre et la manger sous un troisième ? Il y a là, j'en conviens, un mal profond, mais il n'est peut-être pas sans remède. D'abord tout le monde commence à sentir qu'on fait fausse route, tant les Hellènes du royaume que ceux de la Turquie et des colonies européennes, et il est impossible qu'un mal, si généralement senti, ne trouve pas son correctif dans une généreuse protestation de la nation ; de plus, il ne faut point oublier que la cause principale de l'instabilité politique du royaume gît dans ce noble entraînement qui pousse les Grecs vers les professions libérales. Chaque Grec naît avec des aptitudes supérieures à la moyenne; il tient à les utiliser, et les luttes de la parole, les tournois de l'intelligence le séduisent beaucoup plus que les travaux manuels ou industriels. On a pu dire avec raison qu'en Grèce l'université tue la charrue; il faut absolument que l'agriculture, l'industrie et les travaux publics attirent de plus en plus la jeunesse intelligente et guérissent la Grèce de ce pléthore intellectuel qui la fait tant souffrir ; que la Grèce ait moins de fonctionnaires avides, moins d'avocats sans cause, moins de lieutenants sans soldats, moins de médecins sans malades, moins de ces déclassés de l'intelligence qui grossissent les rangs des mécontents et forment souvent à eux seuls tous les partis; qu'elle multiplie, comme elle commence à le faire, les charrues, les moulins à huile, les instruments aratoires perfectionnés, les usines, les agronomes, les ingénieurs, et l'on verra peu à peu, à mesure que l'équilibre des forces se consolidera, que les intérêts deviendront plus compliqués, les capitaux plus abondants et les domaines de la nation plus étendus, on verra disparaître une partie au moins des misères qui affligent le royaume et compromettent la cause de l'hellénisme. Si la diplomatie a eu tort de faire une Grèce de fantaisie et de l'arrêter bien en deçà de ses légitimes frontières, le royaume, de son côté, a trop sacrifié les progrès lents mais sûrs de chaque jour, à ces rêves de grandeur qu'il appelle la *grande idée*. Comme dit un spirituel auteur, c'est un hôte bien incommode et bien coûteux qu'une grande idée logée dans une petite maison; elle a bientôt fait d'en mettre à sec le coffre-fort et l'on dépense pour sa gloire un argent qui aurait pu servir à drainer les champs ou à bâtir des écoles. Serbes et Grecs ont, je le veux bien, fait jusqu'ici de la politique de hidalgos, mais aussi pourquoi l'Europe s'acharne-t-elle à contrecarrer la volonté des peuples? Il est dangereux pour un jeune Etat d'avoir de grandes aspirations; mais peut-on lui demander de ne point prêter l'oreille à l'appel de frères qui lui tendent les bras?

L'*hellénisme* ou l'union en un seul corps des quatre ou cinq millions d'Hellènes ou d'Albanais hellénisés qui peuplent l'Europe et l'Asie antérieure, telle est la généreuse aspiration qui fait battre tous les cœurs de l'Orient grec. Le royaume est sans doute considéré par tous les Grecs comme la terre élue où le Grec se sent libre au foyer paternel; mais au-dessus du royaume il y a la vieille Hellade, dont les frontières s'étendent jusqu'où vont les établissements des Grecs; à côté des frères libres qui se livrent aux dangereux égarements des discordes intérieures, il y a les Grecs captifs dans les montagnes de la Thessalie et de l'Epire, sur les îles de l'Archipel, ou le long des grands fleuves de la Macédoine et de l'Asie, et dont le sort ne peut être compromis par les fautes des gouvernants d'Athènes. Le Grec lui-même peut se prendre parfois à désespérer de l'avenir immédiat du royaume, mais il ne saurait mettre en question la durée et la vitalité de l'hellénisme et de la nationalité grecque ; car le propre de l'hellénisme c'est d'être indestructible. On a souvent comparé avec raison la persistance indomptable de la nationalité juive avec la ténacité étonnante de tout ce qui est grec. Israélites et Hellènes garderont sans aucun doute leur originalité jusqu'aux derniers jours de l'histoire, en dépit de toutes les persécutions et de tous les outrages. L'avantage pourtant me paraît être du côté des Grecs. Tandis que les Israélites, rejetant la réalisation de leur idéal dans les lointains d'une économie supraterrestre, ont dépouillé de bonne heure tout ce qui fait l'essence d'une individualité nationale, la communauté du sol natal, de la langue et de la littérature, les Grecs, bornés à la recherche d'une résurrection temporelle de leur nationalité, ont soigneusement gardé avec le sol paternel l'idiome des pères ainsi que leurs manières de penser et d'écrire. Aussi la restauration de l'hellénisme appartient-elle aux probabilités les plus prochaines de l'histoire, tandis que la restauration de la nation juive semble reléguée au-delà de l'horizon actuel des choses.

Rome était à peine fondée, que les Grecs avaient déjà la pleine conscience de leur originalité comme peuple, et se regardaient avec raison comme les seuls dépositaires de toutes les idées, de toutes les institutions qui font le prix de la vie et l'honneur de l'humanité; alors tout ce qui n'était pas Grec était barbare. Groupés en tribus compactes sur les bords de la mer Egée et de la mer Adriatique, ils avaient jeté sur toutes les côtes de la Méditerranée, depuis la Crimée au détroit de Gibraltar, des centaines de colonies qui rayonnaient comme autant de phares lumineux jusque dans le sein des pays incultes. Alors l'hellénisme n'était point représenté par un empire, ni par une cité, ni par un homme; les cités luttaient souvent les unes contre les autres avec une haine féroce; mais c'étaient des guerres comme celles qui éclatent entre frères, et la paix se faisait sous l'invocation de cette grande solidarité qui réunissait si souvent les Hellènes en face des barbares. Ce qui prouve que l'hellénisme était, dès les premiers temps, une grande force morale et intellectuelle plutôt qu'une puissance matérielle, c'est qu'il ne sombra point dans la grande catastrophe de la liberté politique d'Athènes et de Sparte, pas plus que la nationalité juive ne périt avec le temple de Jérusalem. Dépouillé de tout prestige extérieur, l'hellénisme n'en agit qu'avec plus de puissance morale sur la Macédoine, sur l'Egypte, sur la Syrie, sur l'Asie-Mineure, sur Rome et le monde romain, et enfin sur le christianisme lui-même, qui apprit à parler dans la bouche des Pères de l'Eglise la langue de Platon. Quand vint la grande débâcle des peuples, l'hellénisme se drapa dans la pourpre des empereurs de Constantinople; quand la Sion de cette nouvelle Jérusalem fut prise, l'hellénisme marcha une seconde fois à la conquête du monde et le sauva de nouveau en lui donnant les savants grecs et la Renaissance. Il s'est trouvé des catholiques à courte vue qui ont amèrement reproché aux Grecs de ne s'être pas jetés dans les bras de Rome, et de s'être ainsi exposés sans défense à la conquête turque; ils oublient sans doute de dire comment Rome eût fait payer sa protection. Hélas! le sac de Constantinople et la croisade contre les hérétiques albigeois n'avaient que trop averti les Grecs, et leur reprocher de n'avoir rien voulu de la Rome d'Innocent III, c'est leur en vouloir de ne pas s'être suicidés comme nation et comme Eglise. Or, si la Grèce ne peut mourir, elle pouvait encore moins se renier elle-même, et puisqu'il fallait choisir entre l'effacement de son individualité et la perte temporaire de sa liberté politique, on comprend qu'elle ait choisi la seconde alternative et préféré voir la coupole de Sainte-Sophie coiffée d'un croissant plutôt que d'un chapeau de cardinal romain.

Sous le fouet des Turcs, la Grèce souffrit le martyre, mais elle ne s'abjura point elle-même; purifié par le malheur, le peuple retrempa sa puissante originalité dans un commerce intime avec la nature et la poésie de la solitude; jamais il ne cessa de protester contre la violence et de réserver ses droits pour l'avenir. L'étranger est le plus fort et le rebelle fuyant dans les montagnes se fait klephte, c'est-à-dire brigand; même vaincu, il ne meurt pas en vain; son audace, exaltée par les rudes chansons klephtiques, deviendra bientôt un exemple et un cri de guerre. Le réveil commence au moment où la Porte se décide à élever au rang d'hospodars de la Valachie et de la Moldavie des Grecs qui étaient restés à Constantinople après la conquête ou qui y étaient revenus; c'est à ce moment-là, au milieu du XVIII<sup>e</sup> siècle, que la Grèce retourne à l'étude des lettres et de la langue nationales. Les professeurs, les théologiens, les érudits comme Coraï, Gennadios, Iconomos, préparent peu à peu le jour des klephtes et des héros. Ce jour semble poindre en 1770; des chansons de cette époque nous parlent d'un Maître-Jean de l'île de Crète, qui fut écorché par les Turcs pour avoir voulu rétablir la romæosyné, c'est-à-dire l'empire romain d'Orient. Maître-Jean était venu 50 ans trop tôt. La Grèce ne fut prête que lorsque le terrible pacha de Janina l'appela aux armes. Alors, c'est-à-dire en 1821, les Grecs semblaient être les seuls raïas, eux seuls semblaient être les légitimes héritiers des Turcs de Byzance.

Aujourd'hui, la situation est bien changée, les semences jetées en Occident par la révolution française et en Orient par la révolution grecque ont levé. Partout les nations, délivrées du droit divin et du joug des traditions historiques, cherchent une base plus solide dans le libre consentement des peuples et le groupement rationnel des individualités nationales. Tandis que l'Occident est surtout absorbé par la recherche d'une forme de gouvernement durable, l'Orient, dont les races se sont juxtaposées sans se fondre, est voué pour bien des années encore à un long travail de reconstruction territoriale. Chaque peuple ayant peu à peu, et à l'exemple des Grecs, repris du plus au moins conscience de son individualité et de son originalité propre, prétend avoir un chez-soi bien délimité. Malheureusement, les terres d'Orient sont des terres banales inscrites en droit au nom d'un seul, mais appartenant en fait à plusieurs propriétaires. Pour faire à chacun son domaine et sa maison, il faut exproprier l'ancien maître, partager des terres souvent indivises, fouler aux pieds les droits du premier occupant et déchirer avec l'épée les traités jurés. A l'heure qu'il est, l'Orient est tout plein de craquements sinistres; l'Encelade slave a une partie de son corps enseveli sous les montagnes voisines; bien des édifices politiques tomberont avant que le géant ait dégagé tous ses membres des étreintes turques, magyares et germaniques.

L'hellénisme, qui n'a que sa force morale, craint avec quelque raison que le géant mis en appétit de conquête ne lui dérobe une partie de l'héritage qu'il rêvait. Il y a 50 ans, les Grecs voyaient dans leurs songes le patriarche de Constantinople se transformer en empereur de Byzance; la puissance de l'Eglise orthodoxe ne s'étendait-elle pas indistinctement sur tous les peuples de la péninsule? les évêques grecs n'étaient-ils pas partout les représentants des communautés chrétiennes auprès des gouverneurs turcs? Le grec n'était-il pas partout la langue de l'Eglise? Hélas! il faut maintenant renoncer à ces rêves grandioses. L'Orient a appris la théorie des nationalités, des limites naturelles et des agglomérations nécessaires, et les questions qui étaient religieuses, il y a 50 ans, sont maintenant nationales et politiques. La Grèce, la Serbie, la Roumanie, à mesure qu'elles se détachaient de la Turquie, se sont constituées en Eglises nationales indépendantes du patriarcat. Il y a plus : ces pacifiques Bulgares, tant méprisés jadis par les Grecs, se sont laissé galvaniser à leur tour par la Russie, et ils prétendent avoir une Eglise, un patriarcat et un clergé à eux. La Bosnie et l'Herzégovine s'agitent, elles aussi, et l'on peut prévoir le moment où le patriarcat grec ne commandera plus qu'à des croyants de race helléno-pélasgique. La désaffection entre les Grecs et les Slaves a été officiellement constatée par la Conférence de Constantinople, qui a restreint ses faveurs aux raïas bulgares et serbes et n'a pas plus parlé des raïas hellènes que s'ils n'existaient pas. La situation de 1827 est retournée; alors on ne parlait que des Grecs, aujourd'hui on ne parle que des Slaves; jusqu'en 1865, l'Europe ne cessait de s'ingérer dans les affaires intérieures des Hellènes qui n'en allaient du reste que plus mal; aujourd'hui, elle ne montre qu'une indifférence dédaigneuse pour les plus légitimes revendications de ses anciens protégés.

La chimère d'une union gréco-slave, enfermant dans une seule confédération les peuples marins et les peuples agriculteurs de la péninsule du Balkan, vient donc d'être réduite en poussière par les événements des dernières années; l'hellénisme, tel que le rêvaient les patriotes grecs, n'a pas seulement contre lui les Turcs, dont on est moins empressé aujourd'hui à souhaiter la mort, de peur de voir leur succession ouverte au bénéfice de leurs rivaux; il a contre lui les Bulgares, qui revendiquent, avec leur indépendance religieuse, la côte de

Roumélie, de Salonique aux Dardanelles, et les protecteurs avoués des Bulgares, les Russes. Si la Grèce est forcément restreinte dans ses revendications par l'attitude des peuples nouveaux qui demandent leur place au soleil, sa part est encore belle, car elle peut réclamer, avec un droit évident, la Crête, l'Epire, la Thessalie, Salonique, le mont Athos et les îles de la côte d'Asie; toutes ces provinces sont à elles de cœur, et, si elle sait attendre, elles ne lui échapperont pas.

Sous beaucoup de rapports d'ailleurs, les revendications grecques sont bien mieux fondées que celles des Slaves. La Bosnie et l'Herzégovine, qu'ambitionnent la Serbie et le Montenegro, sont des terres encore barbares, absolument dépourvues de culture, d'unité religieuse et d'aspirations nationales. La Bulgarie, pour laquelle la Russie demande l'autonomie administrative et peut-être l'autonomie politique, est incapable de former un Etat distinct; la partie méridionale appartient aux Grecs, la région orientale et presque toutes les villes de l'extérieur sont aux musulmans bulgares ou osmanlis; les chrétiens indigènes laissés à eux-mêmes sont craintifs, superstitieux, incapables de toute initiative et de toute activité intellectuelle; excellents cultivateurs et travailleurs infatigables, ils ne demandent que de vivre en paix avec le gouvernement turc et qu'à lui payer le moins possible: ils ne commencent que depuis peu de temps à sentir le besoin de bonnes écoles et de prêtres instruits; ces écoles et ces prêtres pourront leur donner peu à peu le sentiment national qui leur manque encore; mais vouloir les élever à une indépendance complète, c'est donner des boucles d'oreille à un pauvre diable qui n'a pas d'habits.

Tout autre est la situation des provinces grecques encore sujettes de la Turquie; le peuple y a gardé intacte sa foi, et depuis longtemps déjà il reprend peu à peu possession de son passé et de son antique culture nationale. On se tromperait grandement, si l'on se représentait les provinces helléniques de la Turquie comme mortes à toute initiative généreuse, à toute vie intellectuelle et morale; ce que nous avons vu à Arta et à Janina montre qu'il en est tout autrement, et pourrait s'appliquer aux villes de la Thessalie, à celles de la Macédoine et aux îles de l'Archipel. On peut même dire que c'est dans les provinces esclaves que s'affirment avec la plus irréfutable éloquence les grandes qualités et l'indomptable vitalité de l'hellénisme. Sans doute, la vie politique y est nulle, les enfants du sol sont, dans le sens propre du mot, captifs chez l'étranger, et n'ont absolument aucune part au gouvernement, car nous faisons abstraction de ces ridicules messlis ou conseils de vilayet (voir le chapitre sur Janina), où les musulmans sont toujours en grande majorité et où les députés chrétiens sont des élus du gouverneur. En revanche, la vie municipale y est fort développée, grâce au stupide dédain que professent les Turcs pour tout ce qui touche aux intérêts intellectuels et moraux des giaours. Chaque localité grecque quelque peu importante forme une municipalité autonome gouvernée par une ou plusieurs *épitropies* ou commissions électives. C'est la cité antique avec les agitations politiques en moins. L'organisation de ces épitropies atteste les instincts profondément égalitaires de la Grèce ; on y voit, comme dans le Sénat d'Athènes, siéger côte à côte le riche et le pauvre, chacun y donne à son voisin le nom de frère ; cette fraternité à la grecque est certainement tout aussi réelle que celle que nous étalons dans nos fêtes, car, en Orient des différences de fortune et de culture intellectuelle sont moins grandes que chez nous, et le pauvre ne le cède guère au riche ni en facilité de parole, ni en sens pratique, ni surtout en zèle pour la patrie commune.

Quelques-unes de ces municipalités, qui n'avaient à l'origine qu'un but plus ou moins négatif, la répartition équitable des charges, donnèrent bientôt naissance à de vastes associations productives pour les travaux agricoles, industriels, commerciaux et maritimes associations qui ne furent détruites que pendant la guerre d'extermination en 1821. Telle était entr'autres cette république thessalienne d'Ampélakia, qui comprenait 22 villages disséminés dans la poétique vallée de Tempé ; sa principale industrie était la confection de fils de coton teints en rouge. Tous les habitants, hommes, femmes et enfants, prenaient part à cette association industrielle, qui s'étendait d'ailleurs aussi à l'exploitation agricole et commerciale ; les gains étaient répartis proportionnellement au travail fait et au capital apporté par chacun ; mais on séparait toujours d'avance un fonds de réserve pour l'entretien des églises, l'instruction des enfants, les secours à donner aux orphelins, aux veuves, aux malades. L'association avait à sa tête cinq commissions électives, où figuraient indistinctement les hommes les plus capables, riches ou pauvres; les plus expérimentés étaient envoyés à Constantinople, à Smyrne, à Vienne, à Londres, à Odessa, pour y fonder des comptoirs. La petite république, après être arrivée à une prospérité inouïe, vit ses capitaux sombrer dans la catastrophe autrichienne de 1809; des démêlés intérieurs et les persécutions d'Ali Pacha achevèrent sa perte.

Depuis lors, l'administration turque, toujours plus centralisatrice et, comme le mancenillier, faisant la mort jusqu'où va son ombre, a tout fait pour empêcher le relèvement de l'industrie et la résurrection de ces bienfaisantes associations. Les municipalités grecques vivent et prospèrent encore aujourd'hui, mais leurs épitropies ne s'occupent plus que des écoles et des églises, qu'elles entretiennent de leurs propres deniers et qu'elles administrent avec une sagesse qu'on ne saurait trop louer. C'est dans l'école, nous le répétons, que gît la grande force des Hellènes de la Turquie; si les Bulgares ont la suprématie du travail, les Serbes celle du courage, les Grecs revendiquent celle de l'intelligence. Là où ils sont mêlés aux Slaves et aux Turcs, là même où ils ne forment que d'insignifiantes minorités, comme dans l'intérieur de la Macédoine et de la Thrace et sur les bords du Danube, on les reconnaît à première vue; ils sont le fluide moteur, le *mens agitans molem*; dans tel village slave, il n'y a qu'un Grec, mais ce Grec est tout: il est le barbier, l'épicier, le secrétaire, le factotum du village; il semble seul vivre au milieu des populations fatalistes de l'Orient. Outre les épitropies locales, la Grèce turque possède encore un bon nombre de *syllogues* ou associations littéraires qui centralisent, pour le plus grand bien de l'hellénisme, les efforts et les aspirations de tous ceux qui s'occupent de propager le culte des lettres antiques; ceux de Janina, de Salonique, de Constantinople publient d'intéressants mémoires et recueillent d'importantes sommes que l'on consacre à la distribution gratuite de livres d'école et à d'autres œuvres utiles; ces syllogues ont avantageusement remplacé la grande hétairie de 1821, et savent, en ravivant le culte des lettres antiques, raviver aussi la flamme silencieuse du patriotisme.

A côté de ce patriotisme vivace et intelligent, la Grèce a conservé les vertus domestiques et patriarcales, qui sont peut-être le privilége le plus précieux pour un peuple et le plus solide gage de son avenir. Ceux qui sont sortis des villes bruyantes du Levant, où grouille une population cosmopolite et interlope, trop souvent honorée à tort du nom de Grecs, et qui ont voyagé dans les campagnes et dans l'intérieur, ne peuvent manquer d'être frappés par les mœurs sévères et toutes patriarcales du paysan grec. La femme grecque peut se plaindre de n'avoir pas assez de liberté, de se voir réserver les fardeaux les plus lourds et la moins bonne part à la table de famille; mais tout le monde respecte son honneur; nulle part, en Europe, la famille n'est plus unie; nulle part aussi les fêtes populaires ne sont plus graves et plus décentes.

Non, et que ce soit là la conclusion de ce volume:

la Grèce n'est pas morte, la Grèce vit, non pas peut-être celle que nous voyons dans nos rêves, mais une Grèce plus humble et plus rapprochée de nous. Echos de la tribune de Démosthène, acclamations du peuple, longues causeries sous le portique de la philosophie, muse de Sophocle, ciseau de Phidias, culte de la beauté, esprit attique, vierges voilées de blanc, vainqueurs couronnés des jeux, jeunesse divine du monde, on ne vous reverra plus ; mais, à votre place, grandit une Grèce nouvelle, plus pauvre, plus modeste, mais aussi plus unie, qu'illumineront toujours, comme une double auréole, le pieux souvenir des ancêtres et le soleil qui enflamme ses horizons.

La Grèce moderne a l'intelligence, elle a les vertus domestiques, l'activité, le patriotisme, la foi en ses destinées ; puisse-t-elle bientôt trouver ce qui lui fait le plus besoin : une réforme religieuse et morale ! Il ne suffit pas à un peuple d'avoir reconquis son indépendance politique et d'avoir retrouvé l'activité intellectuelle qu'il avait perdue, il lui faut aussi l'émancipation de la conscience et une vie religieuse nouvelle. La liberté ne peut grandir que sous le regard de Dieu, et l'Eglise byzantine, comme toutes les religions longtemps immobiles, a laissé s'obscurcir la figure de l'idéal. Sans doute, elle n'a pas cherché, comme l'Eglise romaine, à broyer la conscience humaine sous les roues de fer de son organisme, elle n'a pas connu comme sa rivale les tentations de la prospérité et les ivresses de la domination. Eglise martyre depuis le XVe siècle, elle est devenue de bonne heure le refuge des opprimés, le palladium de l'Hellade vaincue : laissant sa main dans la main du peuple, elle l'a soutenu dans sa longue passion et a fini par s'identifier avec lui ; elle est devenue peu à peu comme une grande institution nationale presque laïque, renfermant quelques millions d'hommes unis par les mêmes aspirations anti-mahométanes ; mais ce qu'elle a gagné du côté de l'influence temporelle, elle l'a perdu du côté du gouvernement des âmes. Le culte byzantin est sec et froid ; le prêtre, marié et père de famille, n'est sans doute pas, comme le prêtre romain, un homme de combat détaché des intérêts du monde et façonné à l'obéissance passive ; mais il est ignorant, superstitieux à l'excès et trop souvent étranger au véritable esprit du chrétien ; en un mot, l'Eglise byzantine est à la fois mondanisée et fossilisée : l'immobilité dont elle se vante ressemble trop à la léthargie de la mort. Beaucoup de ses partisans, beaucoup de ses prêtres même soupirent après une réforme religieuse qui substituera l'esprit qui vivifie à la lettre qui tue, la vie morale qui renouvelle au rite qui endort l'âme, la conscience délicate du vrai christianisme à la casuistique des religions d'argent. Le jour où la Grèce aura fait sa révolution religieuse, banni de ses temples le byzantinisme et rappris la langue de Chrysostome et de Basile, la grande œuvre commencée par l'épée vengeresse de 1821 sera enfin accomplie, et le pâle croissant de l'islamisme fuira à jamais devant les soleils nouveaux que notre civilisation vieillie verra monter sur l'Orient rajeuni.

# TABLE DES MATIÈRES

|  | Pages |
|---|---|
| Préface | V |
| I. Raguse, Cattaro, Antivari | 1 |
| II. L'Albanie et les Albanais | 20 |
| III. Avlona et Apollonia | 44 |
| IV. Arta et l'ancienne Ambracia | 73 |
| V. Dodone, Janina et le gouvernement de l'Epire | 82 |
| VI. Les Iles Ioniennes | 106 |
| VII. Corfou | 116 |
| VIII. Sainte-Maure et Ithaque | 122 |
| IX. Les sites d'Ithaque et les Ithaciens | 134 |
| X. De Patras à Delphes | 159 |
| XI. Séjour à Delphes ; l'oracle et les trésors | 174 |
| XII. Les sources et les bois sacrés | 186 |
| XIII. Le village de Kastri (Delphes) en 1876 | 198 |
| XIV. Arachova et le couvent de Jérusalem | 213 |
| XV. Ascension du Parnasse | 234 |
| XVI. Athènes ancienne et moderne | 251 |
| XVII. Grecs et Turcs | 280 |

# PUBLICATIONS

DE LA

## LIBRAIRIE GÉNÉRALE J. SANDOZ

---

**Souvenirs d'Orient,** par Aug. Bost. 1 vol. in-8 fr. 6.

**De Genève à Suez,** par G. Révilliod. 1 vol. in-12 : fr. 3 50.

**Un peu partout. Du Danube au Bosphore,** par J. de Chambrier. 1 vol. in-12 : fr. 3.

**Un peu partout. Du Bosphore aux Alpes,** par le même. 1 vol. in-12 : fr. 3.

**Alma mater.** Rome ou la civilisation chrétienne, par J. Gaberel-de Rossillon. 1 vol. in-12 : fr. 3.

**Le Sahara,** par V. Largeau. Premier voyage d'exploration. 1 vol. in-12 : fr. 5.

**L'Oberland bernois,** par D'Oradour. Un splendide album, aquarelles par P. Robock ; reliure de luxe : fr. 50.

**La question d'Orient.** Exposé historique rédigé sur les notes d'un diplomate, par Ch. Hoch. 1 vol. in-12. fr. 3 50.

www.ingramcontent.com/pod-product-compliance
Lightning Source LLC
Chambersburg PA
CBHW050754170426
43202CB00013B/2416